LA LUZ DEL DOLOR

Yosef Veira

LA LUZ DEL DOLOR

OR HAKE'EV

באכה רוא

Que tu sufrimiento se convierta en sabiduría

EDICIONES OBELISCO

Si este libro le ha interesado y desea que le mantengamos informado
de nuestras publicaciones, escríbanos indicándonos qué temas son de su interés
(Astrología, Autoayuda, Ciencias Ocultas, Artes Marciales, Naturismo,
Espiritualidad, Tradición...) y gustosamente le complaceremos.

Puede consultar nuestro catálogo en www.edicionesobelisco.com

Colección Cábala y judaísmo
La luz del dolor (Or hake'ev)
Yosef Veira

1.ª edición: febrero de 2025

Corrección: *M.ª Ángeles Olivera*
Diseño de cubierta: *TsEdi, Teleservicios Editoriales, S. L.*

Edita: Ediciones Obelisco, S. L.
Collita, 23-25. Pol. Ind. Molí de la Bastida
08191 Rubí - Barcelona - España
Tel. 93 309 85 25
E-mail: info@edicionesobelisco.com

ISBN: 978-84-1172-225-4
Depósito Legal: B-22036-2024

Impreso en España en los talleres gráficos de Romanyà/Valls S. A.
Verdaguer, 1 - 08786 Capellades - Barcelona

Printed in Spain

A mi maestro, Ione Szalay (Z'L), un experto en el dolor y en cómo transformarlo en Luz. Espero que tu Alma apruebe estas páginas llenas de amor a ti.

A mis hijas, mis padres y a mi alma gemela.
A mis amados amigos, discípulos,
alumnos, hermanos y maestros.

Debes experimentarte por encima de tu dolor.

Del otro lado de este dolor, está Dios,
con los brazos extendidos, esperándote.

Revelaciones personales, Yosef Veira

Prólogo

Un conocido proverbio afirma que «el viento sopla a favor de quien sabe navegar». Mientras tenemos el viento a nuestro favor, todo parece ir bien; somos felices, no nos duele nada y no encontramos obstáculos en nuestro periplo por esta vida. Pero ¿qué ocurre cuando no sabemos cómo maniobrar? Lo que parecía un viento a favor se transforma en viento en contra, y entonces comienza el sufrimiento. En este libro, que de algún modo complementa sus dos obras anteriores, Yosef Veira sostiene que las personas son «fuertes»... hasta que llega ese «medio gramo por centímetro cuadrado de presión» necesario para quebrarlas.

Louis Cattiaux decía: «Un dedo aplastado y he aquí que todas nuestras bellas filosofías estallan en gritos de dolor y gesticulaciones frenéticas». El dolor nos devuelve a la Tierra, desinflando cualquier ilusión para que aterricemos abruptamente en la realidad.

A finales de la década de 1990, el siempre brillante Enrique Mariscal publicó en Buenos Aires *El arte de sufrir inútilmente* bajo el sello de su editorial Serendipidad. En él, desvelaba una verdad que Yosef Veira también nos revela en este nuevo libro lleno de sabiduría: la mayor parte de nuestros sufrimientos no tiene utilidad alguna. Sólo sirven para hacernos sufrir. Pero ¿para qué deberían servir? Muy sencillo: para hacernos más sabios. El nuevo libro de Veira gravita en torno a una idea muy sugerente: **la transformación del dolor en sabiduría**, o, dicho de otro modo, su conversión en luz.

A través de la guematria, un método exegético clave basado en las correspondencias numéricas del idioma hebreo, podemos descubrir algo revelador. La palabra hebrea *Keev* (כאב), que significa «dolor», tiene una guematria de 23 (*Kaf* = 20, *Alef* = 1 y *Beth* = 2). Curiosamente, *Ziv* (זיו), que significa «luz» o «esplendor», también tiene un valor de 23. Este paralelismo nos sugiere que lo que llamamos «sufrimiento» o «dolor» es, en realidad, una luz oculta, una luz que muchas veces pugna por salir, lo cual produce dolor. Sin embargo, para acceder a esa luz, primero debemos saber cómo enfrentarlo. De alguna manera, el dolor es como un lenguaje, como un libro: hay que aprender a leerlo e interpretarlo.

Yosef Veira nos recuerda en su obra que «nacemos para vencer obstáculos». No es trivial señalar que la palabra «obstáculo» en hebreo se traduzca como «Satán», el adversario, es el *Sitra Ajra*, el «otro lado». Estos obstáculos no son simplemente barreras, son, sobre todo, retos que nos impulsan a crecer y a sacar lo mejor de nosotros mismos. Pero para lograrlo, debemos aprender a enfrentarlos, hemos de aprender a navegar.

El dolor, sin duda, es inevitable e ineludible, pero nuestra reacción ante él es algo que sí podemos controlar. También es nuestra responsabilidad no provocarlo de manera innecesaria, ya sea por acción o por omisión. Encontrar un propósito en la vida puede ser una herramienta poderosa para aliviar el dolor, pues nos permite ver los problemas desde una perspectiva diferente y, por lo tanto, abordarlos desde una vertiente distinta. Así aprenderemos que reconocer y aceptar nuestras vulnerabilidades no es señal de debilidad, sino una fuente de fuerza: nos permite adaptarnos de un modo más inteligente a los desafíos y crecer. Nos ayuda a conocernos a nosotros mismos. No se trata de ocultar los problemas (hay innumerables formas de hacerlo e infinidad de alfombras donde esconderlos) ni de huir de ellos; se trata, una vez más, de aprender a enfrentarlos, como el navegante experto.

Debemos transformar el dolor en luz en el crisol del alma, como los antiguos alquimistas convertían el plomo en oro. Al hacerlo, descubriremos, quizás, el único dolor verdadero y urgente: el dolor de la luz que lucha por salir y brillar, mientras nosotros, estúpida e inconscientemente se lo impedimos. Así, la luz que surge del dolor se convierte en el opuesto al dolor que experimenta la luz. Porque, de algún modo, la luz sufre cuando nosotros sufrimos, y su dolor es profundo e intenso.

Las palabras nos dicen mucho más de lo que revelan a simple vista. Cualquier iniciado en la cábala es consciente de este misterio. Dentro de la palabra «sufrimiento» se encuentra encriptado un mensaje oculto: *TRIUNFEMOS*.

Este libro enseña a navegar, a crecer y a triunfar.

JULI PERADEJORDI

Introducción

Quiero agradecerte expresamente que te hayas decidido por este libro. Entre otros tantos, éste está en tus manos. Entre los millones de personas con las que me podría comunicar, me estoy comunicando contigo. Esa aparente casualidad es la parte visible de una causalidad. Porque todo tiene su causa, sólo que a veces ésta se encuentra por encima de nuestro umbral de percepción. Las coincidencias, la suerte, la magia, el azar, son meros sinónimos para aquello que ocurre por razones que desconocemos. Pero debemos ser prácticos. Empecemos por lo que sí podemos reconocer. Por ejemplo, que tú y yo estamos aquí. Yo, abriendo la puerta y mostrándote una ruta. Tú, con la mochila y la cantimplora, deseoso de emprender un nuevo viaje. Nada me estimula más que considerar la posibilidad de tomar la mano de otro ser humano y salir juntos, así, como quien da un paseo, internándonos en el territorio indómito del conocimiento espiritual.

Aquí empieza nuestra jornada.

Este libro es un intento de otorgar a quien esté en el *Derej* (Camino), soportando las duras pruebas que requieren la rectificación del Alma y el perfeccionamiento del espíritu, una visión lo mejor estructurada posible para que pueda reconocer, enfrentarse, integrar y, por fin, aprovechar el dolor inherente a la vida. La vida, como ya sabrás, no es gratis. La existencia implica navegar entre los opuestos. Están el calor y el frío, la bonanza y la escasez, la alegría y la tristeza, el placer y el dolor. En todos estos años de duro trabajo espiritual, si una cosa he aprendido es que tanto o más importante que adquirir conocimientos asombrosos, obtener éxtasis místicos o experiencias extrasensoriales es no derrumbarse cuando las cosas van mal. He ahí la clave. Una cadena es tan fuerte como su eslabón más débil. Da igual cuánto hayas leído, cuánto hayas meditado, cuánta bondad y sabiduría hayas sido capaz de manifestar en el mundo, si la dificultad golpea tu vida y te desmoronas, estás casi a la misma altura de aquel que no ha oído una palabra de espiritualidad en su vida.

La *kabaláh* es una herramienta que exige entrenamiento para que funcione... como todo en esta vida. Resulta imposible entrenar algo sin un método. La ausencia de metodología es una de las principales causas de fracaso espiritual, estudiantes de *kabaláh* incluidos. En cuanto a la espiritualidad, hay un comportamiento generalizado consistente en caminar en círculos, sin ningún objetivo claro, confiando en el «fluir» de las cosas y aferrándose a ideas poco acertadas sobre cómo funciona la espiritualidad en sí. Eso es lo mismo que poner nuestras esperanzas en el azar. El problema es que no tenemos tiempo para confiar en el azar. Nos faltan años de vida para tanto que hay que corregir e iluminar. Nuestro planeta tampoco es que ande sobrado de tiempo.

De modo que, de la mejor manera que Dios lo ha permitido, he diseccionado y categorizado los procesos de dolor más relevantes, para que seas capaz de tener una visión más profunda que desmitifique el sufrimiento con el objetivo de que, con un poco de trabajo, en vez de simplemente dejarte abrumar –cosa de la que nadie podría culparte–, seas capaz de transmutar y aprovechar las inconveniencias y tragedias para tu crecimiento interior. Porque, a fin de cuentas, esas etapas desagradables estarán sí o sí en tu vida.

Las opciones están claras. Puedes sentir dolor y ya, con lo que sólo obtienes sufrimiento. O puedes sentir dolor y transformarlo en enseñanza. Si te decides por lo segundo, te garantizo que lo sufrido hoy actuará como los anticuerpos de una vacuna, inmunizándote o, al menos, amortiguando en gran medida los dolores futuros. Son todo ganancias, ¿no es así?

Está claro que no pretendo otorgar una visión académica a los procesos del dolor, sino un acercamiento espiritual, rabiosamente enfocado en sus aspectos prácticos. Porque sé mejor que nadie que, cuando tienes dolor, del tipo que sea, lo último que necesitas es una perorata intelectual.

Si ya has leído alguno de mis libros, verás que éste es mucho menos poético o etéreo. Cada libro de este humilde autor tiene su personalidad propia, en el sentido de que adopta la forma adecuada para su finalidad –que no es, para nada, estética–. Éste en cuestión es, en cierta medida, más «técnico», más severo. Estoy convencido de que algo como el dolor no puede ser tratado de otra forma. Considera estas páginas como el manual para una intervención quirúrgica. Una operación es un asunto serio. Nadie va cantando a que le extirpen un tumor. Hay que ver y entender cuándo y dónde cortar, o el paciente –en este caso, uno mismo– se nos puede quedar en la mesa de operaciones.

Uno puede escribir un libro que sea dulce al paladar de las multitudes o puede escribir uno que ofrezca respuestas reales. No se pueden las dos cosas. La literatura pseudoespiritual y pseudopsicológica ya lo ha demostrado hace siglos. Entender el dolor no es ningún paseo por el bosque, es un peregrinaje no apto para gente frágil. Resulta que el dolor duele, con o sin nuestra aprobación. Por lo tanto, el contenido de este libro requerirá cierto esfuerzo, te obligará a replantearte cosas, identificar patrones y cambiarlos, necesitarás aceptar algunas cosas y renunciar a otras. La lectura de un libro, comparado con todo eso, es como comparar un castillo de arena con la Muralla china. Tenlo en cuenta mientras navegues por estas páginas; se trata ante todo de tu felicidad. Creo, sinceramente, que convertirnos en una persona más feliz bien vale el trabajo.

Muchas veces habrás escuchado que la vida es sufrimiento y frases similares. Debo declararme en rebeldía hacia ese tipo de conceptos. Definitivamente, la vida no es así, sin más, un sufrir. Eso solemos decirlo cuando en nuestro mar de calma encontramos alguna isla de desastres. La vida contiene momentos difíciles que, por lo general, tienen por objetivo ayudarnos a reparar algo u obligarnos a tomar decisiones postergadas. Forman parte del proceso de existir, pero no son la totalidad de éste. Si sentimos que nuestra existencia sólo se puede explicar por el sufrimiento, entonces es probable que necesitemos algo más que un libro como éste. De lo que se trata es de prepararnos para cuando llegue el sufrimiento. Todo soldado se entrena **antes** de la batalla, no **durante** la batalla.

Espero que estas páginas te impulsen a prepararte y convertirte en un auténtico *lojem-Or* (guerrero de la Luz), capaz de resurgir de tus cenizas todas las veces que sea necesario.

Shalom.

I

La vida no es simple

Debemos abrazar el dolor
como el combustible de nuestro viaje.
KENJI MIYAZAWA

Cuando el camino se hace duro,
los duros continúan.
JOSEPH KENNEDY

Poco antes de que este libro tomase forma dentro de mí y me decidiera a escribirlo, me tocó oír el discurso improvisado de alguien que, en cierta medida, se mofaba de las personas que intentan encontrar un sentido espiritual a la vida. No es que fuera la primera vez que oía algo parecido. De hecho, es muy común que uno se tope con personas que creen que la medida de su conocimiento es la medida total del conocimiento disponible. Esta actitud, que técnicamente es un efecto *Dunning-Krüger* (el que sabe poco tiende a creer que sabe mucho porque carece de las herramientas para analizar lo poco que sabe), se conoce en España con la popular frase «la ignorancia es atrevida».

Por culpa de ese atrevimiento que da la falta de desarrollo intelectual –algo cada vez más de moda–, algunas personas, como en el caso de mi interlocutor, se toman la libertad de criticar a la «gente como ésa», es decir, a las personas que, al parecer, se complican la existencia intentando encontrar misterios donde no los hay.

Sí, «gente como ésa». Como yo. Como tú, que estás leyendo este libro. El sólo hecho de sostener este libro entre tus manos te pone en esa categoría. A los ignorantes les encanta asignar una casilla a aquellos que poseen una inquietud o conocimiento que ellos son incapaces de comprender, un sitio que, oh, sorpresa, siempre está por debajo de ellos, nunca por encima.

De esa manera, una persona que apenas sabía algo de mí, sin conocer mi nivel de comprensión, vivencia, o mis circunstancias, comenzó a darme un sermón, opinando sobre las cosas que yo debía haber hecho con mi vida. Por supuesto, como es habitual en estos casos, todas sus afirmaciones se veían reforzadas poniéndose a sí mismo como ejemplo.

Mucha gente piensa que algo está bien simplemente porque ellos lo han hecho así. Lo cierto es que esto no es prueba de nada. Es más, habría que mirar con cierta sospecha los propios argumentos, si es que vamos a usar esa premisa para justificar algo. Porque corremos el riesgo de habernos vuelto excesivamente autorreferentes, es decir, de no ser capaces de dejar de mirarnos el ombligo. Una cosa es tener autoestima y otra ser un obcecado.

Es cierto que todo ser humano carga, de manera inexorable, con cierta consideración egocéntrica. Es del todo normal. Uno tiene que mejorar, atenderse, corregirse y, en ciertos casos, velar por sí mismo. No hace falta ser un genio para comprender que, por esa misma regla de tres, el ser humano tiende más a ser egoísta que a derrochar generosidad y empatía –por ese motivo, suele ser poco prudente confiar en que los demás entenderán nuestras necesidades.

Pero esto no significa volverse una persona cerrada, que asume que todas sus conclusiones, por que son suyas, ya son verdaderas. Necesitamos desarrollar el sentido autocrítico.

Queda establecido entonces que nuestro prójimo pocas veces nos entiende, algo que ocurre porque es incapaz de salirse de sí mismo, de usar la empatía (del griego «sentir fuera»). Aunque la empatía es en sí una mera proyección –no es experimentar realmente lo que el otro está viviendo–, sí es una cualidad de una persona con cierto desarrollo interior. Sin desarrollo interior la empatía no aparece.

Con esto ya nos damos cuenta de lo poco simple que es la existencia. Por un lado, uno mismo, que no alcanza a comprenderse en su totalidad, y, por otro, el prójimo, en situación similar, incapaz de comprenderse a sí mismo ni a los demás.

En este escenario, nos veremos empujados a utilizar dos estrategias para tratar de que la vida no se complique aún más. Una, es dejar la ingenuidad de lado, pero sin volvernos cínicos ni paranoicos. Se trata, simplemente, de entender el comportamiento humano con sus luces y sus sombras. La otra, es aprender a ser capaces de establecer límites a la inevitable expansión egocéntrica del prójimo, sobre todo sin recurrir a machetes o armas de fuego. Ser civilizados y amables, siempre que se pueda, es lo mejor.

Una vez integramos a nuestra percepción de la vida esta realidad, que nos dice que la mayoría de la población mundial actuará pensando casi de manera exclusiva en sus necesidades, dejaremos de ver esto como una fuente de irritación constante para admitir que forma parte del escenario humano –lo que no quita que siga siendo frustrante.

De esa manera conseguiremos ser realistas y, a la vez, protegernos de los excesos egoístas de los demás.

Veo necesario aclarar que nuestro funcionamiento, tanto interno como externo, requiere –aunque esté mal visto en los círculos «espirituales»– una dosis necesaria y sana de egocentrismo. Cuando decimos egocentrismo no hacemos referencia a la expresión de la soberbia o el egoísmo despiadado, sino a una actitud que sitúe a nuestra persona bajo el amparo de una consideración razonable. Dicha consideración tratará de establecer límites sensatos con el prójimo y, a su vez, permitir que éste nos exprese sus necesidades legítimas. Para decirlo de forma más simple, tener una actitud emocionalmente madura. Ya no seremos el típico ingenuo del que todo el mundo abusa, ni el tirano despiadado y egoísta del que todos quieren huir.

En gran medida, como individuos, nos resulta inevitable sentirnos los dueños de ese trozo de Universo que nos ha tocado. Esto es comprensible, ya que aquello que forma parte de nuestra realidad individual es el resultado del esfuerzo individual. Para bien o para mal, cada ser humano de este planeta ha tallado su segmento de realidad según sus talentos y carencias. En sí, esto no representa ningún inconveniente. Lo que sí resulta inconveniente es perder la perspectiva y así, sin más, temerariamente, concluir que nosotros y nuestra experiencia somos una especie de sistema de confirmación universal. Son muchos los que, considerando su idea de la vida como la única aceptable, pintan una línea en el suelo para separar a la gente entre los que piensan como ellos y los que no, entre los que tienen razón y los tontos, los equivocados.

Aunque nos hallemos en la era de la nanotecnología y la inteligencia artificial, en su mayoría, las personas siguen creyendo que sus conclusiones sobre la existencia son irrebatibles, y las de los demás, pura tontería. Incluso podríamos decir que el ser humano actual, sobre todo en su actividad mediática, se preocupa más de ridiculizar a su oponente que de verificar sus propios argumentos.

Si bien tengo un recuerdo desagradable de la charla a la que he hecho referencia al principio –porque quien me sermoneaba lo hacía sobre un tema sensible para mí, a instancias de la indiscreción de una amiga– y ciertamente me quedé con las ganas de decirle cuatro cosas, soy consciente de que no hubo una mala intención directa o expresa.

Muchas veces hablamos de más creyendo que hacemos lo correcto. Todos lo hemos hecho y todos lo haremos. Pero, como dicen, «de buenas intenciones está empedrado el camino al infierno». A veces, la gente simplemente es corta de entendederas y no mide su capacidad de causar incomodidad. La persona del relato, igual que muchos ignorantes engreídos, no era ni es capaz de ver más allá de su propia experiencia.

El buscador espiritual serio no debe dejarse amedrentar en su camino al perfeccionamiento por esta clase de personas que parecen muy seguras a la hora de descalificar todo acto de trascendencia diciendo que la vida es simple. ¿Para qué perder el tiempo en desentrañar el significado de la vida? Reza el viejo dicho que «el que sólo tiene un martillo, ve clavos por todas partes». Es muy común que, si alguien sólo tiene una herramienta para interpretar la realidad, en vez de intentar aumentar el número de recursos, lo que hace es forzar la realidad para que se adapte a su herramienta.

Lo que sucede es que la búsqueda de nuevas herramientas procede de una insatisfacción con lo mundano, con lo básico. Si alguien está conforme con el nivel uno, ¿para qué demonios necesita el nivel dos? Es más, casi seguro que negará la existencia de dicho nivel para poder acomodarse aún más en su estado interno actual.

Definitivamente, si una persona no se ha enfrentado, de alguna manera, a aquello que está más allá de esta realidad material o ni siquiera ha tenido una situación que le estimulase un sentido de trascendencia, no se va a acercar a la espiritualidad, y si lo hace, será a una versión muy descafeinada de ésta. O sea, versiones caracterizadas por un discurso que se basa en lo «simple» que es la vida, en que hay que «saber disfrutarla», en que sólo debemos dejarnos «fluir», etc. El problema es que la vida no tiene nada de simple, como intentaremos demostrar y, además, ¿quién sabe disfrutarla realmente? Más interesante aún: ¿cómo definiríamos disfrutar?

Una mirada rápida al panorama actual nos da la sensación de que ocurre lo contrario. Pareciera que las personas de este planeta han ido perdiendo la capacidad de disfrutar de la vida. Se venden cuatro veces más psicofármacos que hace tres años, las consultas por trastornos emocionales y de personalidad están abarrotadas, no hay suficientes psiquiatras para cubrir la demanda sanitaria pública. ¿Estamos disfrutando de la vida realmente?

Lo peor de todo, ese obsoleto sermón sobre que la vida es genial, facilona y blablabla, es la metodología que sus adeptos proponen, que no es otra cosa que la repetición de una fórmula tan vieja como la humanidad: disfrutar de todos los placeres sensoriales posibles, alejarse de las dificultades apenas son detectadas y desestimar cualquier clase de cuestionamiento filosófico. Todo acto que intente perforar la superficie de lo cotidiano es velozmente catalogado como «complicarse la vida». Porque, claro, «la vida es simple». Pero, yo os pregunto –y tomaos un momento antes de contestar–: ¿lo es?

Como decía al principio, no será la primera ni la última vez que me tocará escuchar esta clase de argumentos. Es muy común que la mayoría adopte la posición típica de un adolescente a la hora de enfrentarse a la dificultad implícita que tiene el acto de existir. Digo adolescente porque es un reflejo de la actitud de los años mozos, en los que, generalmente, a la vez que huimos de la reflexión, nos abrazamos a un hedonismo descontrolado. Así, como la persona del relato, son muchos los que llegan a la conclusión de que la llave para la felicidad es la simplificación. El problema es que esta simplificación opera anulando todo significado de la existencia más allá de la obtención de satisfacciones inmediatas y descarta la posibilidad de todo cuestionamiento ulterior. Desafortunadamente, dicha «fórmula» es tan antigua como ineficaz: ha fallado una y otra vez a lo largo de las eras. Porque la búsqueda de la satisfacción inmediata, del mero disparo de bienestar –que siempre es algo puntual, es decir, que dura bastante poco–, no funciona. Simplificar la naturaleza humana a un mecanismo biológico que sólo busca aplacar los distintos apetitos es un error total, desde lo existencial, pasando por lo neural y hasta llegar a lo espiritual. Aceptar eso es aceptar una vida bidimensional, es decir, transitar entre el placer y el dolor, sin más opciones. Lo curioso es que el ser humano, cuando se halla en estado de satisfacción completa, no se siente feliz. ¿Por qué? Porque somos seres **diseñados para el desafío**, no para la instalación permanente en un estado de bonanza.

Recuerdo el genial texto de la película *The Matrix*, en la que el villano le dice al héroe que cuando el programa otorgaba una vida virtual totalmente satisfactoria a los humanos que tenían esclavizados, éstos siempre se suicidaban. El mensaje implícito reafirma lo expresado más arriba: **nacemos para vencer obstáculos**, no para vivir en un mundo donde no haya ninguno.

Si fuésemos honestos, deberíamos confesar nuestras verdaderas intenciones. No queremos una vida «simple». Lo que buscamos es una vida «fácil». Pero lo fácil es engañoso. ¿Alguien ha visto que lo «fácil» mejorase a algo o a alguien?

A esto tenemos que sumarle nuestra tendencia, quizás por falta de entrenamiento intelectual, a confundir la simplicidad con el reduccionismo. Reducir implica dejar fuera elementos importantes. Reducir *in extremis* la naturaleza humana acaba por emborronarla tanto que puede dejarla irreconocible. Por eso, la vía de la persecución de lo sensorial no procede, pues apenas trata una fracción de las complejas y vastas necesidades del Alma humana.

Como místico, la experiencia y la ética propias de mi camino me obligan a respetar cada postura, ya que toda Alma tiene un objetivo y unos recursos a su disposición. Nadie puede actuar más allá de esos recursos salvo que un gran impulso de superación interior así se lo demande. Somos la medida de nuestras limitaciones, actuamos según éstas. La mayoría de los habitantes de este planeta están convencidos de que, una vez cubiertas sus necesidades básicas, el camino a la felicidad estará asegurado. Lo comprendo perfectamente, no debo juzgarlo. Pero, como místico, estoy obligado a trascender mis limitaciones, y eso también me exige, siempre que sea posible, provocar en los demás una necesidad de trascendencia similar. En esta etapa, «trascender» significa ir más allá de estas características «de fábrica». Aquello con lo que venimos a este mundo es el kit de supervivencia básico, si bien nada nos obliga a quedarnos con la configuración inicial. Es más, la inteligencia nos dice que incrementar nuestros talentos sería la estrategia más adecuada.

Nacemos con el deber de crecer, corregir y crear. Para ello es necesario obtener la maestría en cada una de nuestras capacidades.

Ése es el objeto de este libro y de todos los libros de este humilde autor. Tengo muy claro que vivimos, hoy más que nunca, en una era de autocomplacencia, de amor por la «zona de confort». **Hemos confundido comodidad con felicidad**. La vida nunca podrá ser «simple», porque es movimiento, y cualquier elemento en movimiento, sumado a otros elementos móviles –personas, situaciones, etc.–, crea sistemas de interacción altamente complejos. Caer en la displicencia es una clase de negligencia nacida de la inmadurez interior, de ese adolescente no resuelto que cargamos con nosotros.

El argumento de que «la vida es simple» es el equivalente verbal a eso que hacíamos de niños cuando nos tapábamos la cara, convencidos de que así nadie nos vería. Uno puede apartar la mirada de la vida, pero la Vida misma te tiene cogido por las orejas desde que das tu primer aliento y no aparta un segundo la mirada de tu persona.

La simplicidad de la vida se podría aplicar si consideramos que sus reglas son sencillas. Esencialmente, se trata de tomar decisiones usando nuestro libre albedrío. Claro que eso es pura teoría, porque tenemos tres elementos que nos ponen las cosas un poco más difíciles.

Uno, es que nuestro libre albedrío es la cosa más limitada que podamos imaginar. La libertad, en términos sociales, es un acotamiento de las libertades individuales para permitir una libertad comunitaria aceptable, ecológica. O sea, que no podemos hacer todo aquello que nos venga en gana, porque, como reza la vieja frase, «mi libertad acaba donde empieza la del otro».

El segundo aspecto es que, justamente por lo restringido de nuestro libre albedrío, el rango de opciones a la hora de decidir será también restringido. Tampoco debemos olvidar que entran en juego las características personales, es decir, la madurez, la experiencia y la capacidad de discernimiento de cada uno. Sin duda esto también incide en la cantidad y calidad de las alternativas a la hora de elegir nuestras opciones.

En tercer y último lugar, tenemos el factor dinámico: la vida es una película que no se queda quieta. No existen los ensayos, no puedes repetir la escena para que te quede bien. La vida es una película de una sola toma.

Eso ya nos da una idea de lo estresante que resulta la existencia. Nuestros actos no pueden ser borrados y, para volver a encauzar algunos, podemos necesitar preciosos años de vida.

1.1 La simplicidad duele

La existencia, vista como en un documental de vida animal, es realmente simple. Se trata de sobrevivir, procrear y morir lo más tarde posible. Sin embargo, cuando vemos el desempeño de las diferentes especies, comprendemos que la sencillez también implica que, si tropezaste en el momento incorrecto, estás muerto. La naturaleza es una madre cruel –cruel desde los ojos humanos, por supuesto–, no se complica para nada: el que se adapta sobrevive; el que no, perece.

Los seres humanos actuamos en otra franja de realidad: poseemos autoconsciencia. Esto nos ubica en tiempo y espacio. Somos los únicos seres capaces de proyectarnos en el tiempo y de entender nuestro pasado. Además, tenemos el engorroso asunto de que necesitamos explicarnos a nosotros mismos, como entidad sensorial o, dicho de forma más simple, necesitamos darnos un sentido, un propósito. Por todo esto, va a ser muy difícil aplicar fórmulas que sí, podrían valer para una gacela o un ornitorrinco, pero no para un ser humano. Los humanos, somos criaturas altamente complejas. Tan complejas que somos capaces de modificar nuestro entorno, derrotar a los elementos naturales, crear arte, ejercer la ciencia, conquistar planetas, escudriñar el Universo, etc.

Por eso, aunque la vida en sí pueda considerarse «simple», nosotros no lo somos, aunque busquemos denodadamente esa simplicidad. ¿Por qué digo que la simplicidad duele? Porque, en muchas situaciones, si vamos al meollo de las cosas, todo puede resolverse de forma simple, pero muchas veces esa forma es muy dolorosa. Si queremos dejar de sufrir en una relación, por ejemplo, lo simple es terminarla. Esto es una táctica que en los papeles está muy bien, pero que, en el plano físico, no siempre se puede aplicar, porque somos seres complejos, con muchos condicionantes emocionales, mentales, materiales. Acabar con una relación dolorosa, visto desde fuera, parece algo sencillo, sin embargo, no lo es. Nunca lo es. Lo mismo se aplica a la vida profesional o a cualquier área de actividad. «Simple» puede significar que hay que cortar alguna cabeza, a veces incluso la nuestra. ¿Estamos dispuestos a elegir ese sendero en aras de la «simplificación»? ¿O tal vez invocamos la simpleza de la vida únicamente para justificar la necesidad de arrojarnos a los brazos de alguna satisfacción inmediata sin muchas ganas de pensar en el mañana?

Eso no es ser simple, es ser **simplón**. Como dije antes, no buscamos lo simple, sino lo fácil y, aunque lo parezca, no son lo mismo. Caemos, sin saberlo, en un reduccionismo de tomo y lomo, intentando resumir los elementos de una situación, dejando sólo aquellos que nos resultan más cómodos, es decir, que podamos manejar emocional e intelectualmente. «Vemos las cosas como somos, no como lo que son», decía Anaïs Nin. Nos cubrimos los ojos y confiamos en que así el monstruo no nos atrapará. Decimos que no hace falta mirar aquí y allá, porque, si no lo miramos, deja de existir, al menos para nuestro campo perceptual. Esto sería una técnica maravillosa si no fuese que no funciona **nunca**. Si tengo un resfriado y no pienso en él, incluso si lo niego, ¡aún tendré el resfriado conmigo!

Así podría resumirse por qué la simplicidad es algo que se nos da tan mal: somos criaturas elaboradas, complejas, intrincadas y, aunque eso nos reporte mil dolores de cabeza, también nos convierte en seres maravillosos, únicos, con unas potencialidades desconocidas para otros seres vivos de la Creación.

Por eso te advierto, caminante, que si te encuentras con una solución sencilla, prepárate, porque la mayoría de las veces requiere mucho coraje y entereza moral abordarla. Si quiero ese traje nuevo del escaparate y no tengo dinero, la solución sería sencilla: romper el cristal y llevármelo. Claro que, al mismo tiempo, eso traerá mucho dolor. No digo esto para intentar defender la idea de una vida compleja o descartar de plano toda solución sencilla. Lo digo con el propósito de que dejemos de asociar lo simple con lo inocuo, lo indoloro. Una guerra puede acabar sencillamente exterminando al otro bando con bombas nucleares. Pero ¿alguien querría hollar semejante camino? Yo espero que no.

1.2 Lo que buscas es ser efectivo

Como alternativa a buscar soluciones «fáciles» –que pueden hacernos caer en un modo de operar irresponsable–, me gustaría proponer la **efectividad**. La efectividad ofrece un equilibrio entre la eficacia y la eficiencia, es decir, entre el «cómo» y el «qué» debemos hacer. Ser efectivos nos pone en el camino del equilibrio. Cuando uno sabe hacer algo de la forma correcta, es muy probable que lo haga de manera muy equilibrada, muy ecológica respecto a su entorno. Peter Drucker, considerado el padre de la administración moderna, dice que «no hay nada más inútil que hacer de forma muy eficiente algo que en lo absoluto debería haberse hecho».

La tarea del místico es equivalente a la de un administrador de empresa, en la que en lugar de valores tiene a su cargo las energías vitales. Invertir bien nuestras energías depende de qué tanto hayamos considerado el «qué» hacer en conjunto con el «cómo» hacerlo, porque se puede hacer bien una y la otra no, y entonces la cosa podría acabar en un desastre.

Por ejemplo, caso uno: tengo una relación sentimental problemática, considero que el «qué» es el acto en sí de salvar dicha relación. Entonces, decido que el «cómo» hacerlo será permitir cualquier humillación, o alejarme de todas las expectativas personales que pudieran molestarle a mi pareja. Caso dos: ante la situación relacional complicada, llego a la conclusión de que el «qué» es que mi pareja llene todos mis huecos emocionales y, para el «cómo», recurriré a ser una persona dulce y comprensiva. En el primer caso, el «qué» está bien y el «cómo» está mal. En el segundo caso, es al revés.

Si quieres ser efectivo, tendrás que saber qué y cómo hacer para solventar una situación; de lo contrario, puedes invertir un montón de energía y tiempo en algo que nunca llegará a dar frutos. Esta capacidad se obtiene tras un duro trabajo de autocontemplación y percepción profunda de la vida misma. No se consigue por medio de reduccionismos.

1.3 La banalización del sentido de la vida

El sentido de la vida es algo que crea reacciones dispares entre la gente. Están quienes intentan huir todo lo que pueden de la cuestión, refugiándose en los reduccionismos sugeridos más arriba, y los que se lanzan obsesivamente a la caza de simbolismos.

Los primeros reducen la vida a los placeres cotidianos, por lo general, los más inmediatos. Está muy claro que la sociedad actual, digitalizada e hiperconsumista, incentiva este fenómeno. A decir verdad, no es que sea algo propio de nuestra época. Ya a lo largo de toda la historia vemos cómo la mayoría de la humanidad ha tenido por único objeto cubrir sus necesidades básicas y satisfacer sus más bajos instintos. Pero está claro que la tecnología, con su velocidad, ha exacerbado dicho defecto. Las personas que escogen esta forma de ver la vida están supeditadas a sus posibilidades materiales de proporcionarse las sensaciones buscadas –hay que tener una economía que te permita darte ciertos gustos–. Es común, además, que miren con desprecio a las que intentan encontrar algo más en la vida que vaya más allá de comer, dormir, bailar y tener sexo.

Los segundos, los que buscan el sentido de la vida pero lo hacen de forma desordenada, van de la confusión a la manía. Mucha gente que se autodenomina «espiritual» sólo ha acomodado su superficialidad a otra terminología. Encuentra la forma de camuflar su falta de profundidad mediante el manido discurso de que «sólo hay que fluir». En realidad, estas personas no son espirituales, son meros consumidores que, sintiéndose traicionados por los escaparates y las tiendas, ensayan su escapismo del tedio diario y de su vacío interior aferrándose a una serie de conceptos deshilachados de la vida espiritual. Dicho de otra forma, no van más allá de la superficie. También podemos tropezarnos con aquel que se denomina espiritual y acaba intentando hallar un sentido místico a todo. Constantemente encuentran explicaciones forzadas de eventos que pudieran tan sólo ser lo que son, sin más. En ambos casos, el problema es la falta de soporte intelectual sobre las verdaderas raíces y funcionamiento de lo espiritual. Al final, no consiguen encontrar el sentido de su propia existencia, sino que se lo inventan, proyectando un sentido artificial, que estará a la medida de sus limitaciones, con lo que, probablemente, dicho «sentido» sirva más como una justificación para quedarse como están, que como un impulso a la superación.

El sentido de la vida no es algo que podamos banalizar. ¡Se trata de la razón misma de tu presencia en este mundo! No podemos limitarlo a una batalla entre el placer y el displacer, ni decorarlo con significados pirotécnicos. La *kabaláh* nos enseña que el sentido de nuestra existencia temporal está relacionado con nuestra vida atemporal. La manifestación en el mundo físico es una expresión limitada de nuestra naturaleza espiritual, que solemos llamar, genéricamente, Alma. El Alma es nuestra fuente, pero no es fácil acceder a ella. Esto se debe al mecanismo de comunicación entre la energía y la materia densa. La primera necesita de la segunda para manifestarse, pero el recipiente no posee las características que le permitan almacenar y expresar el total del potencial de la primera. Es el eterno dilema entre **forma** y **materia**, entendiendo la forma como la verdadera sustancia que anima todo lo creado, y la materia como su vehículo. Por ejemplo, un pensamiento anima un deseo de demostrar mi afecto, ésa es la forma. Dicha forma adquiere realidad material en un abrazo a ese ser querido al cual quería expresarle mi amor.

El punto de inserción del Alma es la mente, pero la mente, como recipiente, es incapaz, estructuralmente hablando, de contener y además interpretar los designios del Alma. Entre la información que fácilmente se nos escapa y que representa uno de los desafíos más importantes en la vida de cualquier ser humano está el propio sentido de la vida, que el Alma conoce pero el yo ignora. Nuestros maestros han considerado, desde tiempos inmemoriales, que conocer el sentido de la propia existencia es en sí un acto de revelación mística.

Las propias características del desafío que implica encontrar el propio sentido de la vida desanimarían a la mayoría. Emprender dicho camino implica estudiar, reflexionar, mejorar la capacidad perceptual, reconocerse como entidad espiritual, meditar, orar, tener contacto con la realidad más allá de lo material, además de estar preparado para la frustración y el esfuerzo sistemático en aras de algo que no tiene que ver en lo absoluto con una satisfacción básica y pueril, con una recompensa a corto plazo en nuestro campo sensorial.

Más allá del vacío existencial que todos podemos experimentar, pocas Almas poseen el deseo intenso de propulsar ese yo que les ha dado alojamiento temporal. El yo temporal es eso que creemos que somos, pero que apenas es un reflejo de nuestra realidad, algo que sale a la arena de la vida con fecha de caducidad incluida.

Por todo lo descrito anteriormente, queda claro que el sentido de la vida es un asunto muy serio, fundamental. Una vez establecida la explicación de nuestra existencia, las prioridades y perspectivas con las que afrontamos nuestra vida cambian de forma radical. Suelen hacerse burlas sobre quien se ve ocasionalmente atormentado por no encontrar el propósito de su existencia; sin embargo, estas burlas esconden la incapacidad para acceder al sentido de la propia vida. No encontrarle sentido a nuestra vida es un sentimiento muy común que, llevado al extremo, suele ser suficiente motivo para acabar con ella. Mientras el ego necesita ser aprobado y el yo autoafirmarse, el Alma exige autoexplicarse, redescubrirse en su tarea, porque, justamente, esa tarea es la razón por la que ha elegido descender a este plano y transitar por todas las vicisitudes típicas de estar vivo.

1.4 La incomodidad es tu amiga

Nadie quiere estar incómodo. Lo vemos todo el día en los medios. Lo vivimos cada día mediante las soluciones tecnológicas. Una década atrás, esperar un minuto no era nada, ahora, es todo un drama griego. Nos hemos educado para la comodidad: vendemos, compramos y respiramos comodidad. Si no es cómodo, no lo queremos. A veces lo cómodo es saludable, como dormir en un buen colchón. Otras, lo cómodo es pernicioso, como dejar de establecer contacto personal con el mundo y sus habitantes, refugiados en un *smartphone*. Y es que la comodidad es traicionera, amigo mío. Es como el vino, si te pasas de dosis puedes ir del relajante placer sensorial a la intoxicación alcohólica. El *homo digitalis* está ebrio de comodidad.

En contraposición, tenemos al místico, que desarrolla un arte marcial espiritual, consistente en volverse cómodo en la incomodidad hasta hacerla su elemento. Aprender a gestionar la incomodidad causa efectos colaterales positivos. Nos vuelve independientes, ya que nuestras decisiones no estarán condicionadas por el miedo a sentirnos incómodos, sino por una ética superior. Nos vuelve profundos, porque somos capaces de mirar más allá de aquello que nos causa incomodidad. Nos reporta una cantidad y una calidad de información imposible de encontrar sumergidos en la comodidad. La incomodidad es básicamente un factor de resistencia. Sería algo así como la pesa del gimnasio que se resiste a ser levantada. Tu deseo de superar el obstáculo crea una demanda física o espiritual, y esa demanda favorece una adaptación. Toda adaptación es la experiencia de un nuevo nivel de posibilidades. Si antes un insulto me incomodaba una semana y ahora me incomoda sólo una hora, es probable que en un tiempo no me incomode en absoluto. Vivir sin sentirse torturado por un insulto da por resultado una vida distinta. Será distinta porque habrá un elemento menos que nos haga sufrir.

A todos nos gustaría que la vida tuviese menos dificultades; sin embargo, son las dificultades las que nos vuelven seres interesantes, con historias que contar, con enseñanzas que compartir, con caminos para trazar y explicar. Las dificultades, las incomodidades nos transforman de seres virginales, ingenuos y volátiles en entidades expertas, sabias y firmes. «No hay Or (Luz) sin esfuerzo», reza el dicho kabalista. No hay nada en esta vida que valga realmente la pena, que no exija de nosotros un fuerte compromiso, dura disciplina y gran sacrificio. Podemos optar por el mundo vaporoso que nos promete el consumismo, lleno de sonrisas tan perpetuas como vacías. Sin embargo, tarde o temprano acabaremos abrazados a la infelicidad más profunda. A veces, creemos que nuestra vida debería ser como las de los anuncios: humanos presuntuosos, saltando, riendo y bailando. Pero esa vida no existe, como no existe una moneda con una sola cara. Las sombras dan valor a nuestras luces, las lágrimas dignifican nuestras sonrisas, las dificultades honran la fuerza de nuestro corazón, las soledades revalorizan las verdaderas compañías. Ante la imposibilidad y la inconveniencia de eliminar la incomodidad de nuestra existencia, resulta indispensable **desmitificarla**. Con este proceso de desmitificación colocaremos el foco de nuestra mente de forma tal que cada vez que encontremos un obstáculo, estaremos más capacitados para aceptarlo, aprovecharlo y, a la postre, dominarlo. Para eso estamos diseñados. Es hora de abrir los ojos y entender. El ser humano es en sí una historia épica que empieza al salir del útero materno y continúa con la búsqueda de un gran final, digno y valiente. Ser valiente no significa que busques la incomodidad, sólo que la mires a la cara sin temor.

1.5 Ni la vida es simple satisfacción ni toda satisfacción es simple

Perseguir las satisfacciones terrenales es algo que no ha dado resultado nunca. No funcionó hace diez mil años atrás y no funcionará dentro de diez mil años en el futuro. Si funcionase, tendríamos un mundo totalmente diferente al que nos enfrentamos cada mañana. Se habría cumplido, por ejemplo, la promesa del capitalismo consumista, de modo que hoy todos seríamos felices por tener un montón de cosas. Pero hay gente que lo tiene todo y acaba saltando por una ventana, y hay quienes tienen muy poco y son un ejemplo de vitalidad. Podría estar medio libro argumentando esto, pero creo que es más efectivo dejar la puerta abierta para que cada uno medite en profundidad lo expresado.

Puede concluirse que la vida no es la simple satisfacción de necesidades o deseos. Porque, lo dice el refrán, «es más bonito desear que tener». Una vez conseguido lo deseado, la emoción eufórica del logro va descendiendo hasta desaparecer y dejarnos vacíos. Todos los días experimentamos esto. Tenemos el deseo de una deliciosa tarta. Esperamos una semana para saborearla. Una vez saboreada, toda la expectativa y la adrenalina se vaporizan. Como un adicto, necesitamos otro sueño, otro impulso. Está claro que esto forma parte del software *humano*, así nos mantenemos activos, superando un desafío y yendo a por el siguiente.

Lo malo es que muchas veces confundimos este proceso con una finalidad. Apostamos todo a conseguir eso que deseamos. Nos imaginamos tocando el cielo cuando por fin logremos nuestro objetivo. Sin embargo, una vez conseguido, comprobamos que la realidad es bastante menos excitante que la fantasía.

La vida no es simple satisfacción. Si vamos por ese camino, acabaremos como todos los que han perseguido la exacerbación de sus sentidos: muertos, locos o en la cárcel. El que uno **pueda** hacer algo no significa que **tenga** que hacerlo. Que **pueda** saltar sin paracaídas no quiere decir que **deba** hacerlo.

Nos fue concedido un intelecto, que es, desde el punto de vista kabalístico, donde se asienta el Alma. Deberíamos estar trabajando duro con ese intelecto, desarrollándolo, volviéndolo lo más efectivo posible, no adormeciéndolo o buscando excusas para no utilizarlo.

A partir de aquí entendemos que, además de que la vida no es simple satisfacción, satisfacernos no siempre es simple. A veces, para buscar ciertas satisfacciones, hacemos cosas terriblemente complicadas. El acto de satisfacernos puede que sea básico, pero muchas veces el camino a ese acto requiere cierta complejidad y, en ocasiones, acaba con daños colaterales. Un adicto a una droga tiene un deseo simple, cuya satisfacción es simple: inyectarse la sustancia. Punto. Pero el proceso puede implicar cometer una serie de actos reñidos con la ética, la salud y el respeto a la vida.

Aprender a satisfacernos puede llevarnos más tiempo del que parece. La vida nos va enseñando a valorizar, priorizar y discernir entre aquello que vale la pena y lo que no. Cuando somos jóvenes e inmaduros, nuestra búsqueda del placer está acorde a esa juventud e inmadurez. Al llegar a la edad adulta, más de uno sigue con la misma configuración: es un adolescente en el cuerpo de una persona mayor, intentando cumplir deseos de adolescente.

La satisfacción sólo se vuelve simple cuando el corazón se vuelve simple, y para que el corazón del iniciado se vuelva simple, tiene que pasar por una larga, concienzuda y despiadada transfiguración interior.

Ya comenté en mi primer libro, *Ha Derej, El Camino*, la diferencia entre la satisfacción y el placer, así que no repetiré esa explicación. Apenas decir que mientras cualquiera puede sentir satisfacción, sólo el Alma evolucionada es capaz de experimentar el placer. El placer es una conexión espiritual con la energía que sustenta la Vida. No es como ir al baño y cumplir una necesidad fisiológica, o zamparnos un trozo de pan para calmar el hambre. Es algo que va más allá y sólo puede experimentarse de forma directa.

1.6 Un mal plan

Vivir para «divertirse», para «pasarlo bien» o como queramos llamar a esa actitud en la que resumimos nuestro pasaje por la existencia como un collar en el que sólo queremos ensartar las perlas que nos hagan reír y rechazar las que nos hagan llorar, es un mal plan.

¿Qué pasa si no tengo dinero para divertirme? ¿Qué pasa si llego a los setenta con los achaques típicos de la edad? ¿Qué sucederá cuando la parafernalia del ocio y la diversión, por las razones que sean, ya no estén a mi alcance? ¿Qué me quedará?

Lo usual es que el ser humano no se ocupe de crear las condiciones para vivir una vejez plena. La vejez puede entenderse como el acto final, donde cada ser recoge los frutos de su madurez interior. Cualquier aficionado al teatro o al cine sabe que las grandes obras lo son por su final. ¿Piensas tú en el final de tu obra o sólo corres en círculos, como pollo descabezado, tratando de olvidar que todo terminará tarde o temprano? Lo más usual es que nos comportemos como el que piensa que nunca se le acabará el dinero. De esa manera, vivimos «el momento»... pero de forma incorrecta. Gastamos todo lo que tenemos y, al final de nuestro camino, nos encontramos carentes, vacíos.

El cuerpo, la emoción y la mente deben entrenarse cada día con el firme propósito de sacar el máximo provecho de la oportunidad que significa tener un cuerpo físico.

El trabajo espiritual es como un plan de jubilación: hacia el final de tu viaje te darás cuenta de lo inteligente que ha sido cultivarlo durante toda una vida. Cuando estás en la flor de la juventud o, cuando a pesar de los años, aún sientes que la energía fluye dentro de ti, ese momento, el del adiós definitivo, parece demasiado lejano, casi imposible. La muerte es algo que intentamos olvidar.

Independientemente de nuestras fantasías negacionistas, de nuestros intentos escapistas, la vejez nos anunciará que lo inevitable se aproxima. Hay una etapa en la que es obvio que el movimiento exterior, físico, estará restringido. Es el tiempo del movimiento interno, de la inteligencia emocional, del entendimiento de la mente, de la sabiduría del Alma. Todo empieza a detenerse **fuera** de ti. Empieza a prepararse el viaje de lo que está **dentro** ti. La cáscara corporal cada vez reviste menos importancia, es como la vaina de bronce de una bala de fusil. Cuando el percutor del fusil detona la bala, el proyectil sale hacia su blanco y la vaina es expulsada. Así es el cuerpo, actúa como el depósito del propelente de la ojiva, el Alma. El cuerpo agota su combustible para poder liberar nuestra parte etérea.

¿Qué contemplaremos en esa etapa de nuestras vidas? Porque, si algo está claro, es que no encontraremos lo que no hay, sino lo que sí hay, aquello que hayamos depositado dentro de nosotros. También podemos preguntarnos: ¿qué clase de compañía seré para mí mismo cuando llegue ese momento?

Si bien es cierto que nadie puede controlar el futuro, aun así es interesante que te interrogues, amado lector. Cierra los ojos y piensa unos segundos. ¿Serás un anciano con la mirada opacada por el temor a la muerte y la soledad? ¿Te habrás convertido en un saco de huesos y arrugas a quien sólo le consuela la cercanía del final de una vida que, hacía mucho ya, había perdido su significado? O, contrario a todo lo demás, ¿relampaguearán en tus retinas las luces de la sabiduría, sintiéndote conocedor de los profundos misterios de este mundo y el otro?

Nadie puede decirle a nadie qué escoger. Mi función se limita a preguntarte, a provocarte, a invitarte a que te asomes a los espejos del Alma. Así que, ¿cuál será tu plan?

II

El mejor plan posible

No cuentes los días, haz que los días cuenten.
MUHAMMAD ALÍ

Decía el general Eisenhower que ningún plan resistía los dos primeros minutos de fuego real en el campo de batalla, pero que, aun así, la planificación lo era todo.

Te preguntarás qué tiene que ver hablar de la vida y de los planes con el dolor en sí. Para tu tranquilidad te contestaré que, así como un soldado se prepara para la batalla, así el estudiante de *kabaláh* se mentaliza para aquello con lo que va a encontrarse en su camino vital.

A mis trece años comprendí –y lo puse en un poema– que hay dos cosas de las que no podremos escapar en esta vida. Una es, lógicamente, la muerte. La otra, el dolor. Puede ser físico, emocional, mental o espiritual. Puede operar en áreas alternas o en todas a la vez. Sea como sea, el dolor se integra en la vida, nos guste o no nos guste. Recuerdo una historia de guerra en la que un sargento le preguntaba a un soldado herido si sentía dolor. El soldado respondió que sí a gritos, a lo que el sargento replicó: «¡excelente, eso significa que aún estás vivo!». El dolor es, en cierta forma, indicativo de que estamos vivos, al igual que la posibilidad de la muerte es un síntoma de aún estar en el plano de la existencia, ya que sólo algo que está vivo puede morir. Si aún no has muerto, es que todavía tienes cosas que **hacer**, y si sientes dolor, es que aún tienes cosas que **resolver**.

Cualquier plan que no considere estas dos realidades, negándolas, maquillándolas o tratando de obviarlas de alguna manera es una porquería de plan que sólo te va a llevar hacia la peor vida posible.

El místico es una clase de soldado, alguien que se prepara para esperar lo inesperado. Dicho así, suena esotérico y poco útil pero, lo cierto, es que no hay mejor forma de expresarlo. Cuando, como profesor de artes marciales, me preguntan qué deporte de combate nos prepara mejor para una situación de violencia real, mi respuesta siempre es: «Todos y ninguno». Sin duda, que las artes modernas de combate desarrollan destrezas indispensables para afrontar una situación de autodefensa. Pero, también es cierto que no existe nada que te prepare para lo que en realidad sucede en un momento de peligro. La acción en el mundo físico es mayormente caótica, imprevisible. No son aplicables fórmulas rígidas, no podemos usar elementos estáticos –como una respuesta programada, o un dogma– en un entorno dinámico. Directamente no va a funcionar.

Entonces, ¿para qué tomarse la molestia de entrenarnos para lo inesperado si, justamente por ser inesperado, no seremos capaces de prever y controlar el evento en cuestión?

La respuesta corta a esa pregunta es que la alternativa sería enfrentarnos a los desafíos **sin ninguna preparación**, algo que, definitivamente es una de las peores estrategias posibles.

El trabajo espiritual es un arte marcial, pero del Alma. El Alma necesita saber técnicas de autodefensa, porque la vida va a golpear y lo hará sin contemplaciones. Cada prueba a la que nos somete el plano físico está llena de elementos imprevisibles, nuevos. Nuestro entrenamiento espiritual hace que en esa situación, aparentemente confusa –como lo es cualquier combate o batalla–, podamos aprovechar las destrezas que hemos desarrollado en tiempos de calma. Si bien es cierto que la preparación no nos garantiza salir indemnes de un episodio doloroso, es mucho peor encarar el mismo episodio totalmente desarmados, sin recursos. Por decirlo de otra forma, entrenarnos, prepararnos, aumenta nuestras posibilidades de supervivencia. Hay un salto cuántico entre no hacer nada, esperando lo mejor, y trabajar duramente para enfrentarnos a lo peor. O como se dice en el ejército: «Prepárate para lo peor y espera lo mejor». El místico da de sí lo mejor sin olvidar que puede ocurrir lo peor.

El título de este capítulo sugiere que te daré un plan concreto, pero más bien intento crear en ti la inquietud de tener uno. Claramente, yo no sé quién eres, ni qué es lo mejor para ti. Aun así, y para no dejarte con sabor a nada, diré que mi plan es un plan universal. Un plan universal es altamente deseable, ya que no espera que seas de tal o cual religión, de tal o cual etnia, que tengas tanto o cuanto en el banco. Los líderes religiosos se ponen muy nerviosos cuando un místico ofrece una síntesis de la *kabaláh*. Tienen miedo de que la *kabaláh* funcione fuera de su religión. Temen que quede demostrado que, más allá de toda la compleja estructura, la elaborada pirotecnia litúrgica, más allá de los linajes y las cadenas de la tradición, este conocimiento, este plan para la humanidad llamada *kabaláh,* funcione. Porque entonces volvería irrelevante todo lo demás. La noticia es ésta: funciona. Así que el plan, la tabla de ejercicios, el programa de entrenamiento... es la *kabaláh*.

Siendo un plan bajo el cual establezco los parámetros éticos de mi vida, con el que intento hacer de mi existencia algo esencialmente feliz, es obvio que está adaptado a mi persona. Pero adaptado no significa que sea un mero invento. Uno debe tener mucho cuidado de no traicionar ciertos principios, sin los cuales podríamos llamar a nuestro plan *kabaláh*, pero se habría convertido en un discurso pseudoespiritual más.

Hay muchos otros planes, nadie lo ignora. Pero no todos conducen a la Luz. No todos los planes nos llevan a aprovechar el dolor como un aprendizaje mientras, a la par, se intenta minimizar el sufrimiento. Porque al final, como decía el maestro Luzzato (Z'L), el objetivo de la vida es ser feliz. Y si uno no aprende a navegar entre las duras olas del dolor, no tendrá ninguna oportunidad de tener una vida medianamente feliz. Si uno no es feliz, ¿qué sentido tiene la vida?

Así que la *kabaláh* conduce, de la forma más profunda y directa, a la Verdad y al misterio de la Vida y lo hace por un sendero que indudablemente ansía y desea la felicidad. El camino místico no es un camino masoquista. Pero es un camino que no olvida el dolor y, por ello, nos guía de la mejor manera posible en su gestión.

2.1 El valor táctico de la vulnerabilidad

Quizás veamos nuestros puntos vulnerables como una desventaja, pero hay algo aún peor, y es **ignorar cuáles son** nuestros puntos vulnerables. Para ello, primero hay que sacarse de la cabeza, como sugeríamos al principio del capítulo, la idea de que somos invulnerables. Solemos asociar ser vulnerables con un síntoma de debilidad. Creo que ha quedado claro que eso es una tontería. La historia militar nos recuerda que incluso la fortaleza más inexpugnable tiene su punto vulnerable. Así que, sería más amable con nuestra naturaleza humana, descartar de plano todos esos clichés de superhéroe urbano, ya que no son más que trampolines a la piscina del sufrimiento.

En las artes de combate, el estudio de la vulnerabilidad propia y la del adversario forma parte imprescindible en el desarrollo de la excelencia marcial. En ese aspecto, la *kabaláh* nos ofrece un modelo que nos otorga el mapa completo de nuestras fortalezas y debilidades. Al explorar las diversas capas de manifestación de la energía –desde el nivel más elevado del Alma, pasando por la mente y la emoción, hasta llegar al cuerpo, la materia en sí–, representadas en el *Etz HaJaim* o Árbol de la Vida, activamos una suerte de sistema de alerta temprana.

De esa manera seremos capaces de actuar de forma preventiva. Si peor que tener un punto vulnerable es ignorar dicho punto, lo peor de recibir un ataque es recibir un ataque inesperado.

El místico, más que un ser colgado de una nube, conectado exclusivamente con las Fuerzas Celestiales, es un guerrero experto en sus debilidades. Conocer sus debilidades lo hace extremadamente fuerte, porque le da el poder de la **anticipación**. Algunos veréis que, en un combate de boxeo, uno de los boxeadores baja expresamente la guardia, en exponiéndose, aparentemente, al peligro de ser golpeado en la cabeza. Sin embargo, esto es una estrategia para atraer el ataque a una zona del cuerpo que está preparado para defender. Esto es muy diferente a defender y contraatacar acciones aleatorias. Nuestro boxeador ya está anticipando el contraataque. Ha usado su vulnerabilidad para reducir el margen de atención y, por lo tanto, aumentar sus posibilidades de respuesta. De la misma manera que un contrincante no va a buscar atacarnos en nuestra zona mejor defendida, la vida no va a probarnos en la zona más fuerte de nuestra estructura interna. Por definición, irá a la más débil, a la más frágil. Si quieres saber dónde estará tu próxima prueba espiritual, mira tus zonas más conflictivas. ¿Es lo económico? ¿La opinión de los demás? ¿Miedo a la soledad? ¿Conflictos sexuales? ¿Dilemas existenciales? ¿Problemas con personas importantes en nuestra vida pendientes de resolución? ¿Falta de autoestima? ¿Miedo?

¿Qué sentido tiene un examen sobre algo que ya hemos superado? El examen de la vida será siempre sobre algo que no hemos podido resolver. El misticismo hebreo, como las grandes escuelas espirituales, entiende la existencia como un campo de entrenamiento donde desarrollar nuestra consciencia y rectificar nuestra naturaleza divina.

Después de un tiempo, lo inesperado se transforma en esperado. No por una suerte de profecía autocumplida, sino porque incluso el guerrero menos hábil, luego de tanto combatir, desarrolla la capacidad de olerse lo que va a venir. Resulta curioso que asociemos la astucia con el olfato. En la mística hebrea, el olfato es el único de los sentidos que no se corrompió a la salida del Edén. La ciencia nos dice, según su mirada evolutiva, que el olfato está más cerca del cerebro reptiliano, es decir, del más primitivo, que del neocórtex.

Al respecto, la *kabaláh* va más allá y relaciona la nariz y su función olfativa con el *Zeir Ampin*, el Rostro Corto de Dios, las seis sefirot centrales del *Etz Ha Jaim* o Árbol de la Vida. El *Zeir Ampin,* o *Z'A* para abreviar, representa nuestra *ruaj*, nuestro espíritu o Alma Emocional. Saber «oler» las cosas antes de tiempo, es síntoma de una inteligencia emocional desarrollada. El *talmid* o aprendiz, si es constante y valiente, acaba desarrollando la capacidad de anticipar muchos de sus procesos, algo que es especialmente útil en el caso de aquellos eventos que no le resultan precisamente agradables.

De alguna forma, nuestra debilidad puede acabar convirtiéndose en nuestra fortaleza. Así tenemos que:

1. Poseemos cierto grado de certeza sobre dónde va a aparecer el problema, algo que se agradece mucho porque, si hay algo peor que un hecho irritante, es un hecho irritante inesperado.
2. Al conocer nuestra debilidad, instintiva o intuitivamente, tomamos medidas para fortalecerla.

3. Somos conscientes de que cualquier cosa que afecte a nuestro punto débil no tiene la misión de incordiarnos o destruirnos, sino la de transformarnos en guerreros hábiles, sabios y fuertes.
4. Entender la magnitud de nuestra fragilidad nos vuelve humildes, atentos y aumenta nuestra capacidad de respuesta ante las situaciones críticas.

III

El principio de vulnerabilidad

De niños pensábamos que cuando llegáramos
a ser mayores ya no seríamos vulnerables.
Pero madurar es aceptar nuestra vulnerabilidad.
Vivir es ser vulnerable.
MADELEINE L'ENGLE

Entender el dolor es entender la vulnerabilidad. Muchas personas caen en el autoengaño de pensar que adoptando tal o cual medida podrán evitar de sufrir determinadas situaciones. Imaginemos un destacamento militar que una vez fue atacado desde el norte y que, a partir de ahí, su comandante decidiera reforzar sus defensas **exclusivamente** en esa dirección; seguro de que siempre serán atacados de esa manera. Debemos entender que, mientras una fortificación puede darse el lujo de protegerse en todas direcciones, una unidad móvil no. Una fortaleza es un elemento **pasivo, estático**.

Justamente lo opuesto a un ser humano. Los seres humanos no somos elementos fijos, **somos la expresión misma del movimiento**, tanto en términos externos como internos.

Establecer estrategias reactivas es reducir la vida a la inmovilidad. «Ya no confiaré en nadie», «no volveré a abrir mi corazón», «desde ahora sólo me ocuparé de mí», son ejemplos de defensas pasivas y muy poco efectivas. Esta clase de estrategia tiene dos defectos: uno, nos inmovilizan como persona, deteniéndonos en el tiempo aquel donde nos pasó algo malo, y, dos, crean una falsa seguridad, que tarde o temprano no evitará que nos vuelva a pasar lo mismo o algo peor.

Quien sepa algo de historia recordará la «Línea Maginot», un sistema de fortificaciones francesas levantado en la frontera con Alemania, luego de la Primera Guerra Mundial. Costó seis mil millones de dólares actuales. Cuando, el 10 de mayo de 1940, Hitler lanzó su invasión sobre el país galo, lo hizo... entrando por Bélgica. ¡Eludió completamente la Línea Maginot! Como resultado, ese complejo de cuatrocientos kilómetros, diecinueve fortificaciones y un tren subterráneo que lo recorría de punta a punta jamás entró en acción. Ni un sólo proyectil fue disparado desde la Línea Maginot. Sus cañones sólo apuntaban a Alemania.

Pensemos un momento. ¿No estaremos cayendo en el mismo error que el estado mayor francés de aquella época? Si nos aferramos a la idea de que podemos prepararnos de manera pasiva para las situaciones dolorosas, acabaremos sufriendo igualmente. Sólo es una cuestión de tiempo que el «enemigo» decida ir por otro lado, ya sea porque ha querido evitar nuestro flanco reforzado o porque simplemente hizo uso de las infinitas posibilidades de ataque. Las contrariedades nunca toman en cuenta nuestros puntos fuertes. Por eso son contrariedades, porque penetran por el hueco de nuestra armadura. Cuando una dificultad rebota en nuestra defensa, la llamamos «nimiedad», no contrariedad. Hay una forma ingenua y una inteligente de asumir el hecho de que uno siempre tendrá un lado vulnerable. Ingenuo es, como ya hemos dicho, plantearnos una actitud pasiva. Esta actitud pasiva se nutre de prejuicios, es decir, de esquemas de comprensión prefijados que facilitan nuestra reacción. Un prejuicio, es un juicio rápido, una evaluación de emergencia, que en algunos casos incluso puede salvarnos la vida. Su función es permitir que nos situemos de la forma más favorable posible en un escenario desconocido. Pero todo prejuicio requiere una revisión más detallada para convertirse realmente en un juicio, que debe ser lo más justo posible. «Las personas que saludan con la mano floja, no son confiables» es un prejuicio. Es posible que sí, que coincida la manera de saludar con el carácter, pero... ¿no es demasiado exagerado determinar la manera de ser de alguien sólo por un apretón de manos? Entra en juego nuestra observación y el conocimiento de la persona en cuestión. Puede que responda al cliché o puede que nos dé una sorpresa. Tengamos en cuenta el caso contrario: ¿todas las personas que saludan con vigor son confiables? Es obvio que no, sobre todo cuando el que intenta ser confiable sabe lo de la «mano floja versus mano firme» al saludar.

¿Cómo deberíamos actuar? Lo más recomendable es una táctica proactiva, que sea capaz de actuar en virtud de cómo se vayan presentando las circunstancias, sin dar todo el crédito a los tópicos. La mayoría de las veces veremos que los tópicos funcionan, son ciertos, que el que actúa como persona superficial y vive como persona superficial en realidad lo es. Pero, siempre hay que dejar un espacio para la comprobación. Esto se aplica a todo, a las amistades, a empezar una relación de pareja, a un nuevo empleador o compañero de trabajo. Sn embargo, no deberíamos seguir metiendo a todos en el mismo saco y pensar que así nos libramos de sufrir. No sólo podemos cometer la injusticia de rechazar a alguien que no se lo merecía, también cabe la posibilidad de confiar en alguien que definitivamente no nos convenía tener cerca. Sea como sea, debemos dejar de apostar a las defensas pasivas. Esa creencia parte de una idea errónea: creemos que existe la invulnerabilidad.

Definitivamente, **todo ser vivo es vulnerable**. A lo que sea.

La *kabaláh* nos habla indirectamente de esta vulnerabilidad cuando nos explica que somos fragmentos de una Supraconsciencia que decide encarnar en este plano físico, llamado *Maljut*, El Reino. Al asignarnos un cuerpo, inevitablemente nuestra Alma queda sujeta, al menos en su parte más densa, a las duras leyes naturales que gobiernan este mundo euclidiano del largo, ancho y profundidad.

La vida material implica la posibilidad de tener complicaciones en el nacimiento, durante el crecimiento, sufrir accidentes, bancarrotas, decepciones amorosas, traiciones de todo tipo, cometer actos terribles en contra de nuestro prójimo, etc. Considerando el *Gilgul haNeshamot* o Rotación de las Almas –la versión kabalista de la reencarnación–, los maestros nos dicen que, un Alma que ha tenido grandes logros durante varias existencias, puede perderlo todo, o casi todo, si en una de esas encarnaciones tiene una metedura de pata importante. Al mismo tiempo, se dice que este plano es el más alejado de la Luz Divina, y por lo tanto tendríamos un 10 por 100 de Luz versus un 90 por 100 de oscuridad o, según otros maestros, un 1 por 100 de Luz contra un 99 por 100 de oscuridad. Sea el que sea el porcentaje por el que nos inclinemos, la desventaja entre la energía luminosa que puede expresar el Alma y la capacidad de las sombras para evitar dicha expresión es sinceramente apabullante.

¿Se puede pensar en una situación de mayor vulnerabilidad en términos de lo espiritual?

Puede que pienses que estoy intentando desanimarte, pero es todo lo contrario. Mi objetivo es establecer un hecho indiscutible: la vida es una aventura arriesgada por donde la mires. Tenemos, sí, esos clichés emocionaloides –tipo anuncio de champú–, diciéndonos que la vida es perfecta y que todos son reflejos de sol y ancianos abrazando niños. Eso no es lo real.

Biológicamente, la vida es un milagro, no sólo porque sale casi de la nada, sino porque hay tantas cosas que podrían acabar con ella que nos sorprende cómo logra prevalecer ante la destrucción y la muerte. Psicológicamente, podemos ver el curso vital de cualquier persona como una lucha contra el trauma, la disociación y el trastorno. Desde el punto de vista kabalístico, la existencia es una apuesta, y de las gordas: un Alma, de naturaleza etérea, acepta someterse a toda clase de perturbaciones, molestias y peligros, con la sola finalidad de corregirse, o, lo que es lo mismo, resolver su oscuridad, trascender su finitud y reconocerse en la infinitud.

Así que no, mi buen lector, no hay nada en mí que intente dar la idea de que hay que echarse atrás, más bien trato de que podamos comprender y visualizar juntos la verdadera naturaleza de la existencia a través del lente de la vulnerabilidad.

3.1 El valor táctico de la vulnerabilidad II

A los puntos citados en el anterior capítulo, debemos agregar que el conocimiento de nuestras vulnerabilidades aguza nuestro ingenio. Casi podría decirse que, todo conocimiento iniciático, todo sistema filosófico, toda escuela mística que aspira a la trascendencia no es más que un análisis multidisciplinar de nuestras áreas vulnerables.

Según la tradición del misticismo hebreo, nuestra parte divina ingresa en este plano tridimensional con un tremendo hándicap. Como ya mencionamos en capítulos anteriores y quizás tú ya sepas, querido lector, la proporción entre *Or* (Luz) y oscuridad o *sitrá ajrá* (el «otro lado») es de uno contra noventa y nueve.

Ante semejante desventaja podemos declarar que la Luz, es decir, todo lo que tiene que ver con lo Divino en este mundo, es altamente vulnerable. A pesar de que la Energía Divina u *Or* es algo que sostiene el Cosmos y le da forma y sustancia, respecto a *Maljut*, el reino de lo físico, está en una situación altamente vulnerable. Se trata de un mero problema de proporción, no de naturaleza. Si tengo un guerrero poderoso, pero éste tiene que enfrentarse a noventa y nueve enemigos él solo, tendrá pocas probabilidades de salir vivo de la contienda... salvo que esto suceda en una película de Hollywood, claro está. Aclaro esto porque más de uno ha puesto el grito en el cielo cuando afirmo que «la Luz es débil», pensando que con eso denigro su naturaleza divina. La «debilidad» de la Luz no está en su sustancia, sino en la escasísima proporción que le ha tocado ocupar en este mundo.

Ahí nace la habilidad, la astucia y la inteligencia del *mekubal*, del místico. El que busca la Luz es siempre un héroe en potencia. No tiene más remedio que serlo, dadas las circunstancias tan poco ventajosas con las va a lidiar. Pero tiene que usar la cabeza y el corazón. «Entiende con sabiduría y sé sabio con entendimiento», nos dicen nuestros maestros. Los enfrentamientos frontales, fuerza contra fuerza, resultarían en un suicidio, por lo que la táctica primaria será la de la observación y los ataques precisos. En la jerga militar diríamos un «golpe de mano», o sea, una acción que sólo se emprende para causar un efecto determinado y con altas probabilidades de éxito. Recordemos cómo en la guerra de Vietnam, gran parte del éxito vietnamita se debió a una estrategia de **no enfrentarse** en igualdad de condiciones a un poder de fuego inmensamente superior. Cada vez que el ejército vietnamita intentó aplicar las reglas del combate tradicional, fracasó rotundamente. Así, también nosotros deberíamos olvidarnos de las metodologías rimbombantes, que pretenden vencer a la oscuridad a fuerza de posturas, ya sean filosóficas o religiosas.

Debemos abandonar esa idea arrogante de pensar que porque estoy afiliado a tal o cual teoría, el mal, automáticamente, va ponerse de rodillas con las manos en la nuca. Eso no va a pasar. La lucha contra el mal es una guerra de desgaste. Puede que caigamos en el error de confundir los consejos de no establecer una lucha mano a mano con el mal con que nos estén diciendo que no hay lucha alguna.

Dejémoslo claro, la lucha existe, lo que pasa es que nos exige una postura mucho más táctica, más inteligente. Existe un nicho del mercado mediático donde nos podemos empachar con la palabrería elegante –pero en el fondo insustancial– de cientos de gurús y *coachs*, intentando vendernos la estrategia siguiente: uno simplemente debe dejar de oponerse a lo negativo, porque, poco a poco y por arte de magia, lo negativo se disolverá. Si algo tengo claro es que los *best sellers* de la pseudoespiritualidad empiezan diciéndote que «no tienes que hacer nada», «que ya está todo hecho». Si no hay nada que hacer, ¿para qué estudiar, meditar o comprar libros y cursos? Supongo que tiene el mismo efecto de marketing que las máquinas que hacen los abdominales por ti y las pastillas que te ahorran el esfuerzo de la dieta. En este aspecto, la pereza actúa en todo su esplendor como pecado capital, buscando el camino de la menor resistencia, lo que, en la dimensión espiritual, es sinónimo de fracaso. Nadie triunfa en una carrera profesional, deportiva o artística sin dos elementos claves: esfuerzo y estrategia de crecimiento. Las cosas importantes no se consiguen por accidente. ¿Por qué iba a ser el desarrollo interior una excepción? Thomas A. Edison probó unos cien tipos de filamentos antes de encontrar el material correcto para su famosa bombilla eléctrica. Lo mismo podemos trasladarlo al Camino Espiritual. Hay noventa y nueve formas de hacer las cosas mal y una de hacerlas bien. Cuando reflexiono en esto siempre recuerdo una acepción muy graciosa de la famosa «ley de Murphy» que dice: «Deja algo a su aire y seguro que empeorará».

Pensemos un momento. ¿Qué pasa si dejo de hacerle mantenimiento al coche, al ordenador, a mi propio cuerpo? ¿Mejora o empeora? El uso y abuso de frases descontextualizadas de autores orientales nos han revuelto los papeles y acabamos confundiendo tocino con velocidad, como suele decirse. «Nadie puede luchar contra quien no lucha» es una frase del maestro Lao-Tzú que adolece de ser una de las peor interpretadas. Si los norvietnamitas la hubiesen aplicado a la letra muerta, como hace la mayoría, posiblemente seguirían siendo una colonia occidental. «No lucha» no debe interpretarse como no hacer nada, con mantenerse en la pasividad absoluta –que es algo que adoran los *newagers*, es decir, no hacer nada para mejorar y creer que esa actitud es en sí una mejora–. Dejando de lado el hecho de que la pasividad tiene mucho público por la simple razón de que es mucho más fácil no hacer nada que hacer algo –esto último requiere el compromiso de averiguar qué y cómo hacerlo–, nuestra actitud táctico-estrategia es la de oponernos a la oscuridad, pero de forma inteligente. No es una invasión, es un golpe de estado. No tenemos la intención de destruir todas las instalaciones que sostienen el sistema, porque son las mismas que vamos a usar cuando cambiemos del *sitrá ajrá* al *Or*. El *mekubal* es un guerrillero, no puede permitirse el lujo de dejarse atrapar, ni tampoco el de rendirse.

Nuestro cambio interior, va a ser, por definición, desde dentro. Las *kelipot,* o cáscaras que oscurecen la consciencia, se rompen desde adentro, y al hacerlo, transformamos esa oscuridad en Luz. Hay entonces un proceso de reciclado. Eso comprende una lucha que es «no luchar», porque no pretendemos destruir nada en nosotros –necesitamos todas las piezas–. Lo que debemos hacer es convencer a nuestras áreas disidentes sobre las ventajas de dirigirse hacia lo divino, entre otras, dejar de sufrir tanto. No es un enfrentamiento desde el dogma religioso, la represión espiritual, la condena, la culpa y todos esos recursos que solemos ver aplicados en ciertas espiritualidades. Incluso hay nuevos dogmas disfrazados de rotura de dogma. Todas esas herramientas han fallado y seguirán fallando, porque son, primero, una lucha frontal que nunca conducirá a la victoria y, segundo, porque es algo que plantea operar fuera del individuo.

Desafortunadamente, se sigue creyendo que si reprimimos aquello de nosotros que está desequilibrado y/o lo enfrentamos a algún símbolo religioso, vamos a conseguir que, por arte de magia, algo de afuera recomponga lo de adentro. Si bien es cierto (ya que he sido testigo de ello), que a veces la Energía Divina interviene en la vida de una persona despejándole el camino, también es cierto que esto no es una cosa de todos los días, que además necesita el empujón desde adentro, desde la voluntad individual, del deseo sincero del corazón. He ahí la diferencia entre conocer y desconocer nuestra vulnerabilidad, entre ser un *kamikaze* o un místico con cerebro y agallas.

Para recalcar la idea de lo vulnerable que es la Luz en este mundo, llamaré la atención sobre un hecho dramático: a la mayoría, por no decir a la totalidad de maestros iluminados los tratamos mal. Histórica y estadísticamente, sabemos que, en vez de respetarlos, alentarlos y escucharlos... los hemos desterrado, calumniado, excomulgado, torturado y asesinado. Así funciona el *sitrá ajrá* en esta tierra. La peor manifestación de esa oscuridad siempre vendrá conducida por nosotros, abriéndose paso en nuestras peores obras.

Incluso ser una buena persona es un riesgo hoy día. A pesar del tan cacareado «cambio de consciencia» promovido por diversos movimientos –incluso de corte kabalista–, la Luz sigue corriendo peligro si el ojo del mal se posa sobre ella. Cuando se le dice «guerrero» a un ser espiritualmente elevado, se hace mención a la valentía requerida para asumir que es uno contra el mundo, generalmente en la soledad espiritual más abyecta.

Entonces, mi querido acompañante, deducirás que el tema del dolor y el sufrimiento, por definición, no es cosa fácil. Los vendedores de humo de la espiritualidad digitalizada banalizan *in extremis* este delicado asunto, demostrando falta de sabiduría y, en muchos casos, de empatía con el padecimiento ajeno. No encontrarás en estas páginas ese problema, sino todo lo contrario. Juntos viajaremos por los rincones del dolor con sumo respeto. Para ello, con tu permiso, me basaré en los grandes sufrimientos padecidos de forma personal, con la amorosa intención de que, si no podemos evitarlo, cuando menos **que el padecer nos sirva para crecer.**

Con la aceptación de nuestra vulnerabilidad, vendrá una cierta paz y una visión más útil sobre el funcionamiento de nuestro interior respecto a lo que sucede en el exterior. Seguir atados a los viejos cánones de indestructibilidad, a la imagen del héroe al que nada le afecta, no nos llevará a ningún sitio. Incluso en las corrientes *new age* –entendiéndose por ese término a menjunjes pseudoespirituales, que recogen recortes de aquí y allá de las verdaderas escuelas, para crear un producto vendible– hay una especie de condena al sentir dolor. Siempre me han parecido actitudes de prejuicio, un simple intercambio de dogmas, es decir, del dogma institucional, al dogma casero de red social y vídeos en Internet. Mismo perro con distinto collar. Resulta desconcertante el uso indiscriminado del verbo «sanar». Tras un breve análisis de los marcos intelectuales en los que se usa ese verbo, diríamos que no se entiende la sanación, y como no se entiende, lo único que uno encuentra son herramientas de poca riqueza dialéctica que, principalmente, tienden a negar o maquillar aquello que nos hace sufrir.

Tú y yo, querido peregrino de la Luz, no estamos para maquillajes, ni posturas, ni clichés. Si has llegado hasta aquí es porque te interesa la Verdad, encontrarte cara a cara con la naturaleza del dolor y entender las raíces de tu sufrimiento. *Be'hezrat Hashem*, Dios quiera nos sea otorgada la sabiduría necesaria.

IV

Vulnerabilidad no significa fragilidad

El dolor es una oportunidad
para sincerarnos con nosotros mismos.
YOSEF VEIRA

Una buena cantidad de nuestros estados psicológicos distorsionados tienen origen o están ayudados por la no aceptación de nuestra vulnerabilidad. La sociedad o la educación familiar, en su intento por prepararnos para la vida, nos da instrucciones sobre cómo volvernos fuertes. El problema es que, en dichas instrucciones, se incluye tratar con desprecio cualquier signo de debilidad. Eso sería razonable si fuésemos como los demás mamíferos. En general, si un cachorro de cualquier especie no sale del útero materno con cierta capacidad autónoma, se desencadena un proceso de descarte. El mundo animal no tolera los defectos. Aunque, científicamente, somos animales, el mundo del humano es un mundo por completo diferente al resto de las criaturas. Nuestras reglas y condiciones no son las mismas. Somos la única especie que cuida de sus ejemplares «defectuosos». No sólo cuidamos de ellos, desarrollamos tecnologías y métodos psicológicos para atender las necesidades de los individuos afectados. Lejos han quedado los tiempos espartanos de arrojar niños con malformaciones a los acantilados.

Por más que en los últimos años se ha intentado santificar absurdamente el reino animal, poniéndole ternuras que no les corresponden –es decir, mirando el mundo animal desde el ojo sensiblero humano–, hasta el punto no sólo de igualar, sino incluso de querer poner por encima al animal sobre el humano, diciendo que el animal es más sensato y amoroso que el hombre, que mata y roba, hay un hecho contundente que niega todas esas fruslerías: somos los únicos seres que ante la vulnerabilidad nos sentimos impulsados a proteger. Para el resto de la creación, la vulnerabilidad es una señal de que el proceso de selección –y consiguiente terminación del sujeto en malas condiciones– ha comenzado. Esto lo sabe cualquier depredador, cuya vida depende, en gran medida, de alimentarse de aquellos experimentos fallidos de mamá natura.

Somos el único «bicho» que desarrolla su cerebro fuera del vientre de su madre. Por ello, somos tan delicados, necesitamos tantos cuidados. Esto nos sitúa en el lado opuesto a todos los demás animales, los que, en su mayoría, ya nacen con todas las herramientas para caminar, alimentarse y sobrevivir. En nuestro caso, todo eso debemos desarrollarlo, cultivarlo. Nos es dada la capacidad de no obedecer a un programa de especie. El resto de la creación tiene su hoja de ruta muy bien definida. Las ballenas hacen cosas de ballenas, y las arañas, cosas de arañas. El abanico de opciones para nosotros es simplemente impensable para los demás animales. Tenemos libre albedrío. Limitado, sí; ficticio, a veces, pero lo tenemos.

De modo que, querido viajero, la vulnerabilidad es parte misma de tu naturaleza. Es bueno aceptar eso y, además, entender que estamos de suerte, porque al humano se le concede la posibilidad de ser vulnerable sin que las leyes naturales vengan a por él con un hacha en la mano. Las personas intercambiamos nuestra vulnerabilidad. Como conocemos la nuestra, nos preocupamos por la ajena, nos esforzamos en acompañar a otros en su vulnerabilidad. Ésa es nuestra mejor facultad: **cuidar del débil**. Debemos dejar claro que esto no es algo nimio. Es un mecanismo fantástico que nos revela una parte maravillosa y única de nuestro diseño humano.

Por un lado, crecemos siendo ayudados y, por otro, nos fortalecemos ayudando a otros a fortalecerse. Es un círculo maravilloso, somos una especie cuyas Almas están interconectadas y a la vez conectadas a una Fuente Superior. Todos formamos parte de todos, pero no en un sentido gregario, sino en una especie de correlación inteligente entre moléculas de Luz, entrelazadas, como pequeñas hojas de un maravilloso árbol, que me recuerda siempre al *Etz haJaim*, el Árbol de la Vida de la *kabaláh*.

Con todo esto quiero explicar que tú, yo y el vecino no sólo estamos abocados a la supervivencia, a la reproducción y a convertirnos algún día en abono para plantas y merienda de gusanitos. Circunscribirse a eso no ha hecho, ni nunca hará, feliz a ningún ser humano. Si te instalas en la supervivencia, no vivirás, es decir, no conseguirás experimentar la existencia en toda su plenitud. Nuestras reglas como humanos son diferentes. Lo son necesariamente, porque nos han sido concedidos otros recursos, cuyo objetivo, básicamente, es el de **conocer la felicidad**. La felicidad es un estado interior complejo, momentáneo, sí, pero compuesto de muchos factores. El fracaso de la mayoría de las fórmulas para ser feliz se debe a que justamente son eso, fórmulas, esquemas, resúmenes. Un esquema puede ayudarnos a comprender algo complejo en primera instancia, pero deberíamos continuar más allá del primer contacto. Necesitamos profundizar, siempre. El grado de profundidad revela el grado del Alma. Tenlo en cuenta cuando te sientas tentado a quedarte anclado en explicaciones demasiado simplistas o absorto en complejidades confusas.

Respetando este «ir más allá», veremos que confundimos admitir un estado o situación de natural vulnerabilidad –que también implica la existencia de fortalezas, ojo– con ser frágiles. Quizás, el error provenga de una cadena de malas asociaciones, derivadas por el poco interés en navegar dentro de los términos y los hechos. Una persona puede ser vulnerable, pero decididamente eso no la convierte en alguien frágil. Mientras el reconocimiento de nuestras áreas vulnerables puede dar nacimiento a contramedidas, o incluso ayudarnos a reconocer fortalezas que hasta ahora desconocíamos, el hecho de cerrar los ojos y no querer verlas, condenarlas o escapar de ellas mediante artificios de cualquier tipo, sí que nos pone en una situación frágil.

Necesitamos estudiar qué es algo frágil para comprender, a rasgos generales, nuestra estructura interior.

Cuando decimos que algo es «frágil», seguro que pensamos en algo de cristal, por ejemplo, una copa. Si nos proponen imaginar algo «fuerte», muy probablemente, y en contraposición, venga a nuestra mente una copa de acero. Pero, fijémonos en el instante exacto en el que determinamos que algo es fuerte o frágil. La copa de cristal, sometida a una presión, pasará de forma violenta de copa a fragmentos volando en todas direcciones. La copa de metal necesita mucha más presión, sin embargo, en algún momento, también cambiará su estado de copa a amasijo de metal. En ambos casos, la gran diferencia es **el tiempo** y la **presión** necesarios para romper la integridad del objeto. Vemos aquí algo muy interesante, tanto la copa de cristal como la metálica, son destruidas instantáneamente. Dicho de otra forma, el paso de objeto íntegro a objeto destruido sigue siendo un proceso brusco, no hay posibilidad de maniobra, es un «visto y no visto», como decimos en España. Si reflexionamos sobre el asunto, concluiremos que la copa metálica no tuvo ninguna ventaja respecto a la de cristal, salvo por el **tiempo** y la cantidad de presión necesarios hasta alcanzar el colapso final.

¿Quién no conoce el relato de alguna persona que tenía fama de ser «muy fuerte», pero que, sin previo aviso y para sorpresa de todos, se derrumbó totalmente? Es un hecho que nuestra educación nos impulsa a apostar a eso de ser «duros». Nos hemos convencido de que lo mejor es aspirar a ser inflexibles. Hollywood, que en esencia crea contenidos con la madurez emocional de un adolescente acomplejado, adicto al triunfalismo, nos ha vendido la fantasía del héroe invencible. Por desgracia, a pesar de toda la pirotecnia cultural que nos pueda inducir a creer que esto es posible, lo cierto es que ésa es una apuesta que no podemos ganar. A cualquiera le bastan unas décadas para entender, si es honesto, que ahí fuera hay un Universo muy creativo en cuanto se trata de presentarnos dificultades. Sólo para que conste, diremos que el Universo siempre es, en comparación, más fuerte que tus ínfulas de héroe. Otra vez, te recuerdo que en la vida real ir frontalmente contra algo que te supera con creces es una verdadera tontería.

Volviendo al ejemplo de las copas, se puede concluir que la gente es «fuerte»... hasta que llega el medio gramo por centímetro cuadrado de presión que necesita para romperse. Como una copa no tiene mente, no puede hacer otra cosa que lo que le dicen sus átomos: aguantar todo lo que pueda. Pero como el ser humano tiene mente, seguir el mismo procedimiento sólo puede acarrearnos desgracias y, con ellas, dolor.

Podríamos decir que la confianza focalizada en nuestra fortaleza es, en el fondo, un rasgo de debilidad. Porque, tarde o temprano, la presión ejercida será superior a la soportable. Aguantar determina en sí mismo un momento para la rotura. En cambio, aceptar que tenemos límites, puntos flacos y fuertes pueden darnos una oportunidad y alejarnos del «quiebre» tan temido o, incluso, evitarlo. Esencialmente, eso que llamamos de forma genérica «trabajo interior» es un **coadyuvante** de ese proceso de adaptación general a las circunstancias adversas. La adaptación a las circunstancias adversas es entendida por los místicos de todas las épocas como un signo de crecimiento espiritual. De hecho, están íntimamente ligados la una con el otro.

Ejemplificando, miremos cómo crece el músculo. Lo hace mediante microroturas. Uno va al gimnasio, levanta un tiempo cierto peso. En unas semanas el músculo se ha adaptado, acostumbrado a ese peso, por lo que no habrá crecimiento. Para lograr que el cuerpo adopte una actitud de crecimiento, tiene que experimentar una **demanda** que le obligue a crear una **adaptación a ella**. Entonces, uno aumenta unos kilos en su rutina de entrenamiento. El cuerpo dice: «Vaya, no puedo con esto». Si uno no lo vuelve a intentar, el cuerpo no hace nada, pero si continúa, **crea la necesidad de una adaptación**. Ninguna adaptación es cómoda, debes entenderlo, sobre todo cuando hablamos del trabajo espiritual. Así que no te ilusiones. No existe ningún método totalmente indoloro. La buena noticia es que el dolor de la adaptación es, con diferencia, mucho menor respecto al dolor de la fractura total.

Todo se remite a un asunto de consciencia. Pensar en términos de fuerte versus débil nos conduce por el camino de la fragilidad. Fragilidad implica que, en algún momento, sin señales visibles para nuestro estado de consciencia, pasaremos instantáneamente, o sea, sin posibilidad alguna de dosificación, de «enteros» a «trocitos».

Una estrategia más razonable sería enfocarnos en la adaptación. Está más que claro que las presiones de la vida siempre van a ser superiores a nuestro aguante. Pero ¿y si la copa de nuestro ejemplo fuese de un material que reaccionase ante los aumentos graduales de la fuerza ejercida sobre ella? Esa copa tendría un margen de respuesta, que no es otra cosa que la capacidad de ajustar su estructura al estrés sometido, retrasando así el momento del colapso final. Además de la ventaja inestimable de no derrumbarse sin más ante un evento que nos apabulle, contamos con otro que es el de la acumulación de experiencia. El músculo de nuestra psique se fractura, pero no tanto como para dejar de funcionar. Entonces se suelda, crece, se prepara para otra factura, que ya no lo tomará por sorpresa. La adaptación no sólo nos permite resolver el dilema momentáneo, sino que también tiene un efecto acumulativo. Reúne, poco a poco, datos que serán cruciales para facilitar futuras adaptaciones. Cuando entramos en esa dinámica, seguimos siendo vulnerables –es una condición humana inevitable–, pero cada vez en un grado menor. Aunque lo más importante es que nos habremos alejado de la fragilidad.

Por otra parte, debemos entender que el evento que hace que salten los fusibles y desata una crisis en nuestra vida, la mayor parte de las veces no es por la potencia del evento en sí, sino por una acumulación de fuerzas que, durante días o años, han ido posicionándose para ejercer presión en ese punto vulnerable que hemos ignorado consciente o inconscientemente. Concienciar nuestra vulnerabilidad nos ayuda a graduar la presión de las circunstancias de forma que nos salvemos del desmoronamiento total.

V

Adaptación es supervivencia y subsistencia. Integración es iluminación

La gente cuando se cae no se rompe, rebota.
DEEPAK CHOPRA

La adaptabilidad es, sin duda, la herramienta fundamental con la que cualquier organismo consigue sobrevivir a los desafíos de la existencia. En gran medida, la vida es un atravesar capas de resistencia. Primero, la gravedad y el equilibrio se nos oponen a que podamos caminar. Luego tenemos las capas del aprendizaje, que nos exigen el esfuerzo de aprender a hablar, a leer, a conceptuar, etc. La sociedad y sus reglas también nos ofrecen capas de resistencia, poniéndonos en el compromiso de afinar nuestras habilidades sociales. Un poco más allá de nuestro umbral de atención cotidiana está la introspección, y en ella encontramos las capas de resistencia que nos ofrece el conocimiento de nosotros mismos. Por «conocimiento de nosotros mismos» nos referimos al acto de entendernos como entes que van más allá de la mera función biológica y buscan un sentido que llamamos «espiritual». El término espiritual –tan manoseado en la actualidad que a veces se confunde con charlatanería–, lo que en realidad viene a describir es una forma de autoreconocimiento. La persona se reconoce a sí misma como un ente que es autónomo y, a la vez, se halla vinculado con una «Realidad Superior». Cuando decimos «realidad superior», no nos referimos a un delirio conceptual o a una superchería pseudomística, sino a la idea de una dimensión de realidad que, efectivamente, y coincidiendo con muchas teorías científicas, se sitúa en un plano operativo muy por encima de los niveles perceptuales cotidianos.

Esta Realidad Superior es, en cierto grado, factible de ser experimentada, y según esos grados de experiencia, tenemos los niveles de sabiduría o «maestría» de ese grupo selecto de seres humanos que, respetuosamente, llamamos «iluminados». Tengamos en cuenta que la existencia de algo, para nosotros, no depende de la validez de la existencia en sí, sino de nuestra capacidad de percepción de dicha existencia. Por ello, un sabio no siempre es un iluminado.

El sabio puede haber llegado a la idea de una Suprarrealidad ayudado por sus dotes deductivo-creativas. El iluminado, en cambio, ha ido más allá de la frontera deductiva del sabio, ha hecho contacto con Ella y quedará marcado de por vida debido a esto. Mientras la sabiduría es un asunto de disciplina, entrega, esfuerzo y amor por la Verdad, la iluminación es una concesión, algo que está por fuera de nuestra voluntad.

Si bien no todo sabio es un iluminado, todo iluminado es, casi siempre, un sabio. Debemos comprender que la iluminación no es la simple recepción de lo que en *kabaláh* llamamos *Or* (Luz) o energía/información de los Mundos Superiores. Todos, en mayor o menor medida, recibimos esa *Or*, porque está en su condición. La Luz siempre desciende, busca el hueco, como un ave busca su nido. El quid de la cuestión es ser capaz de interpretar aquello que se recibe y transformarlo en actos creativos, útiles y bondadosos. De nada sirve recibir un mensaje si no tenemos el código para interpretarlo. Así que la iluminación también depende de la voluntad del individuo, quien con amor y esfuerzo ha preparado el terreno para recibir en las mejores condiciones posibles la información proveniente del Cielo o plano espiritual. Muchas personas toman atajos y usan psicotrópicos o terapias hipnóticas para obtener esta información, pero, al carecer de la madurez en su *kli,* o vasija de recepción personal, son incapaces de procesarla de forma correcta. En muchos casos, esa Luz provoca más daño que beneficio.

Iluminarse es la prioridad del Alma y, por lo tanto, el objetivo oculto de la vida de cada persona. Por supuesto, es imposible pensar en iluminarse si uno está en modo supervivencia.

Sobrevivir es salir como se puede de un momento crítico, sea éste un incendio o un divorcio, por ejemplo. Un superviviente recién extraído de una tragedia no está en su mejor momento que digamos. De hecho, existe el término «estrés postraumático» para definir esa situación en la que uno se siente agradecido de haberse salvado por los pelos, pero, aun así, todo su ser continúa conmovido por el suceso.

A fuerza de los garrotazos que nos dan las circunstancias, uno va adaptándose, sobrevive a los momentos más duros. Pero esa adaptación es dolorosa y costosa. Cierto que, en la mayoría de los casos, es inevitable. El proceso de adaptabilidad puede encararse de muchas maneras. Algunas personas tienden a bloquear lo sucedido; otras, como mencionamos antes, establecen defensas estáticas como prevención –que a la larga fracasan–. En otra franja de comportamiento tenemos a los que intentan, de alguna forma, aprender de los problemas. Éstos son los «alquimistas», los que se afanan por convertir el dolor en abono para una enseñanza o una futura alegría. Sobrevivir está muy bien, es mucho mejor que descalabrarse sin remedio ante un hecho desgraciado. Esto nos es concedido por nuestra cualidad adaptativa. Pero porque uno pueda adaptarse a un martillazo en la mano todos los días no significa que eso nos vaya a llevar a un sitio agradable.

Adaptarnos no sólo nos permite sobrevivir a los puntos negros en la carretera de nuestra vida, también hace posible la subsistencia. Subsistir es como sobrevivir, pero en pequeñito. Se trata de lidiar con aquello que en lo cotidiano amenaza con doblegar nuestras ganas de seguir existiendo.

Esto también es fundamental para que consigamos salir adelante, pero quien subsiste, en una escala menor al que sobrevive, también soporta una tensión que cercena bastante la alegría de existir. Si estás leyendo este libro, tendrás por lo menos el presentimiento de que la vida es algo más que tener sexo, dinero, fama y consumir como si no hubiese un mañana. De lo contrario, estarías leyendo cosas del tipo «cómo ser rico en diez pasos fáciles» o «cómo seducir a los demás con este secreto». Como estás sumergido en éste y no otro libro, puede que te suene lo siguiente: necesitas algo más para continuar. No ya para mantenerte a flote en este complejo y tormentoso océano de la vida, sino para sentirte, de alguna manera, realizado. Realización y también necesidad de trascendencia. Seguro hace tiempo que ambas que forman parte de una inquietud, que asoma desde lo más profundo de tu interior. La realización tiene que ver con el sentido y el propósito de tu existencia, o, dicho de otra manera, con tu *tikún* –aquello que has venido a corregir para conseguir elevar tu consciencia– y con tu misión –que es aquello que has venido a revelar y que nadie puede revelar por ti–. La trascendencia es típica del Alma y suele asociarse con un extraño sentimiento de exilio. Este exilio está metafóricamente representado en el Éxodo de la Toráh/Biblia.

Al igual que el pueblo hebreo de las Escrituras, te adaptas a la esclavitud y consigues sobrevivir un día más, lo cual no es poco. Sobrevives a los latigazos del capataz egipcio y entras en modo subsistencia. Pero en tu interior, tu Alma siente que vive de migajas, a duras penas. La solución es salirse de ese círculo, lanzarse al desierto, buscar la Tierra Prometida.

El derrotero por el desierto no es otra cosa que el Alma encarando el sendero en busca de la iluminación, *Ha Derej*, El Camino, la ruta que realmente la hará feliz, porque sólo allí podrá satisfacer su deseo.

Para cruzar ese desierto, la simple adaptación no va a ser suficiente. En algún momento debe activarse la integración. Integrar es comprender desde una perspectiva más elevada, más amplia, la verdad oculta tras las situaciones adversas. Integrar implica aceptar, no separar, sino unir, hacer que aquello que parecía absolutamente nefasto encuentre un sitio en nuestro interior donde no sólo no nos lastime, sino que nos fortalezca y nos anime a vivir aún con más intensidad.

Cuando logramos integrar los momentos de dolor mediante la sabiduría, este dolor muta en luz. Eso es el *Or haKe'ev.* La Luz del Dolor no es ir compulsivamente tras el sufrir. Es la elevación del dolor a un grado en el que reconocemos su existencia como una llave que, aunque todos preferimos no tener que usar, está muy claro que abre puertas que sólo él puede abrir.

Integrar el dolor implica que éste dejará de funcionar como un elemento que nos aterroriza para darnos cuenta de que cuando nos toca –y deseo que a ti y a mí nos toque poco, *Be'hezrat Hasem**– es por una buena razón. Entre estas razones tenemos que el dolor nos obliga

* Con la ayuda de Dios.

a ensayar reconexiones internas que, en circunstancias normales, ni siquiera nos plantearíamos.

La integración de lo doloroso de nuestra vida nos llevaría entonces a reconocer un valor didáctico en ello. Tener la capacidad de extraer una enseñanza de lo doloroso –cuando digo enseñanza no me refiero a una interpretación precocinada, tan de moda en los manuales «espirituales» de hoy, sino a una verdadera comunión con el sentido de lo ocurrido– es síntoma de una gran sabiduría y un aceite magnífico para los goznes de la puerta que nos lleva a la Iluminación.

En el momento en que alguien decide caminar hacia la Iluminación, ha declarado su disposición a la integración. Ya no sólo se está adaptando, está integrado. Integrado es lo opuesto a desintegrado. Alejando de sí la amenaza de la desintegración –que al final es el origen de todos nuestros males, ya que, si no nos integramos a nuestra naturaleza divina, sufrimos–, poco a poco la persona deja la supervivencia y la subsistencia para empezar a vivir de una forma en la que será mucho más probable encontrar la felicidad.

VI

El sufrimiento NO SIEMPRE es opcional

Detrás de cada cosa hermosa
hay algún tipo de dolor.
BOB DYLAN

Uno de los grandes problemas de esta época digitalizada es que abunda la información y escasea la formación. A su vez, la ubicuidad de las nuevas plataformas comunicativas puede hacer que una persona se vuelva *influencer* de la noche a la mañana. Un solo individuo, que no destaca generalmente por su sabiduría, sino por simple popularidad, queriéndolo o no, se pone al frente de miles de mentes. La popularidad es un criterio bastante peligroso, recordemos que muchas de las atrocidades sociopolíticas que hoy forman parte del pasado oscuro de la humanidad en su momento eran tremendamente populares. Podríamos afirmar que, pocas veces, la mayoría tiene la razón. Quizás la fuerza, pero la razón… Así, tenemos que enfrentarnos a un fenómeno nunca visto en ninguna otra civilización: los charlatanes y los mediocres intentan apoderarse de la cultura, torciendo la realidad si hace falta.

Dicha charlatanería, aplicada al mundo de lo espiritual, se basa en, por un lado, «corta-pegas» de conocimientos verdaderos aunque descontextualizados y, por otro, en conceptos repetidos sin experiencia directa sobre ellos, algunos que podrían ser calificados de disparate.

Entre las grandes inconsistencias de toda esa espiritualidad de boca a boca, o de pantalla a ojo, está la tan manida frase de que «el dolor es inevitable, el sufrimiento es opcional». Tomado como mantra, casi auto de fe, muchos conferenciantes en la red promueven ideas tan absurdas como ésta: una persona con un ser querido enfermo en fase terminal puede «optar» por no sufrir. Esa posibilidad de optar –que es meramente teórica– intenta demostrar que, quien no sea capaz de evitar el padecimiento en una situación de ese tipo, es tonto o masoquista. Porque, si lo puedes elegir y de todas formas sufres, serás alguna de las dos cosas, ¿no? Culpabilizan así, consciente o inconscientemente, al sufriente, el que ahora no sólo tiene que lidiar con un padecimiento tremendo, sino que además se ve despojado de su dignidad por no poder chasquear los dedos y resolver todo ese dolor.

Cuando soy testigo de ese tipo de declaraciones, lo primero que me viene a la mente es que quien está disertando nunca ha estado en esa situación y habla porque tiene boca. ¡Demasiados personajes tenemos soltando discursos llenos de abstracciones, que suenan bonito, pero que carecen de toda sustancia!

Nada nos exige ser más concretos que el tratamiento del dolor, sea éste del tipo que sea. Los discursos basados en escenarios imaginarios, donde todo resulta tan fácil e inmediato, no merecen ser considerados por inmaduros y por potencialmente dañinos. La realidad tiene la cualidad de enseñarnos sin darnos mucha opción a discutir. Si hay algo que la realidad nos deja muy claro a todos, estemos o no en el camino místico, es que dejar de sufrir **no siempre** es una opción. Decir que siempre va a ser opcional es como decir que siempre lloverá los lunes. El Universo abunda en muchas más opciones de sufrimiento que de placeres y alegrías. Es un hecho confirmado por la mayoría de las escuelas de psicología y esotéricas. Puede llevarnos años entender la vida. No es fácil aprender a disfrutar de la existencia, tanto en sus pequeñas como en sus grandes cosas. Así que el formato «carita feliz» no es algo con lo que podamos contar por defecto. He conocido y sigo conociendo gente que enarbola la bandera del *always happy* («siempre feliz»), como si uno pudiera bajar una cortina metálica y librarse sin más de toda pena o contrariedad. Siempre me pregunto: ¿qué abanico emocional pretende explorar una persona con ese enfoque de la vida? A mi humilde entender, se trata de gente temerosa del dolor, que se esconde tras una fachada en la que todo es de color de rosa, y los demás, si tienen problemas, son considerados elementos tóxicos. ¿Realmente alguien puede creerse esa fantasía?

Generalmente suele olvidarse otro hecho que resulta fundamental en el desarrollo de las estrategias para lidiar con el dolor, y es que, como cualquier cosa creada, tenemos un límite en nuestra resistencia. Ni todos somos capaces de aguantar lo mismo, ni todos nos derrumbamos por las mismas cosas, sin mencionar ya la verdad concluyente de que nadie en este planeta es capaz de aguantarlo todo. ¡Incluso los sistemas solares tienen sus límites!

Si somos tan ingenuos como para creer que lo aguantaremos todo, cuando nos llegue aquello que supera nuestra capacidad de aguante, vamos a tener dos problemas: uno, el dolor en sí, y dos, el dolor de darnos cuenta de nuestra arrogancia.

La idea es ser humildes, pero sin caer en la indefensión. No es posible establecer una buena defensa sin conocer los puntos frágiles de una posición. El autoconocimiento es indispensable, no para hacerse el exótico, el esotérico, o para alardear de místico, sino para la supervivencia emocional y mental. Tener bien claro nuestro factor de vulnerabilidad no significa estar indefenso ni ser frágil.

Según nuestro grado de experiencia, seremos capaces de enfrentarnos a retos que quizás el común de la humanidad no sería capaz de superar. Con el tiempo, nuestro dominio irá *in crescendo*. Poco a poco dejaremos de ir detrás de las ideas de siempre. Las ideas de siempre son como viejos senderos que de tanto usarlos han horadado el territorio de nuestra mente.

El peligro radica en que, si uno deja a su propio pensamiento sin supervisión, la energía mental se encauzará rápidamente por esos surcos ancestrales. Y ¿adónde nos conducen dichos surcos? Casi nunca a un sitio bueno. Fácilmente nos llevan a formas intelectuales que estimulan la pérdida de autoestima, la culpa, la depresión, el juicio, la ira, la frustración, la ansiedad, etc.

Lo que llamamos «trabajo interior» se orienta justamente a detectar y neutralizar lo mejor posible esa tendencia natural a caer en las malas costumbres. Es el trabajo psicológico que el místico hace consigo mismo el que le permite **tener opciones**. Sólo en ese momento una persona puede hablar de que el sufrimiento es opcional. Pero, aun así, teniendo la mejor voluntad y haciendo el mejor de los esfuerzos, debemos considerar que sólo es cuestión de tiempo que nos topemos con una circunstancia cuyo peso nos obligue a clavar una rodilla en la tierra... o las dos. La aceptación de esa posibilidad nos sacará del autoengaño espiritualoide que nos dice que chasqueando los dedos o aplicando un concepto teórico ya lo solucionaremos. El estoicismo ante la adversidad es algo mucho menos común de lo que podemos pensar. Probablemente lo encontremos más en las películas y obras de teatro que en la vida real. ¿Por qué? ¡Porque es algo tremendamente difícil!

En el misticismo hebreo tenemos la sentencia *gam zu letová,* «esto también es para bien». Esta frase, aparentemente sencilla, oculta el secreto de la dificultad del *Derej,* del Camino Espiritual. En estas tres palabras se resume toda la capacidad del verdadero místico, del iniciado realmente comprometido. A mí me parece el concepto más duro en todo el pensamiento kabalista.

Porque, cuando nos pasa algo medianamente molesto, es muy fácil decir *¡gam zu letová,* «ésto también es para bien!». Sin embargo, cuando nos enfrentamos a episodios que podemos considerar trágicos, o que dan de lleno en nuestro talón de Aquiles, la cosa ya no está tan clara. Muchos somos los que en esa fase alzamos los ojos al Cielo para protestar, yo el primero.

Encarar el acontecimiento más doloroso que podamos imaginar y verlo no como una desgracia, como un castigo, sino como un acto de bondad, como algo necesario y, por lo tanto, en esencia, bueno, no es para cualquiera, os lo puedo asegurar.

Lo opcional que sea el sufrimiento dependerá de cuán elevada sea el Alma del que sufre. Teniendo en cuenta que si hay algo que escasea en este mundo son, justamente, Almas elevadas, podemos concluir que, en su mayor parte, para el noventa y pico por 100 de la humanidad, el dolor es inevitable, y el sufrimiento, también. El gran valor del trabajo místico, principalmente destinado a realizar nuestro *tikún* (corrección/restauración), está en que amplía el abanico de opciones que tenemos frente al sufrimiento. La experiencia espiritual profunda y madura otorga caminos alternativos a continuar enganchados a algo que nos está destrozando la vida.

He llegado a la conclusión de que, de todas las doctrinas que he estudiado, la kabalista es la que ofrece más oportunidades de éxito ante el sufrimiento.

No porque otorgue soluciones mágicas, u ofrezca devaneos intelectuales improductivos, sino porque comprende perfectamente la naturaleza del dolor y el sufrimiento.

VII

Una tipología del dolor

El verdadero dolor, el que nos hace sufrir profundamente, hace a veces serio y constante hasta al hombre irreflexivo; incluso los pobres de espíritu se vuelven más inteligentes después de un gran dolor.

Fiodor Dostoievski

No es lo mismo la interpretación del dolor que pueda hacer la *kabaláh* que la percepción directa del dolor en el campo subjetivo personal. Lo primero está bien, porque otorga una base cognitiva sólida, pero, tratándose de un tema tan especial como el dolor, si sólo nos quedamos con un marco teórico, así, ascético, puramente racional, por mejor formulado que esté dicho marco, a la hora de la verdad vamos a sentir que intentamos luchar con una espada de cartulina contra un dragón.

El dolor, del tipo que sea, es algo con la capacidad de sacudir todas las estructuras de nuestra vida de la forma más brutal que uno puede concebir. No sólo eso, ni siquiera necesita un gran lapso de tiempo para operar. A veces, unos segundos son más que suficientes para convertir un día normal en un infierno. Se trata de una experiencia intensa que tiende a dejar en modo «pausa» cualquier otra prioridad. El dolor altera las prioridades de nuestra vida. Es como una alarma, y las alarmas fueron diseñadas para que no puedas ignorarlas fácilmente.

Lo primero, entonces, es entender que ignorar la emergencia es una mala idea, como lo es hacer caso omiso de esa lucecita roja que se enciende en el tablero del coche. En gran medida, el dolor puede ser considerado un elemento que tiene como misión atraer el foco de nuestra consciencia y, además, estimular su elevación. La luz roja avisa de que algo que debía estar conectado ya no lo está. Puede que esta desconexión sea orgánica, psicológica o espiritual. Pero si de algo puedes estar seguro, es de que hay algo que debe restablecerse de alguna forma.

7.1 Realidad vs concepción

Como decíamos, una sensación de este tipo, tan contundente, no puede enfrentarse con meros argumentos técnicos, sean éstos de corte científico o metafísico. No importa lo brillantes que éstos sean, no serán suficientes. Si queremos tener cierta esperanza de éxito a la hora de intentar gestionar el dolor y el sufrimiento necesitamos, además, elementos prácticos, basados en la experiencia. La experiencia, como siempre, adolecerá de una serie de imprecisiones, habrá excepciones que confirmen ciertas reglas. Pero, aun así, nos aportará elementos mucho más sólidos que si simplemente intentamos la traslación directa de nuestro teorema a un escenario real. Por escenario «real» entiendo uno que tenga todos los atributos dinámicos correspondientes a la existencia. Una de las cosas más difíciles de la vida real –lo que está del otro lado del material didáctico– es que ésta posee una cantidad de variables tal que nos resulta imposible rastrear toda causalidad. Dicho de otra manera, no somos capaces de contemplar la totalidad de los «cómos» y los «porqués» de eso que estamos viviendo. Muchas veces no llegamos a dilucidar los orígenes de lo que nos está causando tanto disgusto.

La terapia psicológica sería, simplificando al extremo, un intento de navegación en las causas u orígenes de un trauma o sufrimiento mediante la aplicación de ciertos métodos objetivos. El psicólogo suple aquello que la persona no es capaz de hacer, ya sea porque al estar sumergido en el dolor su capacidad de análisis se ha desactivado, ya sea porque carece de las herramientas espirituales para abstraerse lo suficiente como para escudriñar en la causalidad de lo que está padeciendo. Con esto quiero decir que no es ninguna vergüenza buscar la ayuda de otra persona. Estamos en todo nuestro derecho de recurrir a la intimidad de una relación amistosa o a la asistencia profesional. No hay un solo texto místico en toda la historia que diga que una persona siempre podrá con todo. Es más,

es un hecho que ni tú, ni yo, ni nadie puede con todo solo. La vida, como ya he mencionado, es muy creativa a la hora de ponernos dificultades. Hashem, nuestro Dios, puede haber decidido probarnos con una situación extrema. Las posibilidades que tiene un problema de escalar en su nivel de dificultad son prácticamente infinitas. No hay que asustarse por ello, pero tampoco subestimarlo.

Volviendo al tema, es obvio que necesitamos cubrir el hueco entre la teoría y el restablecimiento de nuestra paz interior. Tras años de búsqueda, mi conclusión es que el puente nos lo da la experiencia personal. Cuando hablo de «experiencia personal», no sólo me refiero a la información acumulada, lo que conocemos coloquialmente como «experiencia», sino también a la capacidad de «experimentación». Ambos factores componen el área «experiencial» o de «experimentación». Experimentar proviene del latín *experimentare*, que quiere decir ensayar, hacer una prueba. Desde el punto de vista kabalístico, experimentar se trata de la intersección entre aquello que guardamos en nuestros archivos, lo pasado y el conocimiento *in situ*, obtenido del «ensayo y error» cotidiano. ¿Acaso la vida no es en sí misma un ensayo que busca un resultado favorable?

Por poner un ejemplo, imaginemos una relación amistosa. Surge un desacuerdo, y como esa relación resulta importante para nosotros, queremos resolverlo. Para ello, tendremos una base teórica, que nos dirá cómo son las relaciones, las reacciones típicas, cuáles son las mecánicas sociales clásicas, etc. Contaremos también con la experiencia acumulada hasta entonces, compuesta por la historia de esa relación. En esos antecedentes, encontraremos posibles soluciones, quizás una forma de relativizar el problema y así darle la magnitud correcta, tal vez un gatillo psicológico que habíamos olvidado y nos llevó a la situación, etc. Por fin tendremos el elemento del experimento en sí, su aplicación práctica. Teoría, experiencia y experimentación darán por resultado una acción poco común en el humano promedio: **la acción consciente.**

7.2 El cuerpo como base de operaciones

Si hablamos de acción consciente, es necesario recalcar la importancia del cuerpo en su desarrollo. Nuestra vida física se manifiesta en el cuerpo. El cuerpo es una interfaz entre el mundo Superior y el mundo Inferior, entre lo sólido y lo etéreo. En dicha interfaz se procesa el cruce entre aquello que en teoría sabemos y aquello que experimentamos. Es la eterna lucha entre concepto y realidad. Un axioma espiritual dice que cada vez que perdemos consciencia del cuerpo es que hemos perdido presencia. Tiene mucho sentido si entendemos el valor del cuerpo como interfaz. El dolor físico o moral lo sentiremos en el cuerpo. Podemos decir que experimentamos el dolor porque tenemos un cuerpo. Por supuesto, el cuerpo no sólo sirve para eso, si no, la vida sería un infierno. Buscamos aquí que el cuerpo nos sirva de mesa de laboratorio y a la vez de campo de pruebas. Es como una compleja instalación científica que provee datos y experiencia. Cada vez que nos «vayamos» en exceso del presente, tomar consciencia de nuestro cuerpo nos otorgará el ancla, el punto de restauración con el que reiniciar nuestra percepción y así salirnos del futuro o el pasado y volver a ese cruce de realidades que es el presente.

Tal y como veníamos diciendo, en ese cuerpo se procesa la lucha entre concepto y realidad. Supongamos que tengo el concepto de que podré saltar una altura de dos metros. Entonces, al intentarlo, descubro que apenas consigo elevarme un metro del suelo. Como vemos, en este caso, el cuerpo es el tribunal que dictamina la verdadera distancia entre la idea y el concepto. Pero, si bien los conceptos pueden ser de una variedad casi infinita, éstos suelen comportarse como unidades, como bloques de información que podemos usar o descartar según nuestra conveniencia.

Generalmente, uno no puede aplicar con éxito más de un concepto a la vez. Un ejército no puede avanzar y retirarse al mismo tiempo. La dualidad nos autoriza a estar en uno u otro extremo, pero no en los dos al mismo tiempo. La mayoría de nuestros conflictos suceden cuando creemos que podemos trampear el sistema binario. Ingenuamente creemos que seremos capaces de ser buenos políticos y corruptos al mismo tiempo, buenas parejas y, al mismo tiempo, infieles, buenos amigos y al mismo tiempo egoístas y envidiosos. Así que, aunque a veces sea complicado el manejo y clasificación de los conceptos, son mucho más manejables que la propia realidad. Por eso, todo el mundo siempre parece muy capaz de cualquier proeza desde el discurso. «Del dicho al hecho hay un largo trecho», resume esta situación, que no es otra que esa brecha que separa lo teórico de lo práctico, la idea de la concreción justamente de eso.

La realidad, en cambio, no es un bloque unitario, sino que nos ofrece una percepción por capas. Nuestro estudio, nuestra experiencia, nuestro carácter serán ayudas u obstáculos para acceder a dichas capas de la realidad. Además, contrario al concepto, que puede envasarse y mantenerse así durante un tiempo indefinido, la realidad es totalmente móvil. La realidad es un animal salvaje que no se adapta a las ideas, son las ideas las que se adaptan a ella.

Para explicar lo de las experiencias en capas, podemos usar un ejemplo clásico: dos personas, ante un mismo evento, podrían tener dos percepciones diferentes. Cada uno tendrá una realidad, «su» realidad. La calidad de esta realidad individual –incluso su validez– quedará determinada por el grado de consciencia del individuo. Por poner un ejemplo tonto, una persona que no supiera qué son los terremotos podría pensar que el mundo se está acabando o imaginar que un dragón ha despertado en el interior de la tierra. Esto puede parecer algo infantil; sin embargo, es lo que sucede en una escala más sutil cuando nos enfrentamos al dolor. Cuando tratamos esto del dolor estamos explorando una de las sensaciones más subjetivas a las que vamos a enfrentarnos a lo largo de nuestra vida. Justamente por eso, la percepción que tengamos de la realidad, la capa en la que estemos instalados, determinará cuánto dolor vamos a padecer por una situación determinada. Incluso el dolor físico, que podría pensarse que es bastante objetivo, presenta diferentes grados en las personas. Por ello se habla del «umbral de dolor». Algunas personas tardan más en sentir dolor que otras. Otras toleran mejor la carga psicológica que conlleva sufrirlo.

Todo esto nos sirve para entender que en las demás áreas del funcionamiento humano sucederá algo similar. Como imaginarás, el trabajo espiritual resulta fundamental en todo este proceso, ya que otorga elementos que pueden ayudarnos a obtener una reinterpretación de la realidad. Dicho proceso reinterpretativo tendrá como objetivo el aprendizaje y la revalorización del hecho/situación dolorosos. En ese camino de aprendizaje y revalorización se obtiene la dignificación de todo el proceso: el dolor ya no es algo que nos va a destruir, sino algo que nos va a permitir ser personas más fuertes, inteligentes, profundas, sabias y, aunque parezca contradictorio, con más posibilidades de ser felices.

7.3 Metodologías, disciplina, libertad

En gran medida, todo este libro es la representación literaria del deseo del autor por proporcionar unos lineamientos con los que el lector pueda conseguir rellenar, por sus propios medios, la fisura entre concepto y realidad, entre el dicho y el hecho. Incluso, en algunos casos, se puede encontrar aquí cierta metodología. Pero necesito ser sincero respecto a esto. Los métodos espirituales son, mayormente, un punto de partida para el que se está iniciando. Lo peor de ciertas corrientes orientales y *newagers* es que, a la confusión de la persona que intenta encontrar una salida al sentido de su propia existencia, se le suma la confusión de ideas excesivamente abstractas o sistemas dirigidos a los objetivos incorrectos. Tenemos que estar atentos porque la abstracción suele ser usada para maquillar la ausencia de rumbo. La claridad conceptual no es enemiga de lo espiritual, todo lo contrario. Sin dicha claridad no puede siquiera pensarse en llegar a la puerta de lo inefable, de lo etéreo. Para llegar a los campos espirituales que están por encima de la razón, el místico tiene que haber hollado el largo camino que nos lleva a los límites de la razón. No podemos plantarnos a mitad de camino y empezar a divagar, porque si algo puede ser pulverizado por el razonamiento más elemental, entonces ese algo ya ha sido resuelto, no se ha tenido que entrar en los terrenos de lo Superior, allí donde la mente binaria se tambalea y debe dejarle el espacio al *Daat*, el Conocimiento.

También hay que tener bajo sospecha todo camino orientado de forma sesgada hacia lo material. Muchos son los «caminos» espirituales que no nos impulsan a lo espiritual. La mayoría de las veces nos arrastran a una versión sofisticada e hiperbolizada del consumismo de todos los días.

Considerando todo lo anterior, tengo muy claro que, ya como místico, ya como docente de dicha mística, las propuestas recogidas en este libro difícilmente abarcarán todas las posibilidades ni las mejores. En todo caso, serán aquellas que Dios y mi propia capacidad me han permitido elaborar. Aun así, y teniendo en cuenta que he estudiado y practicado la mayoría de las propuestas existentes, confío en que serán para ti, querido lector, un borrador decente, con todas las herramientas básicas. Lo básico es igual a fundamental, no a cosa insignificante. Si uno tiene claro lo básico, puede construir con libertad a partir del crecimiento de su sabiduría. Ya sea que estés en los inicios de este viaje de autodescubrimiento, intentando comprenderte y, por lo tanto, comprender al dolor; o que ya tengas muchas batallas acumuladas en el *Derej* (Camino), mi intención es acompañarte tal y como a mí me habría gustado que me acompañaran. Uno de los secretos de la vida del místico es obrar con los demás con el mismo cariño que desearía para sí.

Me atengo así a la idea primordial, común a la enseñanza de cualquier materia, de otorgar a estudiante los medios para que él mismo pueda desarrollar su propia metodología. Sin embargo, esto necesita un proceso. Es más que frecuente que los estudiantes de todas las ramas espirituales intenten volverse creativos antes de tiempo. La libertad se paga con disciplina. El trabajo constante, repetido, inflexible en lo básico, acarreará, tarde o temprano, la posibilidad de establecer el propio criterio. Así como un pájaro espera su momento para lanzarse a volar, el aspirante a la Luz debe tener claro cuándo saltará al vacío sin peligro de estrellarse en el suelo.

7.4 Los tres tipos fundamentales de dolor

El dolor puede agruparse, según la división general que nos da la sabiduría kabalística, distribuyendo la energía del alma en tres formas de expresión. A saber, *nefesh* o alma vital/corporal, *ruaj* o espírtu/alma emocional y *neshamá* o alma propiamente dicha. Por favor, no perdamos de vista que dichas divisiones son categorizaciones de **una misma energía.** Dichas categorías surgen según su: (a) funcionalidad y (b) nuestra capacidad de percepción. En nuestro interior no hay tabiques sólidos que determinen exactamente dónde acaba una parte del Alma y dónde comienza la otra. Al definir las diferentes capacidades operativas de estas energías, conseguimos establecer unos límites razonables –que serán dinámicos, no algo sólido como un muro– entre una parte del Alma y la otra. A su vez, entender qué nivel de experiencia se obtiene en cada área nos ayuda a la identificación de dichas energías en un entorno práctico o, lo que es lo mismo, nos da la oportunidad de gestionar dicha energía.

Usando entonces la clasificación hebrea tradicional de las partes del Alma, podemos categorizar el dolor en:

(a) dolor físico,
(b) dolor emocional,
(c) dolor espiritual.

El dolor físico y el emocional no necesitan mucha explicación. El dolor espiritual resulta un poco más complejo. En síntesis, dicho dolor puede clasificarse en el dolor que proviene de la mente cuando se halla desequilibrada –que podríamos llamar «dolor mental»– y el dolor que proviene de más allá de la mente, es decir, que no es fruto de un desequilibrio mental, sino del Alma, que no consigue conectar con su tarea.

7.4.1 El dolor físico

Es habitual, entre la gente que dice seguir un camino espiritual, que el dolor físico sea subestimado o simplemente condenado por su naturaleza tan corpórea, tan alejada de lo inefable, de lo etéreo. En mi humilde opinión, esto me parece un error estratégico-táctico. Dicho error se revela cuando el dolor físico hace aparición con gran intensidad en nuestras vidas. No nos engañemos, aunque, como suele decirse, somos seres espirituales que tienen una experiencia física, lo físico, que es lo que nos permite estar aquí, trabajando por nuestra corrección, **es lo que manda.** ¿Por qué? Simplemente porque estamos insertados en un mundo material, orgánico. Cualquier desavenencia en dicho plano puede llegar a complicar o, incluso, hacer imposible el trabajo espiritual. Por lo tanto, no debemos subestimar jamás al mundo físico, no mientras estemos encarnados. Un simple resfriado es capaz de alterar el curso de los planes de cualquier persona. No hablemos ya de asuntos más graves.

El dolor físico –aquellos que lo han experimentado en toda su plenitud sabrán de qué hablo– es el amo de este universo terrenal. Vivimos en el mundo de la Acción (*Asiá*) y toda acción conlleva el riesgo de experimentar un dolor. Si prestamos atención, veremos que, gracias al dolor físico, recibimos una cantidad innumerable de lecciones fundamentales para la supervivencia. Así, aprendemos que el fuego quema, que si caes al suelo te haces daño, que no mirar por donde caminas es una muy mala idea, etc.

El dolor físico es un estímulo para mantenernos alerta, ya sea como posibilidad, o amenaza o como cosa presente. Nos atornilla en el cuerpo físico, sin duda. Cuando es muy, muy intenso, el dolor físico parece que nos desgrana las células cerebrales, lo ocupa todo, reina sobre todo nuestro ser, no deja espacio para otra cosa.

Resulta curioso que, cuando perdemos nuestra autoconsciencia, es decir, nos alejamos del presente, ya sea para viajar al pasado o al futuro, lo primero que dejamos de percibir es el cuerpo. ¿Por qué? Porque el cuerpo es el ancla que mantiene a nuestra Alma en este mundo, determinando no sólo cuánto tiempo estaremos en él, sino, además, cómo será la calidad de ese tiempo.

Por esa razón, el dolor también puede considerarse una herramienta para devolvernos al tan mentado «aquí y ahora» –que pocos llegan a comprender–. No quiero decir que tengamos que recurrir al dolor para despertar nuestra consciencia. Eso carecería de lógica. Lo que intento explicar es que el dolor es una luz de advertencia sobre algo que debemos corregir. Algunas veces, nosotros mismos nos infligimos el dolor; otras, no lo elegimos, como cuando nos toca pasar por alguna clase de afección.

Está esa frase tan popular que dice «pellízcame, a ver si estoy soñando». Hay cierta verdad escondida en ella. Porque el dolor, al hacer presencia en lo físico, nos saca sin compasión del mundo de lo ilusorio para reinsertarnos en la realidad. El dolor físico, desde el punto de vista esotérico, cumple la función de operar en la vida del estudiante si éste no es capaz de resolver, por sí mismo, alguna cuestión relevante. Dicho de otra forma, en el camino del *tikún,* o corrección de su Alma, puede hacer las cosas por las buenas o por las malas. Por las buenas suele ser que uno realiza esos ajustes en sus acciones de forma voluntaria y, por las malas, que la vida toma cartas en el asunto. Por ello, elevar la consciencia siempre es una buena inversión, ya que aleja la posibilidad de que las fuerzas del rigor se vean obligadas a intervenir para encarrilar nuestros pasos.

Nos dicen nuestros maestros que si el Alma ve peligrar el rumbo que se había fijado antes de encarnar, no vacilará en hacernos desencarnar. También nos dicen que, si es necesario, actuará para sacarnos a empellones de una situación que a nuestro yo puede parecerle ideal, pero que para ella significaría un nuevo retraso en su proceso de corrección (*tikún*). Así que, desarrollar la autoconsciencia y estudiar el funcionamiento de las fuerzas superiores, resulta de importancia capital si queremos ahorrarnos dolor.

Podemos agrupar al dolor físico en dos categorías: el evitable y el inevitable. El evitable es aquel que podemos excluir de nuestro camino gracias a que vamos purificando nuestro corazón. Por ejemplo, si hemos conseguido entender el valor de la libertad interior y cómo nos condenan las adicciones, probablemente no necesitaremos pasar por el dolor de caer en el alcoholismo o las drogas. El inevitable, en cambio, tiene una característica especial. Hace presencia, ya sea por razones kármicas, arrastradas de otras existencias, o porque, en determinado momento, la dinámica del crecimiento del Alma requiere una medida con cierta potencia. Es un hecho que el dolor, así, genéricamente, es un acelerador de procesos internos. Cuando un Alma decide pegar un acelerón, sin duda será mediante alguna clase de dolor. El dolor, ya sea físico, moral o existencial, siempre marca un antes y un después. En sí, es un elemento que nos obliga a reclutar recursos que, en circunstancias normales no podríamos o no sabríamos cómo activar, fundamentalmente porque no existe la necesidad. Los seres humanos actuamos según vayan surgiendo las necesidades, que son hijas de un deseo. Cuando nuestro ser no se halla muy elevado, nuestros deseos están ligados a cosas banales. La banalidad por lo general surge de los estados de comodidad generalizada. Pocos personajes históricos han destacado en un medio lleno de comodidades. Está claro que nadie tiene por objetivo crearse incomodidades, sin embargo, la persecución *in extremis* de la comodidad acarrea terribles problemas al ser humano. Tenemos de ejemplo la sociedad actual: hemos confundido la comodidad con la felicidad y, así, se han disparado los casos de trastorno de personalidad, depresión, ansiedad, etc.

7.4.2 El dolor físico como desafío, el desafío como herramienta de crecimiento

«A todo se acostumbra un hombre, menos a una sucesión de bellos días», reza el viejo proverbio. ¿Qué quiere decir? Que somos seres diseñados para enfrentar y resolver desafíos. La felicidad no se encuentra en la ausencia total problemas, sino en una dosis equilibrada entre la tranquilidad y el estímulo de los obstáculos. Nos guste o no, los inconvenientes del camino son lo que en verdad mantiene nuestro espíritu aceitado. Erich Fromm afirmaba que el amor en una pareja desaparece cuando una de las partes decide que ya no hay nada por descubrir en el otro. Podemos hacer un paralelismo general y decir que cuando el ser humano siente que tiene todo resuelto, se desliza poco a poco hacia la crisis existencial.

Todos soñamos, de alguna forma, en que hay un sitio en la vida, totalmente imaginario, claro, donde uno llegará y podrá sentarse, no sólo a descansar, sino a experimentar la ausencia total de problemas o sufrimientos. Esta zanahoria delante del burro es sólo eso, un ardid para mantenernos en movimiento. Lo verdaderamente grave no es ir detrás de este paraíso terrenal ilusorio, sino detenerse completamente.

Es necesario enfrentarse al hecho de que no estamos diseñados para detenernos. Imaginemos que la vida es como ascender por una pendiente enjabonada. Subir nos cuesta un gran esfuerzo, está claro. Pero si nos detenemos, **no nos quedaremos en el sitio**. Poco a poco nos iremos deslizando hacia abajo. Ese «abajo» no es un sitio que queramos visitar. Ahí nos esperan una batería de trastornos y síndromes, capaces de acabar con cualquier posibilidad de ser felices. En el polo opuesto tenemos la alegría de descubrir que hemos podido sortear una dificultad que creíamos imposible de superar. **El obstáculo está ahí para revelarnos una versión más fuerte, más madura, más eficiente, de nosotros mismos.**

Para crecer necesitamos crear una demanda. Fijémonos en lo que nos dice la biología sobre el desarrollo muscular. Imagínate tu primer día en el gimnasio. Nunca entrenaste o hace mucho que no lo haces. Sea como sea, tu cuerpo se enfrenta a una situación nueva o muy diferente a la rutina a la que lo tenías acostumbrado. Ese músculo que empiezas a entrenar despierta de su letargo. ¿Qué lo despierta? Una exigencia nueva, por ejemplo, tener que levantar un peso para el que no está habituado. Se establece lo que técnicamente se conoce como una **demanda**, que puede traducirse como la exigencia extraordinaria de una capacidad que aún no se tiene. Entonces, si mantenemos dicha demanda, el músculo creará una **adaptación**. Dicha adaptación nos deja un músculo que ahora puede hacer algo que antes no hacía. De la misma manera, el dolor nos crea una demanda, sacar fuerzas de donde sea para poder seguir adelante con la vida. Aquel que aprende a ser funcional a pesar de la presencia del dolor físico en su día a día es alguien de una fortaleza inusual.

Por supuesto, no hago una apología del masoquismo, simplemente establezco la naturaleza didáctica del dolor físico –y de todas las clases de dolor, en realidad.

Me ha tocado, personalmente, soportar tremendos dolores físicos. La vida me enseñó que está el dolor puntual, tremendo, arrasador, y luego está el dolor continuo, que se pega a ti como una lapa. Mi experiencia más contundente con el primer tipo de dolor fue llegar a la conclusión, mientras los segundos de sufrimiento pasaban por mi persona como si fuesen horas, de hasta qué niveles es posible escalar semejante tormento. Recuerdo que lo primero que pensé fue: «¿Cuánto se necesita para que el corazón reviente por el dolor?». Una mezcla de alivio y terror me invadió cuando comprendí que, si aquello había sido prácticamente insoportable, infernal y no me había matado, ¡cómo sería el dolor que sí hubiese podido acabar conmigo! Y, para que lo sepas, soy un hombre con un alto umbral de dolor. Como practicante de artes marciales y deportes extremos, puedo decir que el dolor físico es un viejo conocido. Pero, prometo que preferiría no volver a sentir nunca algo similar.

Fue ese día cuando me di cuenta de que el mundo, tu vida, tus sueños, tu vanidad, todo lo que crees que eres, queda reducido a esperar a que el sufrimiento amaine. Estás ahí, retorciéndote, gritando, confundido, pensando en que, si existe un ángel del dolor, que por favor use su mando a distancia para bajarle un par de rayitas a la intensidad y acabar con el martirio.

Recordando mi experiencia con el dolor crónico, el problema central para mí fue el desgaste emocional y mental que me producía. Esto es algo que he podido corroborar con otras personas sometidas a una dolencia crónica. No siempre es algo terrible en cuanto a intensidad. Un dolor agudo pero puntual tarde o temprano se acaba. Cuando se acaba, uno se queda con una sensación de alivio porque ha pasado y tiene la esperanza de que ese sufrimiento no volverá nunca, algo que, en la mayoría de los casos, es cierto. El problema del dolor crónico, como su nombre indica, es que parece perpetuarse irremediablemente. Te tiene todo el día acorralado. Allí adonde vayas, él va contigo, cual mochila de *boy scout*. Este tipo de dolor es el que más le exige a tu entereza. Representa una dura prueba para tus nervios, que son llevados al límite. Como cualquier ser humano, uno pretende seguir siendo funcional, intenta continuar, pero vivir es sustituido por sobrevivir, porque la presencia perniciosa, continua del dolor, duplica la lucha. No sólo debemos afrontar la afección en sí, sino también tratar de no desmoronarnos anímicamente, cosa que, os lo aseguro, no es nada fácil. Más de una vez, uno está expuesto a la sensación de que podría perder su cordura.

7.4.3 El dolor físico: lección de humildad y agradecimiento

Si me permites, querido lector, te diré que la lección más importante, si bien no la única, del dolor físico, es entender el milagro que es el no tener dolor. Cualquiera que soporte o haya soportado una situación similar a lo descrito párrafos más arriba, seguramente encontrará cierta familiaridad en lo que diré a continuación. Se llega al punto en el que uno intenta recordar cuando no le dolía nada. O, al menos, no con esa intensidad. Se parece a ser convicto dentro del propio cuerpo. El cuerpo, que es esencialmente la fuente de información de la vida, en lugar de transmitirnos placeres y alegrías, nos recuerda una y otra vez la miseria de vivir atrapados en el dolor físico.

Como he mencionado antes, el dolor es un rey, un rey tirano que puede, con su versión más básica, arruinarte el día. Así de fácil. El momento más maravilloso puede tornarse en un infierno si el dolor decide aparecer de manera demasiado intensa, Dios no lo quiera. No estoy hablando de darse en el dedo con un martillo o golpearse la frente en el estante de la cocina. Hablo de dolor de verdad, del que proviene, fundamentalmente, de un problema de salud, ya sea por un colapso de nuestro organismo o como resultado de un accidente grave.

Cada día nos levantamos preocupados por una decena de cosas, estresados, presas de la angustia. Pero nos olvidamos de agradecer poder levantarnos sin que nos duela nada. La cotidianidad suele hacernos perder la perspectiva. La salud no es que sea algo que no podamos perder. Si es algo que podemos perder y lo tenemos, probablemente sea un privilegio. Estar sanos sin dolor físico, **es un privilegio**.

Recuerdo que cuando era joven despreciaba esa frase tan popular de «lo importante es la salud». Me parecía una tontería. Para mí estaban el reconocimiento, el éxito profesional, conseguir compañía femenina y una profusa lista de cosas, que creía, por aquel entonces, que eran prioritarias. ¿Quién diablos se preocupa por la salud? Eso era para perdedores, que se consolaban con la salud por no tener otras cosas. Escribo esto y siento compasión por ese «yo» que fui, al que la vida, décadas más tarde, le enseñó por las malas la magnitud de su error.

Comprender que la salud –en este caso concreto nos enfocamos en la ausencia de dolor–, es un bien preciado que puede sernos retirado –Dios no lo permita–, en un abrir y cerrar de ojos, nos trae de nuevo a una realidad en la cual nos encontraremos decididamente más humildes.

Uno es humilde sobre todo cuando está en una situación en la cual no tiene control. Como cuando uno va a una academia y es humilde respecto al docente, ya que es él y no tú quien controla el programa educativo.

A pesar de que nos hemos puesto muy maniáticos con la salud, por un lado –y absurdamente negligentes por otro–, creando corrientes que defienden que comer esto o aquello, que hacer tal o cual ejercicio, que abrazar lo natural es mejor que lo artificial –términos que nunca quedan bien definidos– nos dará una larga y saludable vida, lo cierto es que, no tenemos el más mínimo control sobre el momento en que dejaremos este mundo, ni en qué condiciones llegaremos a ese momento.

He visto a quienes se fanatizan con esas corrientes «saludables» actuar como si supiesen que siguiendo ciertas reglas conseguirán, no sé, ¿diez años más de vida? No es así. La ciencia, con toda su sabiduría y recursos tecnológicos, aún no ha llegado a conclusiones que puedan afirmar cosas semejantes. Basta con observar la vida misma. Todos hemos visto cómo individuos saludables y con una notoria actividad deportiva mueren jóvenes, y otros, que no se han cuidado nunca, duran más que la injusticia. Aclaro que no pretendo incentivar el descuido de la salud personal. Todo lo contrario. Personalmente, entreno todos los días y controlo la cantidad y la calidad de mis alimentos y presto mucha atención a mi descanso. Pero tengo más que claro que será *Hakadosh Barujhú* (El Santo Bendito Es) quien determine cómo y cuánto he de vivir.

Con más de medio siglo en mis espaldas, he contemplado la tragedia y el sufrimiento lo suficiente como para entender que mis pretensiones de controlar algo no van mucho más allá de mis esfínteres. No me avergüenza admitir que he tenido mi ración de humildad, una enseñanza que no fue, precisamente, agradable. Uno puede abandonar la idea del control cuando entra en contacto con la *emunáh*, la certeza, la fe en la Providencia y Misericordia Divinas.

Así que, si no te duele nada, amigo mío, amiga mía, agradece profundamente. Sé humilde disfrutando del privilegio. Nada es eterno, ni lo bueno ni lo malo. Imagina que, de todo lo que puede salir mal con la salud, El Creador te mantiene en la estrecha franja del bienestar. Por mi parte espero, aunque no te conozca, que te sea concedida una vida con la menor cantidad de dolores posibles. Amén.

7.4.3 El dolor como entrenamiento: el poder de la abstracción y la forja de la paciencia

Hablando siempre de un dolor que no supere toda posibilidad humana de tolerancia, en ciertos momentos uno no tiene más remedio que enfrentarse a él y aprender a abstraerse y a ser paciente.

Descubrí la abstracción hace muchos años, siendo joven, cuando un dolor de muelas me atacó estando de vacaciones en el campo y tuve que esperar dos días a regresar y que me pudiera atender de urgencia el dentista. En determinado momento, conseguí sentir el dolor como algo que se procesaba unos centímetros fuera de mi cuerpo. Advierto que no tengo madera de fakir ni cosa parecida, pero resultó muy interesante la experiencia. Quizás fue porque no había ninguna posibilidad de resolver el asunto rápidamente, dejando como única opción aguantar lo que pudiese, que la mente activó un recurso para abstraerse de aquel dolor o tal vez porque, de alguna forma, en ciertos momentos extremos, uno llega a conectar con la verdadera esencia del dolor. Hasta el momento no he sido capaz de recopilar la información necesaria para obtener una respuesta.

Sin embargo, tuve una experiencia similar cuando un tratamiento con corticoides –mi primera vez, hace un par de años atrás– me provocó una alteración emocional tremebunda. Pude experimentar esos sentimientos como masas espesas por encima de mi cabeza, es decir, que se percibían como algo externo a mí, más allá del límite del cuerpo. Aquel día recordé lo que dijo un maestro kabalista sobre que los malos pensamientos eran elementos energéticos que se producían fuera de uno. Si sólo me basase en lo ocurrido aquella vez, no tendría más remedio que darle la razón. En determinado momento, con el estado de consciencia adecuado, incluso el cuerpo se siente como algo espiritual, cuyas conexiones no son tan «sólidas» como cabría pensar.

De alguna manera, el dolor, en este caso el físico, nos induce a explorar dónde está nuestro centro. En momentos de gran sufrimiento he tenido la sensación de que, físicamente hablando, me encuentro –mi esencia, mi yo– en un pequeño núcleo al que le llegan impulsos provenientes del mundo exterior y todo lo que hay en medio –eso que llamamos cuerpo– es más un espacio contenido dentro de mi piel, que un bloque compacto. Probablemente te parecerá extraño y estoy de acuerdo. Pero es lo que he conseguido percibir en esos instantes tan duros de dolor, cosa que resulta desconcertante, porque, al menos yo, esperaba sentirme más material que nunca.

Si estamos formados por átomos y los átomos vibran, la única razón de que nos sintamos compactos, sólidos, es por la percepción que podemos obtener de nuestra propia naturaleza. Así que, indudablemente, la percepción es una clave importante en todo esto. Importante y compleja. Sólo intentar entender los matices de la percepción nos llevarían unos cientos de páginas. Mi objetivo no es hacer un tratado –para el cual me faltan preparación y ganas– sino dar una imagen que pueda ser cotejada con la que tenga el lector. Imagen que, como tal, no será académicamente rigurosa, pero sí del todo sincera.

La paciencia es otro elemento clave a la hora de enfrentarnos al dolor. Por algo a los enfermos se les llama «pacientes». El dolor físico, más si es constante, es una prueba de fuego para los nervios de cualquiera. De alguna forma, uno aprende a convivir con él, a entenderlo como una marea que fluctúa y, en esa fluctuación, luchamos por arañar un poco de normalidad. Ya te habrás dado cuenta de que esto implica un profundo desgaste psicológico. Una de las formas de no perder la cabeza en situaciones de este tipo es tratar de no dar valor emocional al sufrimiento, porque si lo hacemos, estamos condenados a una espiral donde el dolor aumenta la angustia y la angustia potencia el dolor. Todas las personas que conozco que padecen grandes dolores o molestias crónicas han encontrado, a veces de manera intuitiva y por razones de supervivencia psicológica, formas de abstraerse de su afección. Niegan una categorización emocional a su tormento y acaban viéndolo, si se me permite la comparación, como quien tiene que soportar un chaparrón de lluvia helada y lo acepta.

Puedo decir que, cuando me tocó a mí estar en esa situación, en un momento determinado fue como si mi mente se pusiese en otro sito, un poco más allá del episodio de dolor. No estoy seguro de que fuese algo voluntario. Cabe la posibilidad de que la propia mente, en un acto de legítima defensa, se abstrajese para no verse acorralada en una situación que implicaría el desmoronamiento total.

El dolor físico, al contrario de los dolores emocionales o existenciales, es algo que define claramente la existencia del cuerpo y de la mente, revelando lo unidos o separados que pueden estar el uno del otro. Dicho de otra forma, el dolor físico otorga una visión diáfana de ambos mundos y sus conexiones.

7.5 El dolor emocional: ingresando en la complejidad de sentir

Mientras el dolor físico ofrece una relativa sencillez, a la hora de enfrentarnos al dolor emocional nos encontramos en un terreno mucho más extenso y complicado. Si lo contemplamos desde el punto de vista kabalístico, veremos que mientras todo lo físico está relacionado con nuestra alma física o cuerpo vital (*nefesh*) y ésta se encuentra ligada, principalmente, al mundo material, es decir, a *Maljut* (el reino), una **única** sefirá/dimensión espiritual; nuestra energía emocional, o espíritu (*ruaj*), reside en el *Zeir Ampin* (el rostro corto de Dios), que es un cónclave de **seis** *sefirot* o dimensiones existenciales (*Jesed, Geburáh, Tiferet, Nétzaj, Hod* y *Yesod*). Queda expuesta así una diferencia sustancial en cuanto a la complejidad.

Con el dolor físico, a pesar de su contundencia y sus innegables conexiones con las demás áreas de nuestra vida –emocional, mental, espiritual–, encontraremos un trabajo más fácil de enfocar –y recalco *enfocar*, no sobrellevar–, ya que éste tiene su morada en una única dimensión, o sea, *Maljut*. En cambio, el dolor emocional, al ser producto del desequilibrio de seis niveles diferentes de energía, nos plantea un desafío exponencialmente mayor.

La psicología, que es la herramienta típica para tratar el *Z'A* (*Zeir Ampin*), necesita de una sofisticada metodología para conseguir encontrar las soluciones al sufrimiento emocional. Nosotros debemos asumir que, una vez decidamos trabajar con nuestras emociones, vamos a necesitar también cierta sofisticación en nuestro trabajo interior. No valen reduccionismos ni clichés interpretativos. Tampoco son realmente útiles las generalidades. No hay nada «exprés» en el trabajo con nuestra Alma emocional (*ruaj*). De hecho, algunas soluciones sólo llegan después de un largo trabajo en uno mismo, corrigiendo y reestructurando nuestro aparataje emocional.

Aquí, en este territorio lleno de trampas, engaños y confusión, es donde se dirime la posibilidad de que una persona sea feliz y, además, consiga establecer esa maravillosa y poco conocida conexión del cuerpo con el Alma.

Si observamos el *Etz Hajaim* (El Árbol de la Vida), veremos que las seis *sefirot* que representan las seis emociones fundamentales se encuentran justo en el medio de todo el diseño. Esto significa que dicho territorio se encuentra «emparedado» entre el mundo espiritual –nuestra Alma propiamente dicha o *neshamá*– y nuestra Alma física, *nefesh*, que es la que conecta con el cuerpo, que, a su vez, es el vehículo que nos conecta con la vida. ¿Te das cuenta entonces de la importancia de desarrollar un cierto equilibrio primero y una inteligencia emocional después? Este trabajo es el gran olvidado por aquellos que se dicen «personas espirituales». Pocos se prestan voluntariamente a él. Se está más dispuesto a buscar el disparo de adrenalina que provocan símbolos y señales, ese «subidón» que da la parte más «pirotécnica» de la vida espiritual. Bastante menos seductor resulta el trabajo verdadero. Dicho trabajo nos exige realizar, seriamente, una inmersión en el descomunal desorden que tenemos en nuestra *ruaj*.

A ello se debe que mucha gente estudia y medita, hace rituales y fórmulas místicas y nunca alcanza a ir más allá de cierto nivel. Podemos dar como axioma kabalístico el siguiente enunciado: nadie es capaz de elevarse mucho más allá de sus miserias emocionales. Por supuesto, podemos intentarlo. De hecho, es el *modus operandi* del estudiante promedio. Munidos de información intelectual, pretendemos levantar el vuelo hacia los grandes misterios, hacia nuevos estados de consciencia. Sin embargo, nuestro aleteo no irá más allá de lo que nuestras cadenas emocionales nos permitan.

Mientras no consigamos debilitar o romper dichas cadenas, sólo haremos «turismo espiritual». Esto quiere decir que nuestra mente intelectual será como un niño que brinca para ver lo que hay al otro lado del muro, pero rápidamente se ve arrastrado por la fuerza de la gravedad al punto de inicio. Hay demasiadas personas intentando acumular una experiencia coherente de los mundos espirituales mediante esos pequeños saltos. El resultado es una información intermitente y desconectada de la realidad espiritual. Uno no puede llegar a ciertos niveles dimensionales con el cuerpo, por una cuestión de densidad material, y tampoco tendrá acceso a ellos sin su espíritu o Alma emocional. Este *ruaj* es el vehículo con el que contamos para reunirnos con la *neshamá*, el Alma propiamente dicha.

Pero éste no es el único inconveniente. Si nuestra *ruaj* no está suficientemente equilibrada para que permita un tránsito desde lo superior a lo inferior, tendrá las mismas dificultades en comunicar lo inferior con lo superior.

¿Qué quiero decir con esto? Que, en dicha situación, el individuo no sólo no consigue bajar lo inefable hasta lo físico, con lo cual impregnaría su vida habitual de un significado desconocido para el común de los humanos. Tampoco será capaz de conectar sus actos y eventos cotidianos con lo espiritual. Esa Luz, intentando pasar por un *Z'A* desequilibrado, será como un líquido queriendo pasar por una tubería atascada. Dicho atasco funciona como cualquier obstrucción en mitad de un conducto: no deja subir ni bajar. Por un lado, impide a la Luz conectar con el mundo material y, por otro, vuelve casi imposible santificar lo material, ya que todo ascenso se verá seriamente comprometido.

Si algún día queremos realmente «fluir», necesitamos desatascar la compleja tubería de nuestro *Zeir Ampin*. Están de moda las doctrinas que ofrecen el «fluir» como camino fácil para alcanzar estados de armonía existencial. Sin embargo, este fluir es técnicamente imposible, ya que nuestro campo emocional se parece más a una carrera de obstáculos que a un deslizarse por un río sereno. El único fluir espiritual verdadero se consigue a través de una profunda limpieza de nuestra *ruaj* y la consecución de un grado aceptable de inteligencia emocional.

Hasta entonces, nuestro «fluir» será una mezcla de alucinación y abandono. A veces, creemos que avanzamos, pero sólo estamos adormeciendo la consciencia para no enterarnos de nuestro desastre interior. Se trata de lo opuesto, de potenciarla hasta alcanzar un grado elevado de percepción. Dicho grado de percepción nos otorgaría el tan preciado equilibrio.

Nuestros dolores emocionales revelan lo intrincado de nuestro funcionamiento una vez vamos más allá del cuerpo y sus mecanismos. Lo difícil de la aclaración emocional es que la mayoría de las veces se trata de desaprender lo aprendido. Desaprender cuesta mucho más que aprender, doy fe de ello.

Mientras el dolor físico suele estar asociado con una única circunstancia –si bien esta circunstancia puede ser el resultado de una cadena de eventos– y el cerebro sólo puede procesar un dolor a la vez, el emocional puede provenir de diversas fuentes y, simultáneamente, tener que soportar diversos frentes de sufrimiento.

Uno se hace un esguince y le duele el tobillo, o tiene una infección y le duele el riñón. Pero, si uno está deprimido, puede ser, al mismo tiempo, porque se siente solo, a la vez con su autoestima baja, con rencor por no ser aceptado socialmente y envidioso de la gente que no está pasando por su situación. Es un hecho que algunas veces tenemos sentimientos contradictorios hacia cosas o personas. Las famosa relaciones de «amor-odio» son un ejemplo de esta clase de desequilibrio.

Por todo lo anterior, resulta imperioso tomarse muy en serio el dolor emocional. Nuestro trabajo consiste en desarrollar la capacidad de tomar las medidas necesarias para neutralizarlo, consiguiendo así que nuestra tubería interna permita el mayor paso posible de información, tanto desde arriba hacia abajo como de abajo, hacia arriba.

7.5.1 El dolor emocional: la desconexión con el cuerpo

Si bien el dolor físico nos hace descender en picado hacia nuestro cuerpo, poniendo toda la consciencia en lo orgánico, reclutando toda nuestra atención para evitar el daño o la muerte, el emocional parece actuar en el camino contrario.

Podríamos deducir que, como lo emocional pertenece al espíritu, uno directamente se va hacia ese lado que no está ubicado en el cuerpo, ya que no es físico. Dicha característica hace del dolor emocional algo muy peligroso. Alguien distraído con su sufrimiento corre peligro de sufrir un accidente, por ejemplo.

Yendo más allá, vemos que los grandes trastornos emotivos desconectan a la persona no sólo de su cuerpo, sino también, del mundo que la rodea.

El dolor emocional puede llevarnos a romper el contacto con el cuerpo, haciendo que lo descuidemos, usando drogas o algún tipo de hábito poco saludable en nuestro intento de paliar sus efectos, tratando de escapar de lo emocional, muchas veces nos volvemos enemigos del cuerpo, y así traemos, sin desearlo, dolor físico, con lo cual completamos un círculo nefasto.

También induce a una ruptura de relaciones, tanto con nosotros mismos como con las personas que nos rodean. A veces incluso con ambas.

Quien se ha sumido en un estado de culpa o de anulación de su autoestima ha perdido el lazo consigo mismo. Una vez que esto ocurre, la conexión con el mundo exterior estará severamente afectada.

Entre sus características más letales, tenemos su efecto distorsionador. Los conflictos emocionales retuercen la percepción a un punto en que, llegados al extremo patológico, crean realidades alternativas, es decir, mundos que sólo existen en nuestra mente.

Pero, aún sin alcanzar ese nivel, el dolor emocional se puede entender como un estado de alienación, que puede durar segundos o toda una vida.

Alienarse significa perder contacto con la naturaleza de las cosas y sus verdaderos significados. Cuando estamos en ese estado nos parecemos a un bibliotecario borracho, que empieza a colocar los libros en los estantes incorrectos. El problema se hace evidente cuando intentamos recuperar un libro en concreto. Pueden pasar dos cosas: entrar en pánico porque fuimos al estante y ahí no estaba lo que necesitábamos o, mucho peor, convencernos de que lo que encontramos era lo que estábamos buscando. Estando sometidos al dolor emocional, esto es muy común.

Veamos el problema con un ejemplo. Supongamos que estamos deprimidos y necesitamos activar nuestra autoestima. Mirando dentro de nosotros, nos dirigimos allí donde se supone que debería estar, con la esperanza de conseguir sacar la cabeza del pozo. En el caso uno, es decir, cuando no encontramos lo que buscamos, podemos sentir una gran angustia al darnos cuenta de que nuestra autoestima no está allí, por la simple razón de que no la hemos comprendido y, como no la hemos entendido, tampoco fuimos capaces de nutrirla. Encontramos retazos de opiniones ajenas, ideas preconcebidas, estereotipos sociales. De todo… menos nuestra capacidad de estimarnos como individuo. En el caso dos, en el que confundimos lo que no es con lo que es, puede que hallemos en el estante la necesidad de aprobación externa, el sentido de pertenencia al grupo o el culto a la personalidad y pensemos que realmente eso tiene que ver con nuestra autoestima. Incluso podemos buscar identificarnos con el victimismo o en la autocompasión.

Si bien la primera situación es dura, ésta puede ser el principio para intentar encontrar el verdadero camino. Pero en la segunda, la persona se lanza tras un engaño, y entonces puede querer elevar su autoestima respondiendo a cánones de imagen externos, volviéndola dependiente del juicio de la moda de turno, generalmente regulada por personas con las mismas dificultades emocionales que ella.

Supongo que te preguntarás qué relación tiene esto con el cuerpo. Pues, ¡todo! El estado de alienación puede llegar a tal grado que el individuo se perciba de forma distorsionada a nivel físico. Ahí tenemos los peligrosos dominios de la anorexia y la bulimia como referencia, sólo por citar dos.

La conexión y armonización emocional es fundamental para mantener la vida y la salud física. La desconexión es el camino hacia la enfermedad. Un estado emocional puede ayudarnos a sanar una enfermedad grave o hacer que una enfermedad leve se vuelva crónica o, incluso, ponga en riesgo nuestra existencia. No hay que tomarse a broma el dolor emocional. Los disgustos han llevado a la tumba a mucha gente desde el principio de los tiempos.

Enfrentarnos a ese problema sin caer en los lugares comunes, con sus recetarios y fórmulas, siendo capaces de renunciar a la superficialidad de la promesa fácil y el resultado rápido, es en extremo pertinente si deseamos tener una vida plena, lo más saludable posible y lo más feliz que nos sea otorgado serlo.

Para escribir un libro como éste –y para estar frente a él, leyéndolo–, es necesario mantenerse lo más fiel posible a la realidad física y espiritual. Esto incluye tener el valor de ver las cosas desprovistas de cualquier filtro embellecedor. Si queremos sobrevivir al dolor, es necesario valor, amor y, ante todo, sentido de lo objetivo. Por eso, cuando trato el tema de ser feliz, tengo en cuenta que la vida se parece más a un campo de batalla que a un camino de rosas. Hay cosas que nos son otorgadas, sean buenas o malas, y nuestro arte consiste en ser capaces de gestionarlas.

Aun así, he comprobado hasta la saciedad que, la mayoría de las veces, incluso teniendo en cuenta fuerzas que no controlamos, el ser humano tiende a estar siempre un poco –o bastante– por debajo de su, digamos, «cuota de felicidad».

Si la emoción nos desconecta del cuerpo y, como ya dijimos, éste es el único medio concreto que nos conecta a la vida, ¿no estamos reduciendo dramáticamente nuestra cuota de felicidad?

No podemos saber cuánta felicidad nos ha sido asignada, pero sí podemos evitar reducirla, algo que resulta muy interesante si tenemos en cuenta que, a veces, no empeorar casi puede puntuar como una mejoría. Cuando estás ingresado en el hospital y los médicos te dicen que no has empeorado o que tu condición es «estable», eso provoca un gran alivio. Lo mismo cuenta para nuestra salud emocional. No sabes cuánto deseo, Alma compañera que estás leyendo estas líneas, que este libro te ayude a estabilizarte y, de ahí en adelante, ser todo lo feliz que puedas. Amén.

7.6 El dolor existencial/espiritual: existir o ser, decir o hacer

Hay una clase de dolor que es más sutil y que, justamente por eso, dificulta su detección o diagnóstico. Yo lo llamo dolor existencial/espiritual, porque creo que ese tipo de sufrimiento tiene dos etapas claramente definidas en cuanto a su naturaleza. Una, relacionada con el valor de la propia existencia en un nivel básico, y la segunda, ligada a la esencia misma del ser, la explicación profunda de la vida que uno está transitando.

Es muy común que las personas, una vez resuelven sus necesidades más terrenales, tengan tiempo y espacio interior para plantearse preguntas que acaban creándoles una incomodidad interior que muchas veces suele crecer hasta volverse insoportable. Quienes no han llegado a esa etapa suelen reaccionar de forma crítica. «¿Por qué se queja, si lo tiene todo?» Esta frase suele escucharse cuando alguien famoso ocupa los titulares de los medios revelando alguna crisis o tragedia personal.

La respuesta a esa pregunta sería otra pregunta: ¿realmente lo tenía todo? Y tal vez la más importante: ¿qué es tenerlo «todo»?

Pensemos un momento en cuáles serían los parámetros que usaríamos para determinar que alguien lo tiene «todo». O examinar la palabra «todo». ¿Qué consideramos por «todo»? Navegar en este concepto va a lanzarnos de cabeza a la idea que tenemos de la vida y de la felicidad. Por ello, son preguntas importantes, decisivas. Si uno no sabe qué es la vida y cuáles serían los lineamientos básicos de la felicidad, ¿cómo pensamos vivir de forma intensa, conectada con la esencia misma del acto de existir?

Basándonos en el concepto «clásico» de «tenerlo todo», vamos a obtener una imagen distorsionada del significado de la existencia. Dicho concepto se basa, fundamentalmente, en tener. Tener dinero podría estar en la cúspide de la escalera que todos imaginan que nos lleva a la felicidad. Sólo hablar de nuestra actitud psicológica y sociológica respecto al dinero podría llevar uno o varios volúmenes. No piensan lo mismo del dinero el que siempre ha sido pobre, que el que ha nacido en una familia dotada de riquezas.

Si nos animamos a seguir explorando nuestra escalera imaginaria al jardín de la felicidad terrenal, encontraremos que también ocupan un lugar destacado el reconocimiento, la fama, el sexo. Casi todo lo demás son variantes y subvariantes que se relacionan fundamentalmente con nuestro ego. El ego, como recipiente de la información que recibimos de nosotros mismos del exterior, opera siempre buscando el consenso, la aprobación, el aplauso o incluso, en los casos más graves, el rechazo y la oposición. En realidad, son todos ellos aspectos del mismo mecanismo, que no es otra cosa que apoyarse en lo que está fuera de uno mismo.

Por ejemplo, uno no quiere tener un coche deportivo sólo porque le guste conducirlo. Está el factor simbólico, totémico, que me presenta en sociedad como el propietario de un vehículo que pocos pueden permitirse. He ahí un plus de satisfacción. La presunción, el alarde, el causar envidia al resto de los mortales, el que todo el mundo se gire para mirarte por algo que tienes, sea esto un coche, un tipo de cuerpo, la pareja que llevas a tu lado, la ropa que usas, eso es un elemento crucial.

Recuerdo un reportaje a un millonario en el que decía: «Si todos fuesen ricos, ¿qué sentido tendría serlo?». Es decir que, desde el ego, la cosa no es tener para mí solamente, se trata también de fastidiar a los demás, clavar una bandera en una ficticia colina donde me creo superior al resto.

Si somos honestos –y yo espero que sí, de lo contrario, escritor y lector estarían desperdiciando su tiempo–, contemplaremos que esa idea de «tenerlo todo» en realidad es una receta para la peor de las miserias, causante de tantos suicidios y trastornos emocionales: la de tener «de todo» materialmente hablando y aun así darse cuenta de que no es suficiente. Es bastante frustrante para quien ha apostado todo a «tener», llegar a un sitio donde se encuentra con que todo lo que tiene no le permite «ser».

Ser no es tener. Es así de claro. Así de fácil. Sin embargo, retorcemos este principio una y otra vez, ya sea desestimándolo o directamente burlándonos de él.

Sucede que no se puede comprar una forma de ser. Se construye. «Construir» la seidad implica un trabajo duro dentro de uno, lleno de renuncias, decepciones, descubrimientos terribles, transformaciones dolorosas. Esta seidad necesita, más que nada, que se revise y recalifique todo lo que no es «ser».

Es aquí cuando empieza la crisis, cuando el dolor existencial aparece. En un estadio más avanzado, irrumpe el dolor espiritual. Aquí uno ya no busca el sentido terrenal de su vida, sino una explicación mucho más satisfactoria a todo lo que nos sucede. Mientras la congoja existencial necesita encontrar el «porqué» de la vida, la espiritual tiene urgencia con respecto al «para qué».

Podría decirse que la primera es una pregunta sobre el sentido general de la existencia, es decir, una respuesta estándar capaz de aplicarse a todo ser humano. La segunda tiene que ver con desentrañar el objetivo personal de la existencia. Primero justificamos la vida como evento que permite el conocimiento de las fuerzas internas y externas que la componen, que revelan qué soy. La explicación que da la *kabaláh* al respecto es que toda Alma que ingresa en un cuerpo lo hace para rectificarse, corregirse y aumentarse, reconocerse y reconectarse a su esencia divina. Además, estar vivo implica el compromiso de unir las fuerzas del Cielo y la tierra dentro de sí mismo, lo que se llama realizar un *zivug* o cópula sagrada en nuestro interior, para que, así, sumando esa Luz individual a la de otros individuos, se consiga corregir, por extensión, el mundo. Es lo que en hebreo se llama *Olam Ha Tikún,* la corrección del mundo o mundo de la reparación.

Es un bello concepto kabalista considerar a la Creación como elemento emanado de la Perfección de Dios y, por lógica, imperfecto. Al ser imperfecto, este mundo que nos rodea y contiene, nos abre la posibilidad de perfeccionarlo. Para perfeccionarlo, la vía más rápida y segura es que cada individuo se perfeccione él mismo todo lo que su talento y esfuerzo le permitan. La genialidad de la Creación consiste en disponer de un sistema autónomo, llamado Universo, cuyas falencias sólo están para crear virtudes que antes no estaban allí. De ser perfecto el Universo o el humano, la existencia en sí carecería de sentido. No habría un porqué, ni un para qué.

Pasando a la siguiente fase, nos encontramos con la necesidad de una respuesta más personalizada. La persona puede decir: «Vale, existo porque mi Alma necesita corregirse, soy un ser espiritual que obtiene una experiencia física... pero ¿yo qué diantres he venido a hacer aquí? ¿por qué debería sentirme obligado a navegar en este mar de contratiempos y peligros llamado "vida"»?

El dolor existencial es no saber por qué estamos vivos. El espiritual es no saber para qué, qué función cumplo: ¿es relevante mi existencia? Si no, ¿por qué no acabar ya mismo con todos estos sufrimientos que al final sólo tendrán como premio la inevitable muerte? Si de todas formas voy a morir, ¿por qué no ahorrarme todo este continuo batallar contra lo que pasa fuera y dentro de mí?

Si bien es importantísimo tener una base espiritual sólida a la hora de procesar el dolor existencial, ante la aparición del dolor espiritual, esta base resulta indispensable. Las respuestas que necesitamos para neutralizar esa clase de dolor no las vamos a encontrar en la cuenta bancaria, ni en nuestro garaje. Por eso, entrenarse espiritualmente es una inversión a largo plazo, una apuesta al crecimiento y a la felicidad.

Durante el dolor existencial, la persona no siente conexión con su existencia, es decir, por la razón que sea, no consigue encontrar una justificación para su vida. Por más que rebusca entre sus emociones o en sus pensamientos, no halla un argumento que la convenza de que, *per se*, su vida es valiosa.

Entra en juego lo que yo llamo la sumatoria de la amargura. El sufriente hace las cuentas y se topa con que no consigue encontrar una relación costo-beneficio aceptable. El costo en amarguras, inconvenientes, tristezas, desafíos, paciencia, resiliencia, etc. no parece justificarse, dado que siente que el beneficio es una vida sin sentido, que no va hacia ningún sitio.

Con este dolor existencial tenemos un problema enorme. Cosas que podrían ayudarnos en el caso de un dolor emocional o físico, ya sea consolándonos o distrayéndonos, no van a funcionar en esta situación. «Tenerlo todo» –o algunas cosas de ese «todo»–, como mencionamos antes, no va a resolver el problema.

Lo existencial está relacionado con aquello que favorece la existencia misma: sustento, afecto, reconocimiento, sensación de logro, es decir, todo lo que viene conformando el escenario en donde funcionamos como entidad viviente. Cuando somos presa del dolor existencial, no somos capaces de conectar con las cosas que, habitualmente, otorgan significado a la vida de los seres humanos, si bien hay que decirlo, este significado es de fácil consumición, o sea, que se evapora rápidamente y necesita ser sustituido a la brevedad por otro. Pongamos el ejemplo clásico de cuando alguien obtiene un logro laboral y se siente en la cumbre de su carrera, de pronto parece que su vida ha adquirido un nuevo significado. Sin embargo, para sorpresa del interesado, la fuerza de ese logro va decayendo con el paso de los días, incluso hasta desaparecer completamente. ¿Qué ocurre entonces? Hay un espacio vacío que necesita ser llenado de nuevo. La persona necesitará, con urgencia, enfocarse en otro desafío, y así sucesivamente, para mantener, aunque no lo sepa, su significado existencial. El término *workaholic*, o «adicto al trabajo», resume esta actitud, en la que el trabajador va de un disparo de adrenalina al siguiente, como un adicto. Todo adicto busca, al principio, la felicidad en la siguiente dosis. Con el tiempo toma consciencia, de que no encontrará la felicidad y entonces persigue simplemente el alivio, llenar el vacío que le provoca su vida tal como es.

La situación es compleja para el que traspasa cierto umbral perceptual. El observador altera la realidad sólo por el hecho de observarla, nos dice la física cuántica. ¿Qué pasa cuando la percepción cambia y, desde ese nuevo sitio, contemplamos la futilidad de todo aquello que, hasta ahora, sentíamos que era parte fundamental de nuestra vida? De pronto, como por arte de magia, los objetivos por los que estábamos dispuestos a dar nuestro último aliento ya no significan nada. ¡Nada!

Para colmo de males, en esta situación uno no suele encontrar precisamente la comprensión de los demás. En el mejor de los casos, nuestros allegados intentarán enfocarnos positivamente en nuestra existencia. Puede que incluso nos recuerden que –otra vez la muletilla– lo tenemos todo. Sin embargo, en dicho estado interno el «todo» que nos mencionan justamente es el problema, porque si alguien lo tiene todo, ¿por qué razón se iba a sentir vacío? El caso es que el todo de los demás es un todo superficial, no resuelve nada, salvo en lo inmediato. Tener dinero para el alquiler resuelve tener un sitio para vivir; tener salud resuelve no estar enfermo... pero ¿qué resuelve la falta de sentido de mi vida? ¿Qué es tenerlo «todo»? ¿Es posible que alguien consiga ese «todo»? En todo caso, ¿vale la pena perseguirlo?

El lado oscuro de tenerlo todo es darse cuenta de que ya no se tiene que conseguir nada más, que ha llegado a un tope y, con ese tope, llega la depresión, la ansiedad, el vacío existencial. Pero ¿qué es ese tope? No es el tope de la posibilidad de ser feliz, eso seguro. No hay tope ni para la alegría ni para la tristeza, cada uno elige hasta dónde llegar. Al tope que se ha llegado es al de encontrar una justificación para la propia existencia. Se llega a un muro que no nos deja pasar más allá. Ese muro es descubrir que todo eso que has conseguido no era, ni con mucho, el objetivo de tu vida. Obtener, poseer, conquistar, acaparar. Nos enseñan que eso forma parte de las necesidades humanas, pero habría que preguntarse :¿lo son? Si lo son, ¿hasta qué punto son válidas? ¿Cuántos coches o casas, cuántas medallas o títulos, cuántos ceros en el extracto bancario, cuántas conquistas sexuales, aplausos, felicitaciones, etc. serían una medida razonable para dar sentido a nuestro existir y hacer desaparecer el dolor? ¿Dónde está el punto final o siquiera inicial de todo ese asunto?

El dolor existencial viene, como dije antes, de la concienciación de que esa carrera para obtener cosas no ha funcionado ni va a funcionar. Si uno no logra percibir el sentido de su existencia teniendo un chalet con piscina, consiguiendo otro tampoco. Ni cinco, ni veinte chalets van a resolver la cuestión. Es como si quisiéramos acabar con el incendio de un bosque plantando más árboles. ¡Necesitamos ir al foco ígneo!

Durante un tiempo, la vida nos permitirá jugar al escondite, pero en algún momento tendremos que enfrentarnos a la realidad de que lo exterior ha perdido la efervescencia y, como un refresco que queda destapado mucho tiempo, nos encontramos con que ya no tiene gracia.

Hay algo misterioso en este proceso, algo que para mí indica que no somos meros animales en la búsqueda de la simple vida orgánica. Si lo fuésemos, seríamos seres fáciles de complacer, como lo es un oso panda con bambú o un tigre con una ración de gacelas a su disposición. Somos algo más. De alguna forma, la vida nos va llevando, casi sin darnos cuenta, a enfrentarnos a su significado.

Toda Alma llamada al autodescubrimiento tarde o temprano se encontrará ante dos enigmas. Uno es el sentido de la existencia individual. Como fragmentos de la consciencia universal, lo que va a tener prioridad en nuestro ascenso hacia la Luz es poder desentrañar por qué y para qué estamos en esta existencia. Sin esa referencia, es muy difícil apropiarse de las herramientas necesarias –sobre todo fe y voluntad– para encarar una tarea tan heroica como la de ayudar a nuestra consciencia interna a que realice la conexión entre la vida física y la tarea que nuestra Alma ha venido a completar. El segundo enigma a resolver, una vez la persona se instala en el significado de su existencia individual, es el de la Vida en sí. Dicho de otra manera, primero el observador necesita entender su tarea para luego poder comprender aquello que está observando.

Para usar un símil, imaginémonos la Vida como un tablero de juego multidimensional, cuya expresión más tangible es este mundo físico. El mundo físico es la impresión en un único plano de una realidad que opera en una cantidad de dimensiones que no podemos percibir a simple vista. Algo así como el iceberg, cuya parte expuesta es una fracción de la que está oculta. Sobre ese tablero imaginario, pululan las fichas que representan cada Alma encarnada. Todas las fichas operan conectadas por el mismo plano, sin embargo, al no conocer la existencia del tablero, las fichas suelen ignorar su interconexión. Es una ignorancia duplicada, porque el individuo ignora la conexión real con la dimensión en la que desarrolla su existencia y a la vez, desconoce los lazos que lo unen a las demás fichas. El paso ulterior en el crecimiento espiritual consiste en comprender más allá de nuestra función unipersonal, accediendo al sentido de la Vida misma, que a veces puede parecer abstracto. El sentido general de la Vida es lo que le da razón de ser al tablero en el que todas esas fichas realizan complicados movimientos que, a veces son voluntarios y a veces son dirigidos por fuerzas que están más allá de su control o percepción. Llegar a esta comprensión puede ser arduo y duro de asimilar, ya que la ficha debe renunciar en parte o totalmente, a su visión unitaria, para visualizarse a sí misma como un individuo que, en realidad, tiene una función celular. Cada uno de nosotros es una célula de ese cuerpo llamado humanidad. La misión de cada de una de esas células va mucho más allá de lo que le sucede a ella individualmente, mucho más allá de sus sueños y deseos. La célula está engarzada en la matriz de toda nuestra especie que, según la tradición, es en sí un cuerpo único, con un objetivo único: el de ascender todo lo posible hacia la Luz (*Or*). Así que la célula –el individuo– tiene que conseguir optimizar su funcionamiento como unidad, para poder colaborar en la obtención del objetivo comunitario.

Esta idea suele confundirse en muchas escuelas, que intentan trabajar desde la energía grupal. Eso no es correcto. Todo trabajo espiritual que pretenda el bien de la humanidad y la corrección del mundo (*Olám Ha Tikún*) se fundamenta en el progreso individual. Un grupo o ambiente puede actuar como catalizador para una actitud elevada pero, definitivamente, no es capaz de intervenir directamente en la corrección personal. Todo lo que sucede dentro de cada uno, es cosa de cada uno y de nadie más.

Preguntémonos: ¿cómo llegamos a ese momento clave en el que se siente la necesidad de hacerse estos cuestionamientos? Así, en frío, con una vida más o menos tranquila, casi todo el mundo responderá con una sonrisa irónica. En esos casos no parece prioritario inquirir sobre por qué uno está vivo y para qué sirve la vida. ¿Quién se preocupa de eso mientras los gastos puedan pagarse, hay salud y nos sentimos amados? Pero en caliente, cuando las cosas se ponen difíciles, nuestra actitud cambia radicalmente. Esto es un hecho. Reza un viejo dicho que cuando llega la guerra uno se acuerda de Dios y del soldado, y que cuando ésta acaba, Dios es olvidado, y el soldado, despreciado.

En gran medida actuamos así. Cuando las cosas parecen ir sobre ruedas, no vemos la necesidad de cuestionarnos el sentido de la vida. Parece una tontería querer ir más allá del bienestar del que se está gozando. Es más, podríamos afirmar que el problema con el bienestar terrenal es que nos sumerge en una confusión terrible: que la vida, su sentido profundo, se haya circunscrita a dicho bienestar.

Por eso, aunque a este estado de cuestionamiento existencial se puede llegar por la vía de la reflexión, la realidad es que en el 99 por 100 de los casos es la tragedia el elemento que nos saca del sopor interior. Las dificultades, esas que nos hacen apretar los dientes y clamar al Cielo, son casi siempre el único remedio para que una persona despierte de su profundo sueño existencial/espiritual. ¿Por qué? Los maestros kabalistas explican que encarnamos en la parte más alejada de Dios que el Universo nos puede proveer. Por «alejada» queremos decir «con el mayor porcentaje de ocultamiento de Luz (*Or*)». La Luz Divina –que es, esencialmente, la información que proviene del Infinito– se va manifestando cada vez en planos más densos, más «sólidos», por decirlo de alguna manera –la física cuántica hace tiempo que ha cuestionado dicha solidez al descubrir que la materia es sobre todo espacio entre átomos–. Dicha solidificación requiere que la Luz se vaya ocultando, es decir, reduciéndose en su manifestación. En *Maljut* (El Reino), el plano físico, este ocultamiento llega al máximo. Esto quiere decir que la vida terrenal posee un altísimo grado de oscuridad (mal o *raá* en hebreo) en comparación con la Luz (que representa el *tov*, el bien). De esa manera, nosotros tenemos, ya por una precondición energética, una tendencia al mal o *yetzer hará*. Todas las fuerzas opuestas al bien, al altruismo, al amor y, en general, a todo lo que sea elevar el estado de consciencia por encima de las satisfacciones primarias, poseen una ventaja táctica inconmensurable frente a las inquietudes del Alma por despertar a la Luz. Con semejante masa gravitatoria, el mundo nos absorbe con su banalidad y, sólo si el destino nos pone todo patas arriba, sacamos la cabeza de la arena e intentamos ver un poco más allá de nuestra adicción a lo fútil. La mayoría de personas en este mundo que han decidido despertar su consciencia y conectar con su partícula divina interior, en realidad no han decidido hacerlo, sino que han sido **obligadas** a ello por las circunstancias.

Esto explica la existencia, al mismo tiempo, del sufrimiento y la posibilidad de un Dios bondadoso. Las cosas más duras que nos toca vivir no tienen la intención de destruirnos, sino de devolvernos rápidamente al Camino. Igual que a veces se necesitan bofetones para despertar a alguien caído en la inconsciencia, las Fuerzas Superiores, a través de los acontecimientos de la vida cotidiana, nos dan algún que otro sopapo para conseguir sacarnos del letargo profundo en el que estamos sumergidos. La fuerza de dicho sopapo o, lo que es lo mismo, la intensidad del problema o conflicto que choca con nosotros es directamente proporcional al grado de somnolencia de nuestra consciencia y/o a la urgencia que pueda requerirse en un momento determinado.

Cuando las cosas se ponen difíciles, aparece el dilema entre existir o ser. ¿Somos un organismo complejo realizando operaciones biológicas complejas, destinado a la destrucción final, o una entidad orgánica con un **motivo** para «ser»?

Claro que el ser, para «ser», necesita reconocerse a sí mismo. Sin consciencia de la propia existencia, la seidad resulta imposible, ya que no hay autopercepción. Es por ello que la *kabaláh* y otras escuelas espirituales hacen profundo hincapié en el despertar de la consciencia. ¡Porque si no, no hay un individuo que sea capaz de certificar que él «es»!

Esta operación no resulta fácil. No estamos entrenados para encontrar lo que somos. La experiencia de la seidad está más allá del hacer y el tener, que son los parámetros básicos por los que regimos nuestra vida y, por lo tanto, de donde acostumbramos a sacar la idea de lo que somos. En realidad, no somos lo que tenemos ni lo que hacemos –más bien somos un reflejo de nuestra seidad no resuelta. Nuestra tragedia radica en que siempre acabamos con una versión muy precaria y, a veces, totalmente tergiversada de nuestra propia identidad interior.

¿Cómo no vamos a tener conflictos, traumas y trastornos de todo tipo? Eso que pensamos que somos acaba siendo un dibujo apresurado que la primera tormenta con la que nos topamos se encarga de emborronar. En tiempos de bonanza estamos muy seguros de lo que somos. Pero, como hemos fundamentado lo que somos en lo que tenemos y en lo que hacemos, cuando una de estas dos variables es alterada por alguna fuerza del destino, acabamos tambaleándonos de mala manera. Lo hemos sentido en nosotros y lo hemos visto en los demás. Por ejemplo, cuando perdemos una posesión y nos sentimos como disminuidos en nuestro interior. A nadie le gusta sentirse despojado de alguna posesión, pero, en todo caso, sería perder un accesorio que forma parte de nuestra vida. Sin embargo, muchas veces no sentimos que es algo accesorio, sino que hemos extraviado una parte de nuestro ser. ¿Por qué pasa esto? Porque nos hemos identificado con eso que teníamos, ya sea una casa, un terreno, un vehículo, un traje; da igual. Cuando nos identificamos con algo, cedemos una parte de nuestra energía a ese algo y cuando, por las razones que sean, debemos separarnos de ese algo, es como si nos arrancasen un trozo de nuestra persona. He ahí el gran peligro de la identificación.

Lo mismo sucede cuando alguien pierde su trabajo o fracasa en una relación amorosa. No solemos percatarnos de hasta qué punto estábamos enganchados a una situación hasta que dicha situación desaparece del tablero de juego de nuestra vida. Así, muchas veces nos sentimos un donnadie por ya no tener ese trabajo que creíamos tan importante o porque esa persona que amábamos ya no nos ama. Si nunca nos molestamos en encontrar nuestro verdadero ser, es más que seguro que pondremos nuestra identidad en posesiones, relaciones o actividades. Entonces es totalmente lógico que al vernos en una situación de pérdida de alguna de éstas, nos sintamos totalmente vacíos, como que no somos nada. ¿Quién no se ha sentido perdido, como que «no sabe quién es» en alguna de esas situaciones extremas? Cada vez que uno se siente así, por norma es que no ha tomado consciencia de qué es y qué tarea tiene en este plano. ¿Acaso una persona no es la misma, sin importar el trabajo, las posesiones o las relaciones que tenga? Lo que sucede es que, por falta de instrucción, pereza, o ambas, cedemos nuestra identidad a elementos externos cuando debería ser al revés, es decir, que nuestro ser le otorgara identidad a lo que tenemos, lo que hacemos, a nuestras relaciones, etc.

Lo cierto es que la inmensa mayoría de la raza humana no se preocupa por encontrar su verdadera identidad. Hace falta una ayuda externa. Tarde o temprano opera la vida como coadyuvante o catalizador de nuestro despertar. ¿Cómo lo hace? Como ya dijimos, por las malas. La metáfora del «sueño de la consciencia» es más universal y más profunda de lo que suele entenderse. Debemos imaginar el problema del sueño en sí. ¿Cómo está uno cuando duerme? Además de desconectado de su entorno, ve sueños que considera reales. ¿Acaso no es difícil tomar consciencia durante el sueño? Todo lo que vemos nos convence de que realmente estamos allí, pero no estamos en ningún sitio, sólo en nuestra mente.

Tan difícil como despertar dentro del sueño y tener lo que se llama un sueño lúcido, es despertar durante la vigilia. Las circunstancias, nuestro *karma* (las consecuencias lógicas de nuestros actos en esta o anteriores existencias), nuestro *tikún* (la corrección específica que nuestra Alma vino a realizar al encarnarse en nuestro cuerpo) pueden y, de hecho, atraerán los acontecimientos necesarios para que la tarea que se ha venido a realizar se realice. Eso significa que alguna clase de evento, incluso de corte traumático, irrumpirá para cambiar el rumbo de nuestra vida. ¿Por qué sucede esto? Podría resumirse en esta frase: a lo que tú no te enfrentes de *motu proprio* entonces la vida se encargará de ponértelo en rumbo de colisión.

Todos los maestros recomiendan presentarse voluntario al cambio, ya que cuando el cambio **no** lo hace uno, sino **las circunstancias**, la dosis de severidad suele ser mucho, muchísimo más elevada. También es cierto que, a veces, incluso poniendo lo mejor de sí, es prácticamente imposible saber qué hacer para cambiar algo. En ocasiones es porque no sabemos **cómo** y en otras porque no tenemos ni idea sobre **qué** cambiar. Afortunadamente, el sistema operativo del Universo es de una precisión e inteligencia tan elevada que, de una forma u otra, la cosa no quedará sin revisarse. Algo que no siempre es agradable, doy fe de ello.

En esas lides, uno salta del dolor de no saber por qué existe, a entender **por qué existe** y entonces está preparado para conocer la respuesta de **para qué existe.**

Cuando llega este momento, hacemos frente a una etapa dura y maravillosa en el Sendero. A través de la crisis y la dificultad se nos revela cuál es nuestro trabajo, aquello que hemos venido a hacer. Completamos aquí el círculo. Primero obtenemos el sentido de nuestra vida; luego hallamos nuestro sitio en ese mar maravilloso que llamamos Creación. Este mar está compuesto por la reunión de manifestaciones de la Voluntad Divina, sean estas entendibles o no por nuestras mentes limitadas –y a veces, limitantes–. Si está en este plano, es porque ha sido «aprobado» por Dios. Nuestra tarea no es juzgar la conveniencia de las diferentes manifestaciones, sino usarlas como herramientas de aprendizaje. Por ejemplo, no es mi tarea juzgar el derecho a existir de esas personas que me desagradan, sino aprender a gestionarme, a maniobrar conmigo mismo y, por lo tanto, aprender a administrar mi relación con aquellos individuos que no pretenden, precisamente, hacerme la vida más bonita.

Obtenemos, a través de este proceso, una información crucial, que nos da significado tanto en lo existencial como en lo espiritual. Por ello, la etapa puede ser dura, pero nos otorga la maravilla de cambiar nuestra vida completamente. Gran parte del trabajo espiritual, sobre todo del trabajo espiritual kabalista, consiste en llegar a esta zona. Zona que, lejos de ser el final del Camino, es, en realidad, el principio. Muchas personas creen que tienen mucho andar espiritual, pero no han traspasado estos dos umbrales. Dichos umbrales están relacionados con la llamada «noche del Alma», proceso que implica otras fuerzas que ahora mismo no detallaré. Sin una respuesta suficientemente sólida a la cuestión de para qué y por qué existimos, no tendremos muchas oportunidades de alcanzar la Iluminación. La Iluminación, que en esencia es la caída de todos los disfraces de la realidad, exige primero la caída de nuestros propios disfraces. Cabe aclarar que, incluso luego de la Iluminación, el místico sigue derribando muros y quemando disfraces. El proceso de revelación, gracias a Dios, es prácticamente infinito.

También debería mencionar que hay un dolor espiritual que este humilde escritor no considera un problema –bueno, en realidad los dolores no son tanto problemas como mensajeros de soluciones–. Me refiero al dolor similar a la nostalgia producida por sentirse separado de la Divinidad. Podríamos decir que este tipo de dolor surge de la percepción en nuestro interior de la distancia que separa la realidad manifestada, el mundo finito y visible, del Infinito e invisible a simple vista o *Ein Sof*. El *Ein Sof*, el Dios no manifestado, es en realidad nuestro sitio, nuestro origen, nuestro hogar. De ahí que se refiera la Toráh a Dios como *Makom*, sitio, lugar. Dios es ese sitio al que no podemos volver físicamente, pero con el que estamos inevitablemente conectados. El retorno a ese «lugar» es técnicamente imposible, ya que eso significaría la desaparición misma de nuestra individualidad. Así que el retorno, de momento, sólo puede producirse desde el interior, desde lo intangible en nosotros.

Es un hecho que, mientras estamos en el plano de lo manifestado, estamos lejos de Dios. De hecho, es la zona más lejana imaginable desde el punto de vista dimensional. Pero, aunque estar en Su Presencia no sea posible, el caso es que sí estamos imbuidos en Su Manifestación, lo que es un reflejo mismo de Su Presencia, como cuando un amigo nos deja un regalo y se marcha. Si bien el amigo no está físicamente a nuestro lado, su regalo, que no es otra cosa que un mensaje de su amor, nos deja la fragancia de su presencia.

Esa imposibilidad material de volver, de un regreso formal a nuestro origen, sumado a ese recuerdo de un «lugar» maravilloso que reconocemos como nuestro verdadero hogar, nuestro sitio, –que, como ya sabrás, no tiene que ver con pasaportes o direcciones postales–, causa un dolor, que yo suelo llamar «la tristeza dulce». La «tristeza dulce» es también algo con lo que el místico debe lidiar. Sin embargo, es poco probable que pueda neutralizarla totalmente. Para ello necesitaría olvidar por completo todas las sensaciones y experiencias que le recuerdan o sugieren de dónde ha venido, de dónde ha partido su Alma. La necesidad de encontrar nuestro principio es algo inherente al ser humano. Creo sinceramente, que es inviable una erradicación absoluta de este sentimiento de profunda nostalgia. Cuanto más se acerca el iniciado a la Luz, cuanto más contacto establece con su interior más profundo, más fuerte es esta especie de recuerdo ancestral. Esta pena parece ser más un síntoma del Alma reconectando con su origen, que un trastorno emocional depresivo.

Encarando nuestra tarea existencial solemos desarrollar un discurso o narrativa acorde con esta nueva postura. A nivel del pensamiento y sobre todo, del lenguaje, la realidad que comenzamos a elaborar resulta cada vez más alejada de lo que hacíamos y éramos. Existe el problema de quedarse anclado en ese escenario, donde nuestro cambio es más lingüístico que práctico. Necesitamos dar un paso más allá, que es ir desde el decir al hacer.

Cuando uno «dice» está, desde el punto de vista espiritual, relacio-nándose con la existencia. El lenguaje hace que las cosas existan. Redacto, por ejemplo, la independencia de un territorio. Entra en la existencia la «idea» de esa nueva nación. Sin embargo, hace falta bastante más para que «sea» una nación. Igualmente, nosotros, cuando llevamos muchos años con nuestro discurso esotérico-espiritual pero no somos capaces de reflejarlo en los hechos, deberíamos reconocernos como portadores de una espiritualidad que existe, pero sólo en el mundo genérico de las ideas o deseos. «Del dicho al hecho hay un largo trecho», nos recuerda el refrán castellano. El estudiante necesita trabajar para reducir a su mínima expresión la brecha entre hablar y hacer. Una persona puede pronunciar conferencias enteras sobre la honestidad, pero, si no la practica, no ha conseguido **ser** honesta.

En los hechos está el elemento diferenciador, lo que nos define. Pero lo que nos define en los hechos no es tanto lo que hacemos, sino cómo y por qué lo hacemos. Alguien puede dar caridad y sin embargo, sólo hacerlo para ser reconocido como un gran benefactor. En el **cómo** y el **porqué** de nuestros actos, está eso que **somos**.

Entra aquí en juego un factor importante: la consciencia. Necesitamos ser lo más conscientes posible de lo que plasmamos en el mundo físico. Para ello, uno debe haberse provisto, necesariamente, de las herramientas intelectuales y espirituales que le ayuden a comprender la profunda naturaleza de cada acto realizado. De lo contrario, podemos actuar de forma reactiva, que es lo mismo que obrar siguiendo un programa preestablecido. Estamos llenos a rebosar de diferentes tipos de «*software*». Para una máquina, un *software*, o sea, un programa, es en sí la esencia de su funcionalidad. Para un ser humano puede significar, a la larga, un tremendo obstáculo para tener una vida feliz.

Mientras vamos caminando por la existencia, nos vamos sirviendo de diversos programas: lo que nos dicen nuestros padres, lo que aprendemos en el colegio, en la secundaria, en la universidad, en la calle, con los amigos, en el gimnasio, en el trabajo, etc. Dichos programas tienen por finalidad proveernos de elementos que rápidamente nos coloquen en el sitio correcto en una situación determinada. Nos ayudan a ser más eficaces en lugar de tener que dar mil vueltas hasta averiguar cómo funciona un escenario y poder actuar en él de la forma más racional posible. Pero, llegado cierto punto, todo programa es como una muleta para una persona lesionada: en algún momento hará falta que deje la muleta en un rincón y camine de forma autónoma. Desafortunadamente, como no se nos educa para lograr autonomía –ni emocional, ni intelectual, ni de ningún tipo–, esos programas que deberían haber funcionado como ayuda acaban convirtiéndose en lo que habitualmente llamamos **condicionamientos**. El condicionamiento es una forma de prisión interior en la que uno es, al mismo tiempo, reo, celda y carcelero.

En esas condiciones, ¿cómo uno va a ser lo que hace? En realidad, uno sólo está siendo lo que otros, por las razones que sean, nos han dicho que debemos hacer. Independientemente de si eso que hemos aceptado como válido contiene una verdad o no, el problema es que no somos conscientes cuando actuamos, no somos los propietarios de aquello que estamos haciendo. Muchas veces, nuestras actitudes son «buenas» no porque seamos buenos, sino porque estamos respondiendo a alguna clase de extorsión ideológica. No importa si lo que está operando de fondo es nuestra religión, cultura, educación o postura política, siempre es un condicionamiento.

La única forma de encontrar la seidad dentro del existir es atreverse a explorar qué tanto de nosotros hay en dichas programaciones. También es cierto que algunos de estos condicionamientos están tan arraigados que es casi imposible detectarlos, salvo que se adquiera un nivel espiritual altísimo. Incluso algunos de ellos serán lo bastante inofensivos como para otorgar matiz a nuestra personalidad, sin por ello ser una cadena pesada. Se trata, ante todo, de detectar aquello que nos inmoviliza. Inmovilizar, desde el punto de vista espiritual, significa restringir a nuestro ser en sus posibilidades de crecimiento real.

Como ya habrás deducido, querido lector, el trabajo interior se vuelve cada vez más sutil y, por ende, más dificultoso. Es como cuando uno intenta arreglar un jardín abandonado. Al principio se suda mucho sacando lo más aparatoso, lo más evidente. Pero luego viene la tarea de ir refinando y embelleciendo cada planta, cada zona, cada vereda, encontrando alimañas o extirpando plantas parásitas.

VIII

El dolor del miedo

No es la muerte lo que un hombre debe temer.
Debe temer que nunca empiece a vivir.
MARCO AURELIO

Nuestro miedo a lo peor es más fuerte
que nuestro deseo de lo mejor.
ELIO VITTORINI

Desde mi humilde punto de vista, no existe obstáculo a la felicidad más claro, más definido y, por lo tanto, más fácil de detectar que el miedo. Recuerdo que, de entre las revelaciones obtenidas en el hospital cuando fui ingresado para tratarme un cáncer en la sangre, una de las más importantes –y que debería recordar más a menudo– fue la que me llegó en forma de frase a mi mente. Esta frase decía: «la felicidad es la ausencia de miedo».

Una vez comprendí que no era mi situación, sino el miedo que tenía a la situación en sí lo que me estaba torturando con un torrente de pensamientos negativos, decidí que debía confiar en la Voluntad Divina. Darle ese voto de confianza al Creador fue como recibir un bálsamo de aceptación y, al mismo tiempo, me proporcionó una pequeña cápsula de sabiduría que rápidamente ingerí, obteniendo, simultáneamente, un cierto relax y una enseñanza para lo que fuese que me quedase de vida. Y, para lo que me quedase de vida, me prometí nunca más vivir con miedo.

Confieso que no siempre he podido cumplir dicha promesa. Algunas promesas son como un contrato que tienes que revisar pasado un tiempo, necesitas volver a leerlo para recordar tu compromiso. Sucede que, si bien hablamos del miedo como un ente único, en realidad éste está formado por cientos de expresiones, cientos de miedos de diferente grado y origen. Dicho de otra forma, uno puede superar un tipo de miedo, pero a la vuelta de la esquina te está esperando otro. Porque, como ya he dicho muchas veces, el autoconocimiento va por capas y, en una capa más profunda, puede que descubras un nuevo miedo o, en su defecto, una versión más sutil de un miedo que ya tenías identificado. Algunas personas son miedosas en general, pero incluso las que son valientes, albergan en su interior alguna clase de miedo. Queda así establecido que, sea cual sea nuestra condición, el miedo es un elemento a trabajar. Esto no es negociable.

¿Por qué digo que no es negociable? Porque el miedo es la antítesis de la felicidad. ¿Vale la pena una vida despojada de felicidad? Cuando digo felicidad no hablo de la típica nube rosa a la que aspira el ser humano mediocre. Eso no es felicidad, es una utopía. La felicidad es un efecto secundario de dos elementos que interactúan y se retroalimentan. Uno, la conexión con la naturaleza Divina personal. Dicha conexión otorga un propósito, una explicación a la propia existencia y por lo tanto capacidad de entender los buenos y malos momentos. Dos, la paz. La paz, o *shalom*, es el resultado de unificar la naturaleza individual con la universal. Esto, que parece muy rimbombante, casi pretencioso, es el resultado lógico de la maduración emocional, mental y espiritual de la persona.

Al alcanzar cierto estado de madurez interior, el individuo es capaz de conciliar lo de afuera con lo de adentro, lo bueno con lo malo, el rigor con el amor. Podría decirse que se llega a un acuerdo pacífico con la vida y sus acontecimientos, de forma tal que se es capaz de mirar por encima de los disfraces que a veces el destino le pone a los hechos –disfraces que en realidad son más el resultado de nuestracapacidad de percepción, es decir, que dependen de nuestra visión y aceptación–. ¿Cuántas veces creemos que algo que nos sucede es malo y luego vemos que fue la semilla de algo aún mejor? ¿No nos ha sucedido también lo contrario? El verdadero *shalom*, la verdadera paz, es el resultado de una unificación: bueno y malo, alto y bajo, todo se **relativiza** para ofrecer una enseñanza.

Físicamente, uno sólo puede morir una vez. Sin embargo, se puede morir muchas veces internamente, es decir, sin interrupción de nuestro funcionamiento orgánico. El gran creador de «muertes en vida» es el miedo. Vivir con miedo es como morir anticipadamente. Es similar a cuando se le aplica la tortura a alguien y se la detiene en el punto justo para que no muera y así poder seguir torturándola. Ésta es la definición de agonía. Es terrible que nosotros mismos seamos los causantes de este tormento, que seamos los artífices de semejante maltrato. Se hace indispensable trabajar con el miedo. Lo que pasa es que lanzarse a rectificar el miedo, a hacer *tikún* con el miedo, es algo que... da mucho miedo.

Al igual que la ira, el miedo no es una emoción que uno quiera fuera de control. Los soldados dicen: «El miedo te protege, el pánico te mata». No es lo mismo el sentido natural de autoconservación que el terror que te inmoviliza. La ira puede llevarnos a acabar con la vida de otra persona; el miedo muy probablemente acabe con la nuestra. Entre los efectos más perniciosos del miedo está su capacidad de hacer que enfermemos mental, emocional o incluso físicamente. Una mente enfocada en el temor a algo, acabará conduciendo a todas sus fuerzas psíquicas y físicas hacia eso que teme. Se le llama «hipnosis del obstáculo». Uno tiene tanto miedo a tropezar con una piedra que la mira fijamente, con tanta intensidad, que al final acaba yendo hacia ella, para chocar directamente. Escuché el caso de una persona a la que una cartomante le había dicho que moriría atropellada. Al poco tiempo, la persona fallece de esa manera. El conductor que le causó la muerte, declaró que la víctima se quedó estática en medio de la calle, casi como dejándose arrollar. Esto es un triste caso de profecía autocumplida, que se puede aplicar perfectamente al funcionamiento cotidiano del miedo. Si permitimos que el miedo se descontrole, que crezca demasiado, adquirirá una especie de fuerza autónoma capaz de darle realidad a eso que sólo forma parte del mundo mental. Por ello hay que ser muy muy cuidadosos con aquello a lo que tememos.

Otro de los efectos negativos del miedo es su capacidad para inmovilizarnos. Existe la famosa «parálisis por análisis», en la que uno se piensa tanto las cosas que al final no hace nada. Aquí el miedo se manifiesta de forma más subrepticia. Tenemos miedo a equivocarnos o, a veces, a tener éxito –porque eso nos obligaría a entrar en situaciones nuevas, desconocidas, y a veces lo desconocido nos da miedo. De esa manera, nuestra vida se detiene. Por miedo a la ruina no dejamos ese trabajo horrible y no nos lanzamos a nuestra verdadera vocación. Por miedo a la soledad continuamos en una relación espantosa, condenándonos a no encontrar a nuestra verdadera Alma gemela.

Debemos enfrentarnos al miedo, entenderlo y, por fin, vencerlo. Con el miedo no hay muchas alternativas, ni espacio para acuerdos. Apenas aparezca el miedo por la puerta, la felicidad escapará por la ventana.

8.1 Los dos tipos de miedo (generalizando *in extremis*)

Hay dos tipos de miedo, básicamente. Uno es el miedo natural, por llamarlo de alguna manera. Este miedo es, en realidad, una cláusula de seguridad mediante la cual uno se pone a salvo de un exceso de intrepidez que pudiera acabar con su vida. La vida es nuestro más valioso y delicado bien, de eso no cabe duda. Este miedo «orgánico» tiene la función de proteger esa vida de nuestras propias tonterías. Esa hazaña, que sin dudar intentaríamos impulsados por el ego, muchas veces es retenida por este miedo. Se puede decir que este miedo es el producto del instinto de conservación o, dicho de forma más literaria, es hijo de la prudencia.

Ciertamente, a veces la vida nos pone en la tesitura de elegir entre ser prudentes o no serlo. Es más, a veces ni siquiera nos permite elegir y, por las razones que sean, debemos apretar los dientes y lanzarnos al vacío, preparados o no.

Quienes practican deportes extremos, de combate, artes marciales son personas acostumbradas a lidiar con este miedo. Como dijimos, éste es un miedo que más que nada es una valla de protección. La principal característica es que opera ante estímulos concretos o razonablemente probables. Si estamos en medio de un incendio, es normal que el miedo a morir quemados agudice nuestras capacidades de supervivencia y nos ponga a salvo de forma casi instintiva. Si vamos a salir a navegar y el pronóstico anuncia tormentas, esa alta probabilidad de tener problemas en el mar quizás nos haga desistir de zarpar.

Quien es demasiado temerario, a veces por engreído, otras por ignorante, suele desestimar las claras señales de peligro. En ese caso, el miedo no es capaz de cumplir su función. El miedo, como cualquier otro estado psicológico, depende del conjunto de percepciones de la persona, su carácter e incluso de la capacidad intelectual de entender los factores de riesgo. Mucha gente ha muerto por no saber calcular adecuadamente dichos factores.

Por otra parte, carecer por completo de miedo es considerado un trastorno importante. Existe una extraña dolencia llamada «mal de Ubrach-Weithe», o lipoidoproteinosis, que consiste en una lesión bilateral de la amígdala cerebral, que la endurece y la encoge hasta destruirla. Aunque en el cuento de *Juan sin miedo* de los hermanos Grimm esto pudiera parecer un súper poder, la verdad es que no lo es tanto. La ausencia de miedo no sólo es algo que afecta al enfermo en el sentido de que no es capaz de recibir señales de peligro internas sobre cosas reales externas, sino que también implica incapacidad de traducir las señales del miedo en los demás, lo que a veces puede resultar en un problema grave, ya que si uno lleva a otra persona a sentirse en peligro, ésta puede reaccionar de forma violenta, a veces letal, ante lo que cree que es una amenaza. Nosotros necesitamos al miedo para ser prudentes, y sentirlo nos hace entender el miedo ajeno, posibilitando un lenguaje común.

Hasta aquí el miedo «orgánico». Pasemos al que realmente hace de nuestra vida un calvario: el miedo psicológico. Ante todo, debemos entender que una mente atrapada en un miedo por algo que sólo está en la pantalla de la imaginación causa los mismos efectos en el cuerpo físico que si estuviese ocurriendo en la vida real. Una persona que tenga mucho miedo a los perros, por ejemplo, si cierra los ojos e imagina a uno, va a experimentar prácticamente lo mismo que teniéndolo delante de sí. Sus signos vitales se alterarán de forma acorde a dicho miedo. De aquí concluimos que el miedo no necesita un marco de realidad para operar en toda su magnitud. Justamente eso lo hace tan peligroso: puede actuar con total impunidad, incluso si no hay razones de peso para ello. La gran trampa del miedo es hacernos creer que es racional, pero generalmente no lo es. La racionalidad implicada en la estructura del miedo, es casi siempre una irracionalidad con pasamontañas, es decir, que intenta hacerse pasar por coherente. Suele ser el resultado de sentirnos con muy poco control sobre una situación y/o con una escasa predictibilidad sobre el resultado de algún evento. Por ejemplo, tengo que resolver un malentendido con un amigo. Tengo miedo de hacerlo porque no soy capaz de prever cómo se tomará mis palabras. Al mismo tiempo tengo miedo porque, si no hago algo, la situación apunta a ser cada vez más caótica. Como el caos es por definición incontrolable, ese territorio también me causa angustia, ansiedad, miedo. De la necesidad de control surge el miedo. Una persona confiada, con un nivel de miedo razonable, no tiene entre sus prioridades controlar ni situaciones ni personas. Toda personalidad controladora esconde el temor a perder algo: influencia, afecto, dinero, etc.

En mi primer libro, *Ha Derej*, dediqué un capítulo al control, llamado «Decirle adiós al control», ya que considero que es un paso importante para empezar a entender la vida y poder disfrutarla. El universo funciona, para nuestro nivel de percepción, con un alto grado de incertidumbre. Todo místico considera que dicha incertidumbre es, en esencia, benévola. Para ponerlo en otras palabras, la persona espiritualmente elevada no está esperando que la primera opción de la vida será causarle un perjuicio, sino todo lo contrario. Ahí se esconde el peliagudo tema de la fé, la *emunáh*, la certeza.

8.2 El yo tiembla por el miedo

Desde la perspectiva kabalística, que es lo mismo que decir «desde el punto de vista místico universal», quien va a vivir atenazado por el miedo será el yo, no el Alma. Es el yo, orientado mayormente a lo material, al mundo de lo sensible, quien experimenta las consecuencias del miedo psicológico. Para experimentar dicho miedo se necesitan los parámetros del yo, es decir, la amenaza de la carencia, la soledad, el hambre, privación de libertad, etc. El Alma no posee esos parámetros. Para empezar, no conoce la carencia, ya que proviene de las dimensiones de la abundancia.

La soledad no es concebible cuando un ente está conectado en su esencia a todo lo creado. Todo lo demás a lo que suele temerle el yo está relacionado con el cuerpo, algo que, precisamente desde el punto de vista del Alma, es absolutamente transitorio, por lo tanto, de una importancia muy, muy relativa.

Es el yo entonces –nuestro depósito energético autoconsciente que permite o dificulta la expresión del Alma– el que experimenta en toda su intensidad los maleficios del miedo. Te estarás preguntando para qué sirve saber esto, querido lector. Bien, en primera instancia, para darte cuenta de que si te sientes acosado por alguna clase de miedo, éste está alojado en una parte de ti que es perecedera, finita, con fecha de caducidad. De esa forma uno consigue relativizar y, por lo tanto, sacarle contundencia, protagonismo a dicho miedo.

Imagina a tu yo como a un niño asustado. El niño corre a los brazos de un adulto, quien lo tranquiliza dándole una visión más elaborada de la realidad. En gran medida, así debes tratarte a ti mismo cuando detectes ese descontrol en tu interior. Si tienes la suficiente fuerza espiritual para enfrentarte a ese miedo, entonces busca dentro de ti a ese «adulto» que será capaz de consolar a tu yo aterrado. Ese «adulto» es tu nivel de consciencia superior. A veces, incluso tu *Daat* (Conocimiento) puede surgir de entre las tinieblas del pánico y otorgarte la calma que da la comprensión. En caso de no ser capaz de elaborar tú mismo ese miedo, no dudes en acudir a otra persona que, ya sea por su sabiduría o simplemente porque es capaz de otorgar una visión que no está empañada con tus mismos terrores, tenga la cualidad de «bajarte a tierra», como suele decirse. Pero, si dejas a ese niño asustado sin atención, girando en círculos y sin ninguna asistencia, entonces estás poniendo los ladrillos de tu futuro trastorno emocional.

La necesidad de control abrupta y desmedida es un síntoma inequívoco de estar teniendo un episodio de miedo. Ahí hace falta aplicar los conceptos básicos de la espiritualidad para aceptar y así soltar las riendas de una situación que, en realidad, nunca podrías haber tenido bajo control.

En estos momentos debemos entender la problemática del yo. Los seres humanos somos un bicho raro respecto al resto de la creación por dos razones destacables: la primera, tenemos una autoconsciencia muy sofisticada –de ahí que seamos el único ser que se plantee el sentido de la vida y el propósito de la existencia personal– y la segunda, que tenemos consciencia de nuestra muerte. Cualquier otro ser viviente está muy lejos de hacerse estas preguntas. Un gato es un gato, no se plantea para qué vive, no mira sus días pensando: «¡Oh, Dios mío, con suerte viviré dieciocho años!». Un águila no necesita libros de autoayuda ni ir a cursos de meditación. Simplemente es un águila, no pretende ser nada más.

En cambio, el ser humano entra en la complejidad del cuestionamiento de su razón de ser. Al estar al tanto de que su expresión física tiene un final, se activa un elemento importante, algo que está íntimamente relacionado con el motivo de que esté encarnado: **la necesidad de trascendencia**. Se pregunta por qué y para qué deambula en este mundo, soportando a veces grandes penurias. Toda esa información recabada mediante preguntas, a veces sin respuesta, todas esas inquietudes e intuiciones, se depositan en nuestro yo. Nuestro yo es el envase energético encargado de hacer posible nuestro tránsito por la vida hasta que tengamos que pasar a otro plano existencial. Un yo que se haya perfeccionado de alguna manera, sea por medios intelectuales, emocionales o espirituales, que se hubiese dedicado a sumergirse en los cuestionamientos propios de la consciencia humana, inevitablemente llega a la conclusión de que en realidad no es más que una cáscara, una máscara que en algún momento dejará de tener sustancia, o lo que es lo mismo: el yo sabe que algún día morirá.

Si el yo cree que su punto de vista es el único punto de vista legítimo, o sea, que no hay nada más allá de su percepción y, por lo tanto, su muerte es la muerte del ser interior, podría decirse que abre la puerta a lo que yo suelo llamar «enfermedades del yo». Cuando el yo concluye que su final es el final de todo, anula la posibilidad de trascendencia. La trascendencia es en realidad uno de los grandes objetivos del humano como entidad espiritual. La *kabaláh* nos dice que Dios nos ha dejado en el punto más distante de Él justamente para provocar la necesidad del retorno, de la *teshuvá*, de «girarnos hacia Él». Anulada la trascendencia, el yo queda a solas con la muerte y, en esta situación suele «enfermar».

Puede caer en un terror extremo a hacia la muerte. Puede volverse totalmente hedonista, es decir, considerar que la vida es un mero paseo por los placeres y un esquivar las penas todo lo posible. Puede volverse cínico, actuar como que nada importa, sin medida moral o ética de ningún tipo, porque, total, al final va a morir, ¿qué más da?

Despojado de la posibilidad de trascendencia, el yo suele hacer de todo un drama. Como la vida es un drama, muchos se lanzan a la búsqueda desesperada de anestésicos o alucinógenos, lo que sea que mitigue el dolor de una vida sin trascendencia. Estos paliativos pueden ser, en su aspecto más grotesco, el dinero, el poder, el sexo, las adicciones y, en su fase más sutil, elaboradas actitudes intelectuales o filosóficas. El yo, por defecto, tiene una perspectiva que es justamente la opuesta al Alma. Mientras el yo está ligado al tiempo lineal, a lo meramente factual, es decir, a la cadena de hechos terrenales, el Alma está sujeta al *continuum* del Ser, del *Ein Sof*, del No Fin. Queda claro que el yo debe ser, de alguna manera, reclutado a la causa del Alma. Podríamos decir que gran parte del volumen de trabajo interior místico apunta justamente a eso. Al yo no le viene nada bien sentirse el fin del camino. Es una parte importante del *Derej* (Camino) del místico llegar a ese punto en el que el yo entiende que va a desaparecer. Al principio el yo se rebela, se retuerce incómodo, incluso angustiado. Pero luego, al ver que la ruta de la vida continúa más allá de él, aunque en una manifestación que no llega a comprender del todo, acaba acomodándose en una paz hasta entonces desconocida.

Tengo muy claro que no es nada fácil buscar una visión alternativa, estando como estamos, acostumbrados a décadas y décadas de mirar la vida a través del ojo de la cerradura del yo –y, por lo tanto, también del ego–. Resulta que conocemos al ego y al yo, pero al Alma mayormente la presentimos. De este «presentimiento álmico», por llamarlo de algún modo, podemos extraer ese nuevo punto de vista. Si ya somos un místico veterano al que le ha sido otorgado conectar con partes de su Alma, este proceso será algo menos difícil. Menos difícil, aclaro, no significa fácil.

Como estrategia podemos establecer autocontemplarnos para descubrirnos en estado de miedo. Tomar consciencia del miedo es un paso importante para luego aprender a qué le tememos y por qué. Nuestros miedos nos enseñan sobre nuestras vulnerabilidades, por lo tanto, son un material insustituible para emprender el camino a nuestro fortalecimiento interior. Un practicante de la mística fortalecido es un ser mucho más útil para sí mismo y para todos aquellos que tiene alrededor.

8.3 El miedo a la muerte

El miedo es un veneno para la felicidad, fundamentalmente porque nos aleja de la paz. Paz, en hebreo *shalom*, es el resultado de la unicidad, del *ejad* (unión) de lo terreno con lo espiritual. Todo miedo plantea una dicotomía, un quiebre, un rechazo a algo. Rechazar es lo opuesto a la aceptación y a su posterior comprensión e integración. Una de las grandes tareas que tenemos como estudiantes de *kabaláh* –y, me atrevería a decir, como seres humanos en general– es aceptar el hecho de que vamos a morir. Se dice más fácil de lo que se hace. Yo mismo necesité estar dos veces en una situación en la que podría haber muerto para realmente entender o aproximarme a entender la verdad existente en la muerte. Decía el maestro Jiddu Kirshnamurti que, en general, las personas no entendíamos la naturaleza creativa de la muerte. La muerte, aunque parezca extraño, es la que otorga sentido a la vida. Recuerdo una frase de una película (*Casshern*, 2004) que me marcó profundamente. En la escena, un sirviente del villano con heridas mortales le pedía que lo sumergiese en unas aguas curativas para resucitarlo una vez más. El villano, con el desprecio curvando sus labios, le contesta: «¿Para qué vivir con pasión y energía, si tuviésemos una segunda oportunidad?». Desde entonces me he planteado la cruda realidad de esta pregunta. Es la escasez de nuestro tiempo vital lo que lo hace en verdad valioso. Nadie aprecia algo que le sobra, salvo que en algún momento le sea suprimido. Siempre que reflexiono sobre la muerte y su paradoja de darle sentido a la existencia, viene a mi mente el mundo fantástico del genial J.R.R. Tolkien, quien relataba que los elfos, que eran inmortales, miraban con rencor a los recién creados humanos, a los que les había sido entregado el «regalo». Ese regalo no era otra cosa que la muerte. ¿Cómo rayos uno puede pensar que la muerte es un regalo? Pues si miramos lo neuróticos y emocionalmente disfuncionales que se volvían los elfos tras miles de años de vida, tendremos una pista. Siempre digo que el ser humano está hecho para los desafíos. Nadie quiere jugar un juego en el que no pueda perder porque... entonces carece de toda gracia jugar a él. La vida es nuestro gran juego. En algún momento necesitamos dejar de lado ese miedo a morir –no hablo de anular el instinto de conservación, eso sería insensato por nuestra parte– para entender la belleza de tener el impulso a vivir luminosamente cada segundo.

Comprendido nuestro tiempo limitado, empezaremos a establecer correctamente nuestras prioridades. Uno de los supervivientes del milagroso amerizaje en el río Hudson –los amerizajes suelen acabar en tragedia absoluta– el 15 de enero de 2009, contaba cómo unos instantes previos al impacto, se había despedido de su esposa por teléfono y preparado para morir. Al salir con vida del accidente aéreo, decidió cambiar totalmente su forma de actuar. El trabajo quedó en segundo lugar, la familia y sus afectos ocuparon un sitio de privilegio. En un reportaje comentó que durante años estuvo muy orgulloso de su vinoteca personal, en la que guardaba vinos carísimos para «días especiales» y cómo, a partir del incidente, dejó de reservarlos y empezó a disfrutarlos. «Me di cuenta de que no hay días "especiales". Si estás vivo, ése es un día "especial"», declaró.

Sería más que interesante no necesitar exponernos a una situación tan dramática para organizar nuestras prioridades. El ego, primero, y el yo, después, se van intoxicando con supuestas verdades sociales que acabamos aceptando sin pasarlas por el recomendable filtro del cuestionamiento. Terminamos así aferrados con uñas y dientes a una clase de vida que difícilmente puede cumplir su promesa de otorgarnos felicidad. Perseguimos objetos y honores, pero los primeros caducan en su función de hacernos felices y los segundos son puro humo. Una casa es un sitio para vivir y eso es muy deseable, pero si la convertimos en un elemento de ostentación, entonces retorcemos su función. Cada cosa que retorcemos fuera de nosotros es también retorcer un poco nuestro interior y alejarnos de la dicha. La fama y la reputación son el producto de todo eso que está fuera de nosotros, de la visión ajena. No vale la pena invertir energía en ese negocio de la apariencia. La gente que lo ha hecho no tiene una vida feliz. Nadie puede ser feliz esperando la aprobación o temiendo la desaprobación de los demás.

El trabajo místico propuesto por la *kabaláh,* que este humilde servidor intenta, en la medida de sus escasas posibilidades, metodizar para que otros puedan alcanzar su propia Iluminación, es en definitiva un acercamiento al sentido de la vida y al propósito individual. Por supuesto, no hay una fórmula mágica para desprenderse del miedo a la muerte, aquí defino algunos parámetros, lugares comunes, con la esperanza de que orienten al iniciado a despojarse de un elemento que será motivo de dolor. Dicen que la mayoría de los males del ser humano se deben a que olvida que es mortal. Personalmente estoy de acuerdo. Olvidarse de que no estaremos aquí para siempre nos hace tratar nuestro tiempo de forma displicente, irresponsable, diríamos. Procrastinamos demasiado, posponemos muchas cosas para un día que quizás nunca llegue. Desaprovechamos el tiempo otorgado. No se trata de volvernos obsesivos y estar todo el tiempo haciendo algo, porque eso tampoco significa aprovechar el tiempo. Dudo que exista alguien que realmente sepa optimizar el cien por ciento de su tiempo vital. Si atendemos algo, desatendemos otra cosa. Es difícil elegir a veces. En algunos momentos uno cree que pierde el tiempo y lo está utilizando como debe y otras piensa que hace las cosas bien y está desperdiciando miserablemente su vida. Podría decirse que nunca tenemos una idea exacta. De lo que se trata es de actuar con soltura y honestidad, teniendo en cuenta la idea general de la vida. Así, sin duda, será una vida más alejada del dolor y más cercana a la paz. La paz que provendrá de nuestro *Daat* (Conocimiento), que, como siempre, surgirá de la típica triangulación entre nuestra *Jojmá* (Sabiduría), *Bináh* (Entendimiento) y la acción en *Maljut*, el mundo físico. La paz nos conduce a la felicidad. Como siempre digo, la felicidad es en realidad un efecto secundario de haber obtenido la paz. Si buscamos la felicidad de forma directa, frontal, fracasaremos. Acabaremos buscando ser felices con una película o comprando un yate. Eso no funciona. Lleva sin funcionar desde el principio de los tiempos. Es hora de aprender.

Shalom, queridos hermanos del Camino.

8.4 El Amor como medicina contra el miedo

Si entendemos al Amor como una fuerza de sustentación universal más que como un sentimiento o una emoción expresada, lograremos acercarnos a su verdadera utilidad en nuestras vidas. Lo contrario al Amor no es el odio. La ausencia de Amor no produce odio. Lo que produce es miedo. Cuando alguien tiene un estado de ira, casi siempre es porque teme algo. Si observamos la naturaleza, la mayor parte de las reacciones violentas de los animales son porque se sienten acorralados por alguna clase de peligro.

Aquel que está embarcado en el *Derej* tiene, como parte de su disciplina diaria, el entender o incluso degustar la sustancia de ese Amor Universal, que no es otra cosa que la manifestación de *Hakadosh Baruj Hu*, El Santo Bendito Es. Intentar entender a Dios, sin relacionarlo con esta clase de Amor, es como intentar entender un coche de carreras sin su velocidad. La velocidad no es el coche, pero es una cualidad inherente que da sentido a la categoría «coche de carreras». Así, Dios es Amor, aunque ese Amor, dadas nuestras limitaciones perceptuales, apenas lo podemos entender en mínimas dosis.

Si bien no soy afecto a la antropomorfización de lo Divino –de ahí procede la idea infantil de un Dios que es un señor con barba y túnica blanca–, la limitación del lenguaje me obliga a poner un ejemplo de ese tipo. Cuando uno es pequeño, siente que su madre o su padre lo van a proteger de todo mal. Ésa es la maravillosa sensación de seguridad y, por lo tanto, de felicidad que solemos tener en la infancia. Nos sentimos libres, no tenemos miedo, porque allí está el amor de nuestros progenitores, otorgándonos tranquilidad y protección. Cuando tristemente pasa lo contrario, cuando los padres no otorgan protección o incluso transgreden su función causando daño a su hijo, el miedo se apodera del corazón del niño.

No tengo la intención de dar recetas, sólo compartiré aquello que me ha valido como enseñanza y apoyo en este difícil tránsito que es dominar el miedo. En mi experiencia personal, me he percatado de que cuando tengo miedo a algo, es que me he olvidado de que Dios me ama. Esto, que para un ateo puede parecer una estupidez, para un místico es un axioma, un fundamento. Si uno no concibe un Dios amoroso, casi mejor no considerar ningún Dios. Un Dios sin Amor es un poco una especie de dios humanizado, un dios defectuoso, inacabado, incapaz de contener todo lo bueno y luminoso dentro de sí. Si uno está comprometido con el camino a la Iluminación, con la reunificación de su naturaleza divina interna y con la Presencia Divina que reposa en este mundo manifestado, entonces, necesariamente, tiene que adoptar la postura de que todo lo que ocurre, no sólo en su vida, sino en todo el macrocosmos, tiene una finalidad elevada y amorosa.

Adoptada esta postura, podremos leer entre líneas aquellas situaciones que parecen injustas o poco favorables. En gran medida este es el entrenamiento para la *emunáh* o fe (aunque la palabra hebrea está más cercana a «confianza»). Así como cuando un amigo te ha dado muestras de su bondad, tú confías en él y esperas de su parte sólo lo mejor, así uno acaba percibiendo el Amor del Creador. Esto es en sí una revelación, no es, debo advertir, un proceso racional. La racionalidad, como siempre, podrá echarnos una mano, pero poco más. Cuando empieza a tallarse dentro de nuestro corazón la sensación de que uno está bajo el ala protectora del Amor Divino, entonces el miedo decrece ostensiblemente.

Si nos fijamos, cuando estamos enamorados de alguien, no sentimos miedo, ¿verdad? Casi todo es emoción y alegría. El miedo pierde espacio en esos momentos. En cambio, si aparece el miedo a perder a quien amamos, el amor disminuye a pasos agigantados. Lo que es aplicable a la vida en sí, al proceso general del Alma, también es aplicable en lo pequeño en el día a día. Decía un maestro que «el miedo cristaliza». Nuestro miedo pone la mesa para que eso que tememos, acabe sentándose con el cuchillo y el tenedor en cada mano. Enfocarnos en el Amor Divino, en que el Creador sólo quiere nuestro beneficio, nos irá apartando cada vez más del miedo y acercándonos paulatinamente a la fe.

IX

El dolor de la pérdida y su miedo asociado

Las aves no cantan en las cuevas
ni las palomas cultivan
su inocencia en los palomares
HENRY D. THOREAU

Todo dolor se conecta, inexorablemente, al miedo de experimentarlo. La posibilidad de vernos despojados de algo que nos da felicidad, seguridad o simplemente nos proporciona de un placer nos hace sentir un miedo similar al de la muerte. En la psicología moderna, la experiencia de un divorcio o la ruptura de una relación se considera equiparable a la de la muerte. Perder aquello que amamos es experimentar una especie de muerte que, si bien no es física, a los efectos, con su sensación de desamparo, de desmoronamiento interior, posee una equivalencia que, incluso para el más valiente, resulta intimidante.

El gran problema con el dolor de la pérdida es que, además del impacto de la pérdida en sí, que ocurre cuando por alguna razón debemos desprendernos de aquello a lo que estamos ligados, está el miedo a ese dolor. Este miedo a la pérdida es, quizás, uno de los miedos que más nos paralizan y que, muchas veces, por querer evitarlo, acaba creando un mal mayor.

Todos, en alguna medida, hemos experimentado el temor a perder la seguridad de una situación establecida, incluso si ésta es una fuente constante de inconvenientes. Tenemos el típico caso de una relación emocional que se vuelve tóxica pero, por miedo a terminarla, a tener que empezar de nuevo, decidimos continuarla. Claro que esto es como mantener un cuerpo moribundo atado a la existencia mediante un respirador. Está bien explorar una situación y no caer en lo que hoy está tan de moda, que es deshacer cualquier compromiso ante la primera dificultad. Lo que no está bien es prolongar artificialmente algo que ya ha dado todo de sí. Esto que ejemplifico con una relación sentimental, sea de pareja o familiar, puede perfectamente aplicarse a lo laboral, a lo social, etc. En gran medida, aquello de «más vale malo conocido que bueno por conocer» puede acabar siendo el cliché causante de mantenernos en una situación desdichada.

Como explicaba en el capítulo anterior, el miedo es la antítesis de la felicidad. Si a la vez consideramos el amor como la antítesis del miedo, podemos deducir que amar está ligado a la valentía. Aprender a aceptar lo que venga y hacerlo no desde la resignación –que es un poco ponerse en el papel de víctima–, sino desde el amor –que es entenderse a sí mismo como parte de un sistema benévolo– es, sin duda, una postura que requiere valor, intrepidez, arrojo.

La vida, querido hermano del Camino, requiere altas dosis de coraje. Sin coraje no seremos capaces de aceptar una verdad ineludible: la existencia está marcada por los encuentros y las pérdidas. Esta vida terrenal es «hola» –nacimiento– y «adiós» –muerte– y, dentro de ella, nos enfrentaremos a miles de «holas» y «adioses» de menor magnitud en comparación con el nacimiento y la muerte propiamente dichos, pero no por ello menos intensos. En el ejército aprendí esta máxima: «Espera lo mejor, prepárate para lo peor». Así puede resumirse la vida del kabalista, del místico, del aspirante a iluminado: el optimismo no está reñido con el sentido común y cierto realismo. Esperar lo mejor implica tener fe, confianza, mirar la vida con una actitud esencialmente positiva sin caer en buenismos de utilería, en postureos del «todo está bien». Prepararse para lo peor es tener, por un lado, la madurez suficiente para tener en cuenta y afrontar el hecho de que la vida a veces es dura y, por otro, asumir el compromiso de entrenarse a sí mismo, de pulirse espiritualmente para ser capaces de enfrentarnos a ese momento cuando llegue. Como es obvio, dicha preparación debe realizarse de forma **previa** a los incidentes. *Si vis pacem, parabellum,* «si quieres la paz, prepara la guerra». Uno tiene la obligación de prepararse antes de que las cosas se pongan difíciles. El gran problema entre el estudiantado kabalista y, para ser honestos, entre la mayoría de los practicantes de doctrinas espirituales, es que no actúan de forma preventiva. Entonces, cuando la situación se complica, cuando el dolor llega, se pretende encontrar una solución mágica. Cualquiera puede entender que es mejor prevenir un incendio que apagarlo. También es mejor disponer de un cuerpo de bomberos en alerta que ser sorprendidos por las llamas y tener que salir corriendo despavoridos a conseguir un extintor.

Éste es el dilema del estudio kabalista actual. Sus estudiantes y seguidores no son orientados a desarrollar ninguna estrategia, ni poseen ninguna respuesta táctica en su arsenal para solventar una crisis. Actualmente, la *kabaláh* no se enseña para vivir, sino para repetir, como si la declaración verbal de todo lo que se ha memorizado significase algo. A la hora de la verdad, te prometo, amigo mío, que toda esa teoría no te valdrá para nada. La intención de éste y de todos los libros que Dios me permita escribir es, precisamente, otorgarte las mejores herramientas que conozco. Sin duda que éstas no serán las mejores ni mucho menos las únicas, pero, llegado el caso, es mejor tener una espada oxidada y de filo mellado, que no tener nada con lo que ir a la batalla. Puede que mis ideas sólo te sirvan de semilla para encontrar tus propias herramientas. Si es así, habré cumplido mi trabajo. Lo que puedo asegurarte es que, todo lo que te ofrezco es el resultado de la experiencia de las más duras batallas a las que una persona promedio puede enfrentarse. No es poca cosa. Aprovéchalo.

9.1 Aceptar los ciclos

Una de las armas más valiosas del místico es saber que todo en el Universo conocido responde a ciclos. Todo lo que empieza termina, todo lo que termina empieza. El principio y el final acaban siendo la misma cosa. Eso que llamamos vida es lo que sucede entre esos dos puntos de inflexión. Una de las características del tiempo físico es su circularidad. Debido a su estado de consciencia tan poco desarrollado, el ser humano suele percibir al tiempo como lineal, pero lo cierto es que éste es como una esfera embebida en tinta deslizándose sobre una hoja en blanco: aunque veamos que deja una raya a su paso, eso es sólo una manifestación de su acción circular.

Tras el nacimiento viene la muerte. Después de un apogeo veremos un declive. Dios exhala y luego inspira, es decir, proyecta algo, lo plasma y luego lo recoge.

Casi todos estamos dispuestos a ver de buen grado los ciclos cuando éstos nos hablan de que algo malo llega a su fin. Pero muchos menos sentirán entusiasmo a la hora a aceptar que lo bueno también cumple su período, que también entra en el escenario, permanece y luego se retira de él. Aceptar los ciclos requiere de una entereza interna muy bien establecida. Además, provoca en nosotros una clase de sabiduría típica: la sabiduría de la relativización. Saber relativizar lo malo cuando ingresa en nuestro escenario vital es sólo una parte de la ecuación. La verdadera sabiduría de esto se completa cuando aprendemos a relativizar lo bueno. Si no aprendemos a relativizar lo malo, caemos en depresiones o ansiedades terribles. Si no conseguimos la forma de relativizar lo bueno, nos damos de lleno con el apego y la dependencia. Todo místico sabe que en el fondo desconoce lo que será mejor para su Alma. Lo bueno a veces se disfraza de malo y viceversa. Solemos fijar nuestra mirada en el papel blanco donde la raya del tiempo nos dice que todo va del punto A al B, pero esto es una ilusión. No sólo eso, es una ilusión doble. La primera ilusión –causada por nuestros sentidos físicos y el poco desarrollo de nuestros sentidos internos– es que una cosa viene después de la otra; la segunda ilusión es el resultado de que, como no conseguimos visualizar nada antes de que la raya de tinta aparezca, es decir, antes de que la esfera del tiempo continúe su giro, pensamos que no hay nada más o mejor delante de nosotros. Un experto en la vida espiritual sabe que el orden de las cosas no es lineal. Solemos aceptar que lo que nos sucede hoy es la consecuencia directa de algo que hicimos ayer. Está esa idea generalizada de que el karma –la ley universal de causa y efecto– es la única condicionante. Sin embargo, a veces hacemos todo según el manual y el resultado que esperábamos acaba siendo totalmente adverso, al menos según nuestros deseos. Esto desconcierta a quienes creían que por hacer «todo bien», el resultado estaría igual de bien. «He sido bueno, ¿por qué me pasa esto malo?» Tenemos aquí el efecto de nuestra limitada capacidad de observación de la realidad. Mirado desde lo lineal, desde lo «plano» de nuestra percepción, lo que nos está pasando es injusto, terrible. Pero, si tuviésemos la capacidad de elevar nuestra consciencia y ver cómo esos hechos están engarzados en la circularidad del tiempo, quizás descubriríamos que la causa ni siquiera pertenece a la existencia actual. Yendo más allá, si pudiésemos ver lo que contiene nuestra imaginaria esfera tintada, es muy probable que consiguiéramos contextualizar mejor ese evento desagradable y comprender que, en realidad, era parte de un proceso para acceder a un beneficio, a una bendición.

La verdad es que nadie quiere empezar algo agradable pensando «a ver cuándo se termina esto». Por defecto, todo ser humano detesta la idea de que algo bueno se acabe. «Lo bueno, si es breve, dos veces bueno» es un refrán que nos cuesta aplicar. Buscar la brevedad de lo bueno está más ligado a que se pueda disfrutar del apogeo de algo antes de experimentar el desencanto del declive. No puedo decir que sea un enfoque realista. Nuestro propio cuerpo va a experimentar ese ciclo y, aunque es duro, no podemos escapar de la necesidad de integrarlo, de aceptarlo. Hay personas que, como han tenido una relación romántica que ha acabado mal, deciden no tener ninguna más, para saltarse el momento de la ruptura. Es como no querer nacer para no tener que morir. Tal como expuse más arriba, vivir requiere valor. Aceptar la vida es aceptar la pérdida. Empezando por la pérdida misma de la vida. Si amamos, asumimos un riesgo. Si sale mal, cabe la posibilidad de desencantarnos de la relación, de ser traicionados o abandonados. Si sale bien, en algún momento la muerte nos obligará a desprendernos del ser amado. No es poco frecuente que la posibilidad de la pérdida desanime a las personas a intentarlo. Pero resulta que la vida es en sí un intento constante. En el intento, la vida se perpetúa, se enfrenta a lo desconocido, mira por encima de la incertidumbre, florece. Evocando la famosa frase de Thoreau, podemos estar seguros de que ni en las cuevas del miedo, ni en los palomares de la seguridad seremos capaces de evocar la melodía que nuestra Alma ha venido a entonar.

Concienciarnos de la pérdida como parte del ciclo vital nos ayuda a no tomarnos con exceso de dramatismo lo malo, ni con delirio optimista lo bueno. La mirada del kabalista aspira siempre a encontrar el punto medio en todo. No significa mediocridad, debemos aclararlo.

No se trata de un conformismo negligente. Hablo de la destreza de contemplar los ciclos como quien observa las ondulaciones en la pantalla de un osciloscopio y es capaz de encontrar cierta intersección entre tanta subida y bajada. Las líneas de las energías de la vida se tensan, se relajan, se curvan, se aplanan, están en constante movimiento. Subirse a una sola de ellas y seguir su evolución es como montarse en un dragón enloquecido. Del mismo modo que el funambulista, usando su pértiga, busca compensar las fuerzas naturales para no caerse mientras camina por la cuerda floja, el estudiante, el *talmid* (aprendiz), necesita encontrar ese centro, que no es un punto fijo, sino un área donde el movimiento reduce su intensidad y hace posible el equilibrio. De esa forma será capaz de llevar una vida con sentido. Porque una vida entregada al desequilibrio será, sin duda, una vida alejada de la felicidad, y sin felicidad ¿qué objeto tiene la vida?

Una forma de ver la pérdida como algo positivo es entenderla como el disparador de un comienzo. Incluso la muerte, que es el fin del yo, del cuerpo, resulta en un comienzo para el Alma, abocada a procesos que ciertamente ignoramos. El fin de una relación, de un trabajo, de lo que sea, siempre alberga un principio. El dolor de la pérdida supone un estado de negación. En dicho estado nos resistimos a aceptar la rotación de la esfera del tiempo. Esto se debe a que no conseguimos ver más allá de nuestra pérdida. Nuestra vida, tu vida, la mía, es un partido que se juega en varias áreas, en distintos niveles, y no todos resultan accesibles.

X

El miedo a no ser aceptado

No temas, somos de la naturaleza del león,
y no podemos descender
a la destrucción de los ratones
y esas pequeñas bestias.
ISABEL I

Nunca me hago cargo de los trastornos
emocionales de mi prójimo,
tengo demasiado trabajo con los míos.
YOSEF VEIRA

Somos criaturas sociales. Estamos destinados a vivir en comunidades. De la unión ha nacido la fuerza que ha impulsado a nuestra especie a lo largo del tiempo, incluso a través del espacio. No cabe duda de que los mejores resultados los hemos obtenido al reunir recursos, ideas, voluntades. Podría decirse que en nuestra información genética poseemos el mensaje de que es mucho mejor estar en grupo que solos, algo que es fácil de deducir. Como meros animales, no tenemos garras poderosas, ni un volumen que intimide a otras especies, ni tampoco una gran resistencia a las condiciones meteorológicas extremas. Tenemos que comer a menudo, descansar periódicamente, y además de esas necesidades comunes a todo bicho viviente, nos hace falta cubrir las afectivas. El reconocimiento, el sentido de pertenencia, de conexión con la tribu, forman parte de eso que hace a un ser humano sentirse a gusto con su condición de entidad encarnada en este planeta.

Desde lo instintivo, tenemos un miedo atávico, ancestral, a quedarnos fuera del grupo. Antiguamente, eso significaba una condena a muerte. Afortunadamente, la tecnología y el desarrollo social actual hacen muy difícil llegar a esos extremos. Sin embargo, puede establecerse un paralelismo. Si bien esa muerte ya no es física, existe la posibilidad de una muerte emocional. Sentirse aislado, alienado, suele ser motivo suficiente para el sufrimiento de cualquier persona. No nacimos para vivir separados del resto de nuestros congéneres. Eso será para los felinos o las águilas, no para nosotros.

En la sociedad de hoy, los medios digitales operan como el lazo que pretende evitar ese aislamiento. Pero es un lazo ficticio. De la misma forma que el reconocimiento o la fama son lazos ficticios con la comunidad, el esfuerzo mediático por intentar ser aceptado acaba, tarde o temprano, fracasando rotundamente.

Lo cierto es que nadie quiere ser condenado al ostracismo, pero el problema viene cuando ese temor, directamente relacionado con la supervivencia, acaba desmadrándose de una forma en la que se vuelve un trastorno. Corremos el peligro de que la sola posibilidad de «desaparecer» para los demás, de volvernos invisibles al interés ajeno, nos impulse a una especie de autoextorsión. Dicha extorsión puede, y de hecho nos lleva, a modificarnos, a «maquillarnos», en definitiva, a falsificarnos a nosotros mismos con la esperanza de crear una versión que sea aceptada por la masa.

Esto representa un problema. El remedio termina siendo peor que la enfermedad. Si nos dejamos arrestar por ese miedo, caeremos de bruces en un desequilibrio peligroso. Resulta más que evidente que en estos tiempos de velocidad comunicativa, de inmediatez informativa, las personas están muy abocadas a eso de encajar en patrones de aceptabilidad y, si es posible, de reconocimiento. Las redes sociales están a rebosar de vídeos de personas que demuestran lo espectacular de su talento. De esa manera hemos caído en una sobrevaloración del talento. Si analizamos el talento en sí, veremos que no es más que una herramienta para alcanzar un objetivo. En general, la mayoría de talentos se refieren a la fracción de una tarea. Por ejemplo, podemos tener la habilidad de encestar desde la mitad del campo de baloncesto, de espaldas al tablero. Es espectacular, claro. Sin embargo, eso no nos convierte *per se* en un gran jugador de baloncesto. Un talento siempre es una parte de una tarea, no la tarea en sí. Al sobrevalorar el talento por encima de la finalidad general de la tarea, nos volvemos superficiales. Una actitud que acaba reduciendo la vida de una persona a sus «talentos». Lo cierto es que la mayoría de los talentosos nunca llegan a nada. He visto boxeadores que en su entreno muestran unas velocidades alucinantes y que, al subirse al ring, su contrincante, que parecía más lento y menos talentoso, acaba con él en el primer *round.*

Con ese panorama, podemos concluir que la relación que tenemos con nuestra imagen personal, es decir, nuestra autopercepción, se apoya en la euforia exhibicionista moderna. Hoy más que nunca nos hemos vuelto voyeristas de la exhibición ajena y exhibicionistas para los voyeristas del resto de la humanidad conectada a las redes sociales.

Sin duda que esto crea muchísimo dolor. Quienes no tienen nada que mostrar se sienten disminuidos, convirtiéndose en espías acomplejados de las facultades de los aclamados, de los aplaudidos. Otros tienen que soportar el escarnio de esos individuos crueles que no dudan en criticarlos por no coincidir con el patrón de moda... o simplemente su patrón personal. A veces incluso, las personas critican con la mera finalidad de hacer daño. Así de mal estamos internamente.

Fuera de las redes, aunque no es tan evidente por falta de velocidad entre la emisión de nuestra imagen y la recepción de las opiniones –sin un teclado y una pantalla de por medio, el ser humano tiende a ser menos atrevido–, la regla se cumple de la misma manera.

Para ser aceptados en la familia, seguimos la idea familiar de lo que es «correcto», incluso si eso traiciona abiertamente nuestra forma de ser. Para no perder el trabajo, soportamos a compañeros y jefes. Para no quedarnos sin pareja, negociamos nuestras aspiraciones hasta el punto de aproximarlas al cero absoluto. Para no ser el «rarito» del grupo de amigos, no decimos todo lo que pensamos.

Quizás la palabra que define nuestro miedo a ser radiados de la comunidad por nuestra forma de ser sea **autocensura**. Autocensurarse es de todo menos un camino a la felicidad.

En primer lugar, implica asumir que es más importante ser aceptado que ser auténtico. La sociedad actual premia eso de ser «original». Se puede ser original y ser originalmente estúpido. Se puede ser original y no ser auténtico. Se puede ser auténtico y original, claro. No es algo muy común, pero es totalmente posible. La pregunta sería: ¿es prioritaria la originalidad o la autenticidad? Teniendo en cuenta que la originalidad puede estar totalmente apartada de la autenticidad y que la autenticidad está íntimamente unida a la felicidad que da ser, dentro de lo razonable, uno mismo, queda claro que la segunda se lleva el podio.

10.1 ¿Por qué no soy feliz siendo yo mismo?

Puede parecer una locura, pero ser uno mismo es algo que lleva mucha práctica y que requiere una gran dosis de valentía. Ser uno mismo implica el conocimiento de dos elementos fundamentales. Uno, saber quién es uno mismo. Dos, conocer qué conceptos son, a fin de cuentas, elementos externos, adheridos a nosotros por la educación y el contacto social. He ahí el comienzo del *gnosce te ipsum et gnoces universum et deos* (conócete a ti mismo y conocerás al universo y a los dioses) de los griegos.

Para tener una idea resumida desde la visión kabalista, es decir, desde el Árbol de la Vida (*Etz Hajaim*) los desequilibrios clásicos se dan en tres niveles.

Nivel uno, en *Yesod* (El Fundamento): todo lo que tiene que ver con el ego, el dinero, el sexo, la fama, reputación, la imagen que obtenemos de nosotros desde la visión ajena.

Nivel dos, en *Tiferet* (La Belleza): lo relacionado con el yo, la verdadera identidad, la autoestima.

Nivel tres, en la *Bináh* (El Entendimiento): aquí es donde las ideas perfeccionistas y otros preconceptos arruinan la comunicación con el Alma o *Neshamá*.

Es difícil ser feliz con uno mismo si uno tiene, *a priori*, la concepción de que su manera de ser no es aceptada. No soy feliz siendo yo mismo porque algo me dice que soy un elemento defectuoso, ya sea en su totalidad o en algunas de sus partes, según la visión ajena. Casi todos, por no decir todos los juicios que emitimos sobre nosotros mismos, derivan casi exclusivamente de **parámetros externos**. Ciertamente hay parámetros que son muy útiles. Aquellos que nos enseñan a ser educados, ecológicos con lo que nos rodea, son incluso necesarios. Pero si nos pasamos de la medida, acabaremos en el chantaje clásico de modificarnos para satisfacer a los demás, a expensas de sentirnos insatisfechos con nosotros mismos. Nadie puede ser medianamente feliz sintiendo que no puede ser naturalmente él mismo.

10.2 No puedes (ni tienes) que agradar a todo el mundo

Suena a perogrullada, pero solemos olvidar que, además de ser imposible que nuestra forma de ser agrade a los más de ocho billones de humanos del planeta, tampoco es necesario. No pasa nada si desagradamos a alguien. De hecho, es inevitable. Tenemos que entender que somos seres segmentados, es decir, que cada uno de nosotros es una pieza más de ese gigantesco puzle al que llamamos Realidad Única. Eso quiere decir que cada ser humano representa una de las infinitas combinaciones posibles de características. Cada una de esas combinaciones, por su propia condición limitada, también posee limitadas posibilidades de atracción y rechazo. Dicho de otra manera, no estamos diseñados para gustarnos los unos a los otros de forma totalmente universal. Hay gente que no nos cae bien ni queriendo, ni haciendo un esfuerzo. También nos encontraremos con personas que, aun siendo todo lo honestas y agradables que uno pueda ser con ellas, nunca se sentirán cómodas con nosotros.

Desde una perspectiva un poco más elevada, veremos que la manifestación de la vida crea, en sí misma, unas infinitas posibilidades de afinidad y de rechazo. Es simple estadística. Deberíamos empezar a relajarnos y entender esta realidad tan básica y, a la vez, tan necesaria. Necesaria porque eso nos libra del estrés de buscar de forma obsesivo-compulsiva el que todo el mundo nos aprecie o nos acepte. Si uno da dos pasos hacia atrás para ver mejor el cuadro de la situación, tarda poco en darse cuenta de que no hace falta llevarse bien, ni ser admirado, ni comprendido por doscientas o trescientas personas. Para funcionar de manera armoniosa y tener una vida agradable no necesitamos un estadio de fútbol lleno de admiradores. El número de personas necesarias es mucho más pequeño, el círculo real de afectos y personas realmente gravitantes en nuestra vida quizás no llegue a la docena.

Evidentemente, no trato de preconizar ir de «rebelde sin causa» por la vida. Simplemente establecer una premisa que nos permita recuperar el equilibrio emocional y evitar ese dolor terrible de sentirse un paria.

Nuestro Árbol interno desequilibrado está íntimamente conectado al temor de no ser aceptado. Aquí tenemos que ver el asunto dividido en dos etapas o eventos importantes: cómo te ven los demás y cómo te ves a ti mismo.

10.3 Cómo te ven los demás. ¿Cuán importante es?

El primero de los eventos que favorece el miedo a la no aceptación es un evento exterior, formado por el conjunto de decisiones que los demás toman respecto a nosotros. Está claro que esas decisiones, que adquieren forma de opiniones, prejuicios, etiquetas y sus actos correspondientes son **responsabilidad de ellos**. Tanto si son positivos como negativos. ¿Quién no ha visto a malas personas bien conceptuadas y a buenas personas criticadas sin descanso y sin motivos reales? Este proceso no depende de ti. Resulta un hecho demostrable que, generalmente, las personas no nos tratan como somos, sino como ellas **creen** que somos. Nadie está dentro de nadie, sólo de sí mismo. Todo lo que tenemos del prójimo es una percepción, que viene a ser una traducción, una interpretación de lo que recibimos a través de los sentidos. La calidad de esa interpretación dependerá de nuestras capacidades espirituales, intelectuales y emocionales.

Trasladando el asunto a términos kabalísticos, la imagen que los demás se forman de nosotros depende, en gran medida, del grado de equilibrio/desequilibrio de su propio *Etz Hajaim* (Árbol de la Vida). Esto quiere decir que, muchas veces, el prójimo pretende que uno se haga cargo de las distorsiones perceptuales que le son propias. El origen de este problema es que la mayoría de los seres humanos no entienden que los demás no son tanto los demás como la **imagen** que han creado dentro de sí de los demás. Imagen que, como he dejado claro, está teñida de subjetividad.

Claramente, esto es aplicable tanto al momento de enfrentarnos a la opinión ajena, como cuando uno opina de los demás. Debemos ser justos y seguir los principios éticos místicos, que, como bien dijo el sabio Hilel, «lo que odias, no se lo hagas a tu prójimo». A eso pueden resumirse todas las corrientes espirituales que ha conocido esta humanidad a lo largo de su historia.

Tenemos entonces una situación en la que, incluso si uno intenta darle todos los estímulos positivos a otro ser humano, éste puede decidir de *motu proprio* que somos un demonio, una mala hierba. A esto debemos agregarle otro detalle técnico. Antes mencionaba que somos el resultado de la segmentación que la Luz Divina realiza al pasar del estado Inmanifestado (*Ein Sof*) al manifestado. Cada ser humano es una fracción de las posibilidades de expresión de esa Luz, expresión a la que debemos sumar los condicionamientos adquiridos a través de las múltiples encarnaciones.

Justamente, debido a esa subdivisión tan dramática, las combinaciones resultantes crean atracciones y repulsiones automáticas. Para ser más claro, a veces las Almas se rechazan unas a otras no porque sus condicionamientos le impidan comprenderse entre sí, sino porque, energética, química y físicamente, hay una repulsión que podríamos llamar «natural». Dicha repulsión no se basa en la mala intención. Mientras los problemas y rechazos originados por lo que en *kabaláh* llamamos *klipot* (cáscaras, conchas, condicionamientos que atrapan una parte de nuestra Luz interior) pueden solucionarse, incluso revertirse, los provenientes de la repulsión estructural casi nunca encuentran un final feliz. Resumiendo, mientras que en la primera situación la solución depende de que los participantes de una relación superen sus propios problemas internos, en la segunda no hay nada que hacer, ya que eso tiene que ver con la estructura original del Alma. En ambos casos, no pasa nada. No está escrito en ningún sitio que tengamos que llevarnos de perlas con todo el mundo. Sólo tenemos el deber de no hacer daño al prójimo. Si entendiésemos este concepto, tan de primer año de espiritualidad, el mundo sería un sitio, cuando menos, la mitad de conflictivo y el doble de amigable.

Deducimos entonces que, hay un alto porcentaje de no participación de una persona en la opinión que el resto de la humanidad tiene de ella. Aplicado eso a tu vida, amado lector, verás entonces lo poco inteligente y económico que resulta invertir toda esa energía que solemos dedicar a causar una buena impresión en los demás. Aunque eso no es lo peor. Lo peor es que ese camino puede llevarnos, y de hecho nos lleva, al sometimiento de nuestra naturaleza a la aprobación ajena. Enfocado desde el Árbol de la Vida, podemos hablar de un desequilibrio en nuestra *sefirá* o esfera existencial de *Yesod*, El Fundamento.

Yesod es como un embudo donde todas las fuerzas superiores se concentran para bajar a *Maljut*, el mundo físico. Por eso resulta crítico en nuestro estado de conexión. Se dice que ahí anida el ego, a saber, la información que obtenemos de los demás sobre nuestra persona, la relación con el dinero, el sentido de poder, lo social, el sexo. Entre los desperfectos que puede padecer *Yesod,* está la búsqueda irracional de aprobación social. El estudiante debe estar atento, usar técnicas autocontemplativas para detectar si adolece de ese tipo de distorsión y tomar medidas lo antes posible.

En resumen, la importancia de la opinión ajena es relativa. Uno no debe ir buscando aprobación, sino luchar por su propia realización. Realizarse tiene que ver, a partes iguales, con trascender la propia naturaleza básica para conseguir cierto grado de sofisticación interior y ser capaces de conectar con la naturaleza original, profunda. Podríamos decir que «realizarse» es intentar encontrar la verdadera identidad, esa que no depende de las cáscaras externas, que ha transitado tantas vidas, historias, eras, situaciones, cuerpos y nombres.

10.4 Cómo te ves a ti mismo. ¿Qué es lo que ves?

Si hay algo difícil es verse a uno mismo. Me refiero a hacerlo de manera profunda y con un cierto grado de objetividad. Éste es el segundo evento. Evento marcado por la problemática de la autoestima. La autoestima, vinculada esencialmente con el yo, está relacionada, según la tradición kabalista, con *Tiferet*, la Belleza, una *sefirá* o dimensión existencial que suele asociarse con el corazón. A la vez, está ligada a nuestra *Ruaj* o espíritu, llamada también «alma emocional». Esa *Ruaj* resulta de vital importancia. Está en el medio de un «sándwich espiritual» formado por nuestra *Nefesh* –la tapa inferior del sándwich–, o Alma física, y nuestra *Neshamá* –la tapa superior– o Alma propiamente dicha, que es donde reside toda la sabiduría que proviene de lo más Alto.

Resulta obvio que sin el relleno un sándwich no es un sándwich, es poco más que dos rebanadas de pan. «Pan con pan comida de tontos» reza el antiguo dicho. Ese dicho tiene, para todo *talmid mekubal*, todo aprendiz de místico, un sentido profundo. «Pan con pan» sería *Nefesh* y *Neshamá* desconectadas. El relleno que le da sentido al bocadillo es, siguiendo nuestra nomenclatura kabalista, la *Ruaj*, es decir, nuestro espíritu, donde se gestan y depositan todas las energías emocionales. Sin el cardán, que conecta la fuerza del motor a la transmisión, el coche no se mueve. La *Ruaj* es ese cardán que transmite el movimiento de nuestras energías álmicas hacia nuestro cuerpo, haciendo posible que nuestra Alma consiga maniobrar con él en el mundo material.

Pero la mayoría de las personas, incluidos sabios y eruditos, nunca llegan a deleitarse con un sándwich de verdad. Comen pan con aire en el medio. Cuando uno no posee ninguna pista de cómo está su energía emocional, cuando no se ha tomado la molestia de explorar mínimamente su panorama interior y, por lo tanto, no ha desarrollado cierta inteligencia emocional –que es una forma de inteligencia espiritual, la antesala a la verdadera sabiduría–, es como un coche con el cardán roto: no va a ningún sitio. Puede mover el motor a miles de revoluciones, es decir, puede darle vueltas a su parte intelectual sin piedad y así impresionar a los espectadores con los rugidos de sus cilindros. Su vehículo, él mismo, no se moverá un centímetro, salvo por las vibraciones que produce. Igualmente, uno puede abocarse a mover las ruedas, empujando el chasis, que no habrá ninguna reacción en el motor. Así obramos cuando pretendemos desde lo físico conseguir efectos en lo espiritual sin una conexión sana, potente, en lo emocional. Es por eso que ser un gran científico o erudito no es garantía de crear Luz en el mundo, ni ser grandes deportistas nos da alguna ventaja a la hora de elevarnos espiritualmente.

Para centrarnos en el yo necesitamos haber superado la información egoica, externa, e ingresar en ese batiburrillo de cosas que es el fuero interno, para poder encontrarse a sí mismo. Antes de que nadie lo pregunte, diré que no hay un método por etapas para conocerse a sí mismo. Es igual que conocer a otra persona. Necesitas dos cosas: interés y atención. El interés resulta obvio. Uno debe tener ganas, impulso de realizar una tarea que, en los miles de años que lleva el ser humano, sigue sin captar el entusiasmo de las masas. La vida, generalmente las crisis, tienen que haber despertado dicho interés. Si tú eres uno de esos seres raros, si crees que eres algo interesante, entonces continúa leyendo, por favor.

Te interesa conocerte si quieres empezar a amarte. Nadie ama lo que no conoce. Conocerte, entonces, es una cuestión de supervivencia emocional, porque si no te conoces, no te amas; si no te amas, te despreciarás, luego aplicarás ese desprecio y desamor a quienes te rodean, incluso a esos a los que has elegido amar. El autodesconocimiento tiene una desventaja agregada: no te permitirá operar bien con tu propio yo. Nadie puede manejar una máquina sin un conocimiento básico de su funcionamiento. Puede que ya te hayas planteado dejar de apretar botones y palancas de forma aleatoria dentro de ti, con la esperanza de acertar algún día y ser medianamente feliz.

Autoconocerse es un buen plan. Una vez recopilado el suficiente interés, una vez que la motivación recorre tus entrañas, te hará falta el segundo elemento: atención. Es necesario atender lo que sucede dentro de uno mismo. Puede parecer tonto o aburrido. Lo cierto es que no hay nada más interesante que lo que sucede en nuestro interior. ¿Por qué? Porque la vida es interior. Todo lo que pasa es interno. Mi alegría, mi bienestar, mi disposición, todos los estados imaginables por los que un ser humano puede transitar son el resultado de una combustión interior. Cierto que los eventos externos son importantes, pero no son más que los compuestos que luego mezclaremos en nuestro laboratorio interno y de los que puede salir un ácido corrosivo, un elixir de la juventud, un haz de luz creativa, etc.

Interesado en tu propio personaje, le otorgas la suficiente atención, y poco a poco vas entendiendo sus costumbres y hábitos, sus debilidades y fortalezas, y con todo ello, lograrás algo importantísimo: reconocer la verdadera incidencia de tu personaje en el desarrollo de la película en la que está inmerso. Esa película es la vida. «Personaje» es un buen apodo para el yo porque, evidentemente, dicho yo está ligado a una existencia concreta, en la que representa un papel. Antes que este yo que conoces hoy, hubo otros yoes que, aunque también eran una forma de expresión de tu Alma, no eran iguales.

Como cualquier otro ser humano, a lo largo de mi propia vida he pasado por distintos yoes hasta llegar al actual. Nunca se sabe cuánto va a durar nuestro yo actual porque en cualquier momento puede ser sometido a alguna modificación.

Lo bueno del yo es que es refinable. Uno se refina mejorándose intelectual, emocional y físicamente. No es que se pueda prescindir de alguna de las partes. Está muy claro que no todos tenemos las mismas tendencias ni talentos, pero todos tenemos el deber de refinarnos, pulirnos en todas las áreas que nos sea posible. **No existe acto de mejoramiento de la persona desconectado del mejoramiento espiritual.** Todo impulso a vencer obstáculos, a ampliar los límites es, básicamente, el impulso del Alma por crecer.

El Alma es como una semilla que se transforma en planta, y luego esa planta quiere ser árbol y ese árbol alcanzar los secretos del Cielo y de la tierra.

Al intentar conocerte a ti mismo, deberás ensayar una mirada diferente, que no tiene que ver con la mirada de los demás. Sólo tú estás dentro de ti. Las observaciones constructivas de tu prójimo pueden resultar valiosas siempre y cuando sean **complementos** a las observaciones que hayas obtenido de ti mismo.

Esa mirada de la que te hablo, requiere coraje para empezar a aceptar aquello que no es tan grato ver en ti. Hace falta superar el resquemor emocional de verse en una mala posición según las expectativas propias o ajenas. Las expectativas, en este caso, trabajan de forma negativa. Crean la necesidad de las excusas, los esquives y también la culpa. No debes mirarte con expectativas. Debes mirarte como un científico mira por un microscopio: con la intención de **ver lo que es**, no lo que te gustaría que fuera.

Conozco de primera mano la dificultad de lo que te propongo y a la vez lo inevitable de la tarea. Encontrarse a uno mismo debajo de todas las ideas que ha acumulado, para descubrir que, en su mayoría, son conceptos que no tienen que ver con su naturaleza en sí, sino con una expectativa social, cultural o religiosa, o sea, externa a su persona, no es ni fácil ni agradable. Pero no existe otra forma de asegurarse una oportunidad de ser feliz.

Se deshace uno de muchos dolores cuando deja de vincular su valor personal a ciertas estructuras preconcebidas. Lo preconcebido guarda un peligro intrínseco: es algo que ha sido creado sin tenerte en cuenta. No te tiene en cuenta por la sencilla razón de que todo ser humano es un organismo dinámico. Toda preconcepción es una foto del movimiento, no es el movimiento.

Debemos estar alerta. Los dogmas sacan una foto de la realidad e intentan establecer dicha foto –una imagen bidimensional de algo mutlidimensional– como una fórmula infalible para el éxito, o peor, para evitar la desgracia. Podría decirse entonces que los dogmatismos promueven, con o sin intención, una parálisis, un *rigor mortis* espiritual. En gran medida, los dogmas son la expresión grupal, llevada a lo institucional, del miedo obsesivo a quedarse fuera de la aprobación de algo o alguien, lo que en definitiva es miedo a no ser aceptados o aprobados. Es fácil determinar la realidad cuando a ésta se la inmoviliza en un circuito cerrado de creencias que, *a priori*, dejan fuera toda posibilidad de cuestionamiento. Cuestionar hace tambalear cualquier armazón ideológico. Las estrategias reduccionistas de la vida suelen ir acompañadas de amenazas. El infierno, el escarnio público, la excomunión, el sufrimiento eterno, la maldición, incluso la muerte. Todos esos argumentos se usan como dardos paralizantes, como el veneno que va volviendo cuerpo, corazón y mente en piedra, lentamente, sin prisa, pero sin pausa.

Toda idea dogmática es una banalización de la realidad. Mantener un matrimonio por el qué dirán es una banalización del amor. Hablar de trascendencia y promover al mismo tiempo el miedo a Dios es una banalización de Dios. No podemos orar, meditar ni hacer nuestro *tikún* (corrección del Alma) por miedo a Dios. Cuando leemos en las Escrituras «temor a Dios», significa respetarlo, no andar por la vida aterrado, pensando en su venganza. ¿Es que Dios, en toda Su Magnificencia, no tiene otro interés que controlar a sus criaturas, deseoso de fulminarlas con alguna clase de desgracia si pisan fuera de la ruta marcada? Un humano no tiene un hijo con la pretensión de que éste camine por un sendero que previamente él ha dibujado. Cualquiera tacharía a ese padre de maltratador psicológico, maniático, narcisista controlador, etc. Sin embargo, consideramos razonable un Dios que, habiéndose dividido a sí mismo en millones de fragmentos, espera que dichos fragmentos sean una especie de robots, sólo buenos para seguir instrucciones.

Creo que es un buen momento, querido hermano del Camino, para que te contemples tal y como eres. No puedes verte a través del dogma. No hay nada para ti en eso. Está de moda hablar en contra de los dogmas, pero la mayoría de los seres humanos los ama. Los ama porque les ahorra gran parte de esa angustia que causa procesar la información del Cielo y de la tierra.

Muchas veces me han tachado y me tacharán de dogmático. El mediocre juega la carta del «eres un dogmático» cuando no es capaz de contrarrestar los argumentos que lo enfrentan a su propia mediocridad. El mediocre confunde dogmatismo con convicción.

Al contrario del dogmatismo, la convicción no proviene de haberse aprendido un guion y repetirlo como un loro de circo, sino de la experiencia, análisis, ensayo, error, descarte, inclusión y conclusiones de un Alma interesada en la Verdad.

Debes encontrar entonces tus propias convicciones. Definir de alguna manera tus convicciones te llevará a contemplarte de forma más auténtica, más cercana y, sobre todo, más útil. Así como el ejército que recibe información de baja calidad de su inteligencia militar no está preparado para operar en el campo de batalla, nadie es capaz de realizar un *tikún* de verdad si está intentando reparar lo que no debe o no reparando lo que sí debe. Todo esto, como ya he mencionado, requiere valor, serenidad, paciencia y mucho, muchísimo amor por la tarea.

XI

El dolor de la inseguridad: a la caza de la seguridad imposible

La tarea psíquica que una persona puede
y debe establecer por sí misma
no es sentirse segura,
sino ser capaz de tolerar la inseguridad.
Erich Fromm

Los peligros de la vida son infinitos
y la seguridad es uno de ellos.
Goethe

Una de dos; darás un paso hacia tu crecimiento
o darás un paso hacia atrás hacia tu seguridad.
Abraham Maslow

Siempre cito esta genial frase atribuida a Siddartha Gautama (Buda): «El único pecado es cometer lo innecesario». Es una frase como un medicamento de amplio espectro: sirve para ubicarnos, con cierto grado de precisión, en la actitud que deberíamos tener respecto a una situación. Para ser honestos, no estoy seguro de que hacer lo innecesario sea el único pecado en sí, pero sin duda que es la puerta a la mayoría de nuestras desdichas. Considero que analizar la necesidad concreta de nuestras acciones es una referencia filosófica que nos evita e ingresar en territorios hostiles. Hacer lo innecesario nos lleva de la mano a cometer otro pecado terrible, tanto como inevitable: el de perder el tiempo. El tiempo no es oro, es vida. Está más que claro que si uno invierte un tiempo considerable en algo que nunca llegará a buen puerto, estará malgastando su vida. Nada nos causa más remordimiento que esa sensación de haber desperdiciado el tiempo que nos han asignado en este mundo. La vida, más valiosa que el oro, se merece ser aprovechada todo lo que sea posible.

Claro que tampoco debemos obsesionarnos con el tiempo porque, lo cierto es que, nunca sabemos exactamente si estamos aprovechándolo. Nadie en este mundo es capaz de optimizar de forma absoluta su tiempo, y el que dice eso o miente o padece cronopatía. La cronopatía es un trastorno psicológico que mantiene al enfermo preocupado de sol a sol por hacer de sus días algo productivo. Ya los psicólogos y psiquiatras nos advierten en artículos y libros sobre los estragos que causa la locura de «aprovechar el día». Lo vemos en los padres que ponen tantas actividades extraescolares a sus hijos... ¡que sus hijos no tienen tiempo para ser niños! A veces creemos que hacemos cosas útiles que al final cumplen una mera función terrenal. A mis cincuenta y siete años aún no tengo demasiado claro cuándo estoy realmente aprovechando mi tiempo, porque, a fin de cuentas, ¿voy hacia algún lado? ¿Resolveré realmente algo que sin mí no habría llegado nunca a solucionarse? ¿Estoy dejando algo con mi actividad en el mundo que merecerá un lugar en la historia? Es cierto que a veces la vida, el karma, el *tikún*, nos ponen en una situación en la que somos la pieza fundamental del puzle. Pero también es cierto que eso no sucede todo el tiempo y que, además, muchas veces nuestro papel en dicho puzle de devenires no es accesible a nuestra consciencia. A cierto nivel de realidad espiritual, nosotros somos simples fichas en un tablero que va mucho más allá de nuestros sueños y deseos individuales. Creo que el problema se encuentra en que asociamos «aprovechar» el tiempo con «hacer cosas» y no necesariamente «hacer» es la respuesta. Enfrascados en «hacer», las personas de este tiempo de locos han olvidado destinar una parte de su día al «ser». «Hacer» está muy bien. «Hacerse piden las cosas», reza el viejo refrán. Pero «hacer» sigue estando en la órbita del individuo. Todo lo que orbita está fuera del objeto, ¿verdad? Seguimos con el mismo problema de siempre: acabamos desatendiendo el núcleo, el *self*, nuestro interior. Parece que siempre nos las arreglamos para quedarnos en la periferia de nosotros mismos. Aclarado este matiz, también es cierto que existen situaciones en las que uno puede y debe ser totalmente consciente de cómo está invirtiendo su tiempo, o sea, su vida.

Hablemos entonces de eso que tanto nos preocupa: la seguridad. Buscar la seguridad es un impulso natural, pero buscarla a toda costa, a cualquier precio, es una psicosis llevada al extremo por nuestra sociedad actual. Muchas empresas se dedican a vender seguridad a individuos, a otras empresas, e incluso a países. Se nos inyecta la inseguridad, tanto por medios publicitarios comerciales o ideológicos como por grupos activistas con intereses no siempre verdaderos y no siempre altruistas.

No cabe duda de que hemos creado un sistema de vida en el que nadie está seguro de si tendrá trabajo, dinero, si no habrá una guerra, un desastre natural, una hecatombe ecológica, etc.

Pero, cabe preguntarse si la vida en sí se apoya en la seguridad como si se tratase de los andamios que la hacen posible, o si es precisamente lo contrario. En un mundo donde la velocidad de los cambios ha vuelto la realidad cotidiana altamente inestable, donde todo se siente tan volátil, el ciudadano promedio vive presa de una ansiedad que muchas veces es inoculada por el mismo sistema que pretende aprovecharse de su necesidad de estabilidad. La seguridad trae estabilidad. Entonces, es muy frecuente que las personas acepten empleos que le otorgan esa estabilidad, pero en unas condiciones que no son precisamente favorables. Dicho de otra manera, la inestabilidad es propicia a quienes esperan sacar rentabilidad de la inseguridad de las personas. La inestabilidad abre la ventana para vender la estabilidad. Como el Fausto de Goethe, vendemos nuestra Alma al diablo a cambio de un poco de seguridad.

Si miramos con detenimiento este fenómeno, veremos que la seguridad plantea el primero de los dilemas: otorga estabilidad, sí, pero nos niega cualquier tipo de progreso. Todo progreso exige un riesgo. Saltar medio metro más exige asumir una apuesta. No existe graduación para ello. Sale bien o no. Nadie mejor que Erich Fromm para explicar cómo el miedo a la libertad nos lleva a comprar la seguridad a cualquier precio. Con tal de zafar del angustioso momento de decidir y hacernos cargo de las consecuencias de dichas decisiones, somos capaces de ponernos en manos de un dictador, del jefe de una secta, o de un líder sin escrúpulos. He ahí el segundo dilema: no podemos tener a partes iguales seguridad y libertad. Existe un cierto grado de incompatibilidad entre ambos estados. La seguridad es siempre una reducción de opciones, y la libertad, su ampliación. Uno puede sentirse seguro tras las murallas de su ciudad fortificada, pero su libertad de movimiento quedará restringida al interior de esta. Conocer, experimentar, ampliar, tienen el precio de lo inesperado, de lo incierto.

Durante gran parte de mi juventud busqué el trabajo más seguro. Pensaba, como todo ciudadano de un país pobre y estancado en la actitud de la carencia, de forma carente. Así, no di los saltos profesionales que quizás debí dar. El estrés de lo desconocido actuó como un grillete. Cierto que uno no debe enfrascarse en arrepentimientos vanos, porque al final, todo fue como debió ser. Pero no voy a negar que más de una vez pienso que desperdicié mucho de mi potencial profesional por haber puesto la seguridad como prioridad.

Si uno analiza la vida, se da cuenta de que la norma es la inseguridad. Si bien todo es posible, no todo es probable, y aun así nunca se está seguro del todo. Muchas cosas fuera de cálculo irrumpen en nuestra vida. Algunas buenas y otras no tanto. El caso es que hay un principio de incertidumbre inherente a la existencia misma, casi es uno de sus fundamentos y es necesario mirarlo desde las dimensiones más elevadas para no sufrir, para no verse atormentado por la inseguridad, tanto a nivel individual como social. Para intentar acercarnos a dicha mirada, debemos entender que, como dijo Stephen Levine, «la muerte es perfectamente segura». Esto quiere decir que, si existe una perfección asociada a la seguridad, es la muerte. La muerte es la madre de todas las seguridades. Empezando porque es lo único seguro que sabemos de nuestra vida. Si reflexionamos un momento, reconoceremos en la muerte la perfección de su seguridad, en el sentido de que representa el fin de todas las probabilidades. Sólo eliminando todas las probabilidades de que algo salga mal podemos tener seguridad absoluta. El problema es que, como vivimos en el mundo *Beth*, el mundo manifestado, o sea, un mundo dual, no podemos eliminar un elemento sin acabar con su opuesto. De modo que, si borramos toda posibilidad de que algo salga mal, también borraremos toda posibilidad de que algo salga bien. No hay otro punto de conciliación entre estos opuestos más que en la muerte misma. En la vida nunca encontraremos dicho evento. Ni tampoco nos hace falta, porque ¿alguien se imagina una vida con sólo lo bueno? Sería tan insoportable como una llena de todo lo malo.

A la hora de enfrentarme, personalmente, al dolor de la inseguridad, he encontrado que la solución más contundente es la consciencia de lo Divino. Dos elementos resultaron decisivos para que consiguiera sobrellevar los terribles momentos que me han tocado vivir. Esos elementos, que necesitaré explicar comprometiendo mi experiencia mística íntima, son el concepto del *gam zu letová* y el descubrimiento del principio activo de la Inteligencia Superior actuando a través de la letra hebrea *yud*. Al explicar dichos conceptos, intentaré acercarte al entendimiento de cómo y por qué debemos superar la dolorosa inseguridad.

11.1 *Gam zu letová* (esto también es para bien)

Gam zu letová es, desde mi humilde punto de vista, el mantra o principio más duro de asumir de todo el misticismo hebreo. Aunque pueda parecer una frase tipo cliché, una fórmula para consolarse en momentos duros, una receta de libro de autoayuda, lo cierto es que crea, dentro de la persona abocada al crecimiento espiritual, una serie de reacciones químicas y físicas tremendas, no siempre fáciles de sobrellevar.

Gam zu letová nos propone el desafío de mirar fijamente un hecho desagradable en nuestra vida y encontrarle el lado positivo. «Esto también es para bien» se dice fácil cuando estamos instalados en una situación segura, pero no tanto cuando las circunstancias nos desgarran el corazón, cuando nos oprime el miedo o cuando nos sentimos los seres más desamparados del universo. Así las cosas, la frase nos obliga a estar en nuestro interior y, a la vez, a ir mucho más allá de nosotros mismos. Paso a explicarlo.

Por un lado, uno necesita hacerse totalmente consciente del impacto emocional que tiene esa situación. Ser conscientes de nuestro campo emocional, es decir, de la parte central del Árbol de la Vida llamado *Zeir Ampin* o «Rostro Corto» (de Dios), compuesto por las *sefirot* de *Jesed*,

Geburáh, *Tiferet*, *Netzaj*, *Hod* y *Yesod* es un trabajo ineludible, ya no sólo para caminar hacia la Iluminación, sino también para hacer posible una vida plena y feliz. En nuestro *Z'A* (siglas de *Zeir Ampin*) se dice que reside nuestro espíritu, el Alma emocional o *Ruaj*.

Ruaj, que significa «aliento», es ese hálito que conecta el Alma corporal con el Alma propiamente dicha, a saber, la *Nefesh* con la *Neshamá*. Como ya expliqué en capítulos anteriores, si ese «aliento» está demasiado desordenado, confuso, nos resultará infructuosa toda tarea de conexión entre lo físico y lo espiritual.

Cuando los problemas arrecian, dentro de nuestra *Ruaj* suele desatarse la tormenta. Así como las piedras que caen en un lago generan ondas que se expanden y chocan a su vez contra las demás ondas creadas, así sucede en nuestro interior. Si no somos precavidos, si dejamos que los estímulos externos actúen sin control en nuestro fuero interno, antes de darnos cuenta tendremos una reacción en cadena que puede elevar nuestra masa crítica hasta el punto en que, como a un reactor nuclear al que le ha fallado su sistema de refrigeración, la única posibilidad que nos quedará será una explosión.

Enfrentados a la situación desagradable, lo primero es entender la naturaleza de eso que nos desagrada, descodificar qué es lo que le duele al ego, qué al yo y cuánto interés podría tener nuestra Alma en el asunto. Es un proceso en parte racional, en parte emocional y en parte intuitivo.

En la primera etapa observaremos la situación para comprenderla intelectualmente. Dejamos, para usar términos kabalísticos, que nuestra *Biná* (Entendimiento), nuestra parte analítica, procese lo que nos está pasando. Esto actúa como una pequeña barrera de contención que nos dejará algo de espacio interior. Dicho espacio resulta clave para que podamos asumir y evaluar las implicancias emocionales.

De esa manera podemos acceder a la segunda etapa, donde intentamos explorar las alteraciones emocionales, que a veces incluso impactan en nuestro cuerpo. Podemos sentir presión en el plexo solar, en las sienes, en la nuca, palpitaciones, sudoración, etc. Tan sólo observamos, sin emitir veredictos. Un recurso clásico es concentrarnos físicamente en nuestro corazón, que representa la *Tiferet* (Belleza), la *sefirá* central del *Etz Hajaim* (Árbol de la Vida). Esto suele ayudar a sacar el centro de la cabeza, neutralizando, aunque sólo sea en parte, nuestra costumbre de una visión meramente intelectual, razonativa, para ubicarnos en un área más abarcativa, más intuitiva.

Por último, en la tercera etapa, tratamos de dejar sitio dentro de nosotros para que la intuición nos hable. Esto no resulta fácil para todos, debo aclararlo. Como guía, podemos usar el siguiente ejercicio. Comenzamos llevando nuestra mente a un punto a la derecha y por encima de nuestro cráneo, sitio asociado generalmente con la sefirá de *Jojmá* (Sabiduría). De esa manera, intentamos conectar con las áreas no estructuradas de la Luz de los Mundos Superiores, creando un punto de apertura. Tratamos de recibir sin interferir. Podría considerarse a las tres etapas como una meditación dinámica, o sea, sin detenernos en nuestro hacer cotidiano, a la carrera, como suele decirse.

Recopilamos así la información sobre qué y por qué nos afecta algo. Determinaremos cuán justificable es nuestra alteración. Si conseguimos identificar el problema como una herida en nuestro ego, no sólo tendremos argumentos para separarnos paulatinamente de ese dolor, sino que también creamos un bien a partir de dicho acontecimiento. Si el sufrimiento se ubica en el ego, es que está en la parte menos relevante de nuestro ser y, por lo tanto, no vale la pena implicarse en él.

El bien que surge de lo malo no es otra cosa que un incremento en nuestro nivel de consciencia. Todo incremento, en ese sentido, es acumulativo. Al acumularse, va creando una cierta inmunización, lo que quiere decir que, ante situaciones similares futuras, no nos dejaremos arrastrar por esa ola de desorden emocional tan fácilmente. Digamos que es una inversión a mediano y largo plazo en nuestra propia felicidad. El Camino del místico se asemeja a trabajar con ladrillos de oro. Con paciencia y esfuerzo vamos colocando un ladrillo y luego otro, hasta que un día descubrimos que hemos levantado un palacio de Luz, un sitio en nuestro corazón que podemos habitar sin temor.

Lo segundo y no menos importante a la hora de enfrentarnos a ese evento no deseado consiste en salirse de uno mismo. Hacemos el esfuerzo de salirnos del centro del problema y observar como desde un dron todo lo que sucede. La *kabaláh* afirma que todos somos fragmentos de la Luz Primigenia, proveniente del Ein Sof (Infinito). Como fragmentos, tenemos un destino individual, pero también, sin saberlo, completamos un destino grupal. La complejidad de la existencia, vista desde las Dimensiones Espirituales, radica en que no hay acto aleatorio. Cada movimiento de uno de esos segmentos de Luz está conectado a cada uno de los movimientos de los otros miles de segmentos. Cada acto individual puede compararse a una nota musical en la partitura del instrumento de una sinfónica, que, a su vez, tiene un gran número de instrumentos, cada uno con su propia partitura. La nota apenas si tiene consciencia de las demás notas que forman parte del conjunto, mucho menos de la melodía final. Al extraernos de nuestro núcleo de autoimportancia, nos acercamos al área favorita del trabajo místico: la **rela-ti-vización.**

El *gam zu letová* crea así dos bienes inesperados de una situación de la que normalmente sólo sacaríamos incomodidad o dolor. Uno es el desarrollo de la autocontemplación, y con ella el aumento exponencial del autoconocimiento. El otro es el aumento de nuestra capacidad de relativización y abstracción, lo que es fundamental a la hora de ascender a planos existenciales elevados. Siempre digo que la Luz es una cuestión de entrenamiento. Hay que habituarse a ella, reconocerla, obtener cierta familiaridad. Dicha familiaridad resulta indispensable para conseguir navegar con humildad y confianza entre los diversos Mundos Espirituales, tanto internos, como externos. Poco a poco, se va logrando ese estado donde el buscador de la Verdad presiente o intuye cosas que, aunque están más allá de su nivel perceptual, sugieren su presencia desde una dimensión que, a la vez que etérea, es capaz de proporcionar una inexplicable certeza.

El enfrentamiento con la adversidad y la utilización del *gam zu letová* es, desde todo punto de vista, un coadyuvante, un catalizador para crear eso que llamamos *emunáh* o fe. En hebreo, el vocablo que en occidente traducimos como fe (que sería más bien confianza o certeza) está relacionado con el que se usa para nombrar al entrenamiento. La *emunáh* se entrena, querido amigo. No es un acto artificial de creencia. La creencia puede y generalmente está alimentada por nuestra necesidad de aferrarnos a una idea que nos resulte propicia, conveniente. La *emunáh* es la sumatoria de lo que podemos dar fe, es decir, de aquello que hemos experimentado de forma directa, eso que en estados intuitivos o iluminativos conseguimos presentir o vislumbrar de una forma que, si bien no es totalmente sólida según los parámetros racionales habituales, es casi igual de contundente.

El valor del «esto también es para bien» reside, entre otras cosas, en la presunción de la existencia de un Dios bondadoso. La bondad de *Hakadosh Baruj Hu* (El Santo Bendito Es) es un axioma para todo kabalista, sin importar su escuela, época o filiación religiosa. Por «bondadoso» se entiende un Dios que no sólo no es malévolo, tampoco es indiferente.

El gran problema es que confundimos indiferencia con no intervencionismo. Un padre, si es bueno, sabe cuándo debe intervenir y cuándo no. De lo contrario, podría frustrar el crecimiento de su hijo. El niño, inevitablemente, reclamará la acción del padre apenas se tope con una dificultad. Pero si el padre lo hace, le estará negando la posibilidad de madurar. El resultado es lo que solemos llamar «un hijo malcriado», es decir, una persona que, por culpa de la intervención externa, no es capaz de gestionar la resistencia que la vida le presenta. Alguien con esta incapacidad se vuelve altamente frágil y, además, déspota, ya que exigirá siempre que alguien anule cualquier resistencia a sus deseos. Tomando en cuenta que aquello que nos presenta resistencia es lo que nos hace crecer y nos fortalece –como la pesa que se opone a ser levantada, creando así una demanda al músculo–, neutralizar toda resistencia equivale a renunciar al crecimiento. El paso de niño a adulto, en lo físico y en lo espiritual, podría definirse como la capacidad para usar aquello que se nos opone como un trampolín al siguiente nivel de madurez, no como algo contra lo que apoyarnos y llorar esperando a que papá o mamá acudan a socorrerlo.

11.2 La lección de la *yud*

Para alguien que no posea el entrenamiento místico adecuado, es decir, para el no iniciado –alguien que no ha tenido contacto más allá de lo teórico con la *Or*/Luz–, es muy probable que este relato no le resulte muy afín, por la simple razón de que no tendrá a su disposición una experiencia donde verlo reflejado. Aun así, siempre es la intención de este humilde autor tratar de ser lo menos excluyente posible. Aunque el lector no haya pasado por algo similar, podrá beneficiarse de lo descrito a través de sus áreas intuitivas, obteniendo alguna clase de inspiración. En el fondo, todas las experiencias provienen de la misma Fuente y, por ello, toda Alma está capacitada para sentir, más allá del proceso intelectual, la conexión con la esencia de la experiencia relatada, cosa que en *kabaláh* llamamos *Jojmá*, Sabiduría,

Contar públicamente una experiencia mística siempre es un riesgo. Para bien o para mal, ya he pasado por la picadora de la crítica, el escarnio y la calumnia, y he comprobado que si a algo temo es a la opinión de Hashem (El Nombre, uno de los nombres de Dios en la Torá/Biblia), sólo ante Él rindo cuentas de mis actos, Él determina adónde voy y cuánto permanezco allí adonde voy. Lo que piense la humanidad entera me tiene sin cuidado, actúo por y para su beneficio, pero no estoy obligado a rendirle cuentas en ese aspecto. Quizás, cuando acabe esta sección, quedará más claro el porqué de mi actitud.

Teniendo en cuenta al novicio, debo hacer una referencia minimalista sobre lo que significan las letras hebreas para el trabajo místico profundo. Existen verdaderos tratados sobre el tema, así que espero que mis palabras causen la inquietud necesaria para que cada uno investigue por su cuenta. A los efectos de enfocarme en el sentido de esta lección, iré al grano, dejando a la intuición del lector aquello que su documentación no le permita entender –cosa que es de fácil solución.

Las letras hebreas (*otiot*) no son letras al uso. No son representaciones gráficas de sonidos, como lo son las de un alfabeto normal, sino más bien de conceptos espirituales complejos. La palabra que designa «lengua» en hebreo está emparentada con la palabra «orilla», lo que nos recuerda que el lenguaje hebreo antiguo, considerado sagrado, es una orilla, es decir, un límite y a la vez un contacto entre el mundo líquido y el terrestre, entre el mundo Divino y el humano. Las letras hebreas poseen un valor numérico asociado, lo que puede llevarnos a afirmar que más que formar palabras, crean cifras. Es entonces un lenguaje cifrado. El cifrado habla de proporciones matemáticas, que es el lenguaje de Dios.

Mientras el lenguaje humano es cualificativo, es decir, menciona cualidades (por ejemplo, el agua es dulce, el agua está tibia), el divino es cuantitativo (ejemplo, agua = H_2O, dos átomos de hidrógeno y uno de oxígeno). Esta lengua entonces establece proporciones, detalla los ingredientes de las cosas, que al final son los que determinan su naturaleza.

Teniendo en cuenta eso, puedo ir más allá y afirmar que cada letra hebrea no sólo es una representación de una idea espiritual, sino también una entidad en sí misma. Esto quiere decir que la imagen de una letra evoca el concepto, pero, a su vez, es el objeto en sí que representa.

Hace ya unos años, cuando comenzaba a coquetear con las *otiot*, de pronto empecé a ver cada mañana al alzar los brazos para realizar mi plegaria diaria, las letras del tetragramaton (Nombre de Dios de cuatro letras, a saber, יהוה) impresas de forma luminosa por todo mi cuerpo. La cosa siguió así por un buen tiempo. Como siempre, le daba una consideración relativa a la visión, intentando que no me distrajese de la tarea central. Es importante no dejarse fascinar por la experiencia, sin por ello restarle importancia ni dejar de estar agradecido. El caso es que, un poco antes de que ese evento dejase de ocurrirme, un día, al levantar los brazos, escuché: «Mi Nombre está vivo». De inmediato comprendí que eso que leemos u observamos es más que un diagrama... Es algo que palpita, algo con lo que el corazón y la mente pueden conectar si son capaces de encontrar los puentes adecuados, que suelen encontrarse más allá de nuestros prejuicios racionales. Todo esto lo explico para guiarte, amado lector, hacia el sitio que realmente me interesa. Sé paciente.

Mucho tiempo después me encontraba en mi cama, acostado, en un estado semimeditativo, sumergido en la imagen de la letra *yud* (י), la primera letra del tetragrama, cuando –no encuentro mejor manera de explicarlo– fui levantado en toda mi longitud desde la cabeza por la acción de esa letra que actuaba como una especie de gancho. Tras lo que creo que fueron segundos, me vi lanzado hacia adelante, cosa que me asustó bastante. Pero, en lugar de caer, me mantuve flotando a unos centímetros del suelo. Lo interesante de la experiencia fue que toda mi consciencia se enfocó en la *yud* que seguía a la altura de mi cabeza, es decir, en la revelación de que lo único que impedía que mi rostro se estampase contra el duro mundo era la *yud*.

Para quienes ya tengáis experiencia o conocimiento, entenderéis rápidamente el significado de lo ocurrido, ya que estaréis al tanto de las relaciones místicas de la propia letra, considerada la gota seminal del Creador, el punto donde se inicia todo lo existente. También que la *yud* representa la Mano misma de Dios a la hora de otorgarnos bendición. Para quienes no tengáis dicho bagaje, deciros que en ese momento, este humilde servidor comprendió la naturaleza del funcionamiento de la vida misma, de todo lo manifestado. Esta clarificación puede resumirse en algo que, si bien no es nuevo respecto a las enseñanzas de nuestros maestros, es inexplicablemente contundente cuando lo sentimos en nuestra carne y nuestro espíritu. El mensaje fue éste: **no estamos apoyados, estamos sostenidos.**

¿Qué quiero decir con esto? Pues que la realidad de la que disfrutamos cada día, no es el producto de aquello en lo que parece que estamos apoyados, es decir, no proviene del abajo, sino del Arriba. A la hora de entender nuestra existencia, de agradecer los buenos momentos y aceptar los malos, resulta indispensable saber que no es aquello que palpamos, aquello que entra por nuestros sentidos ordinarios el origen de los eventos que nos rodean. Esos eventos son una mera consecuencia. Son el fin de la cadena, no el principio. Si fuesen el principio, todo lo emprendido en este mundo seguiría una lógica aplastante. Un proyecto claramente diseñado y muy bien ejecutado llegaría a buen puerto siempre. Al mismo tiempo, una desgracia, un accidente que estadísticamente es cien por cien letal siempre sería letal. Pero no es así. No es un asunto de probabilidades, de algo mecánico. Es un tema de que hay una razón superior para todo lo que ocurre y todo eso que ocurre, sigue un conducto jerárquico que no empieza abajo, sino Arriba.

Con esta verdad estremeciendo cada rincón de mi persona, conseguí dar un paso importante en eso que llamamos fé, *emunáh*. La percepción de que nuestro destino está sostenido desde lo Alto y no apoyado en el mundo, significa un cambio fundamental. Ya no somos capaces de ver las cosas de la misma forma. Algo superior opera por encima de nuestra capacidad de consciencia, determinando qué es lo mejor para nuestra Alma. Claro que, a veces, eso no le gusta a nuestro yo terrenal. Eso es el pan diario del místico, es el dilema que constantemente debe resolver. La elegancia con la que un místico resuelve dicho dilema es la que demuestra su grado de sabiduría, su *Jojmá*.

La razón por la que vemos con sorpresa y admiración las revelaciones de los iniciados se debe al estado deplorable del humano promedio. Eso que vemos «especial» en realidad debería ser lo común, porque para eso fuimos creados. No fuimos creados para permanecer en este estado de insatisfacción y angustia constantes, sino para conectar con la Fuente. Al sentir dicha conexión, al vivenciar que uno es un ser que opera bajo la supervisión de una Fuerza Creativa y Consciente, es posible acceder a cierto relax.

Una vez más, la relativización jugará a nuestro favor. No siempre podremos saber el porqué de todo lo que nos sucede. No todo lo que vemos está diseñado para ser accesible de forma racional. Algunas cosas pertenecen a otra órbita, obligándonos a trascender nuestro estado habitual, para lo que a veces hace falta sacrificar muchos miedos. La experiencia mística, en lo personal, me ha obligado a sacrificar mi miedo a la locura. Todo conlleva un riesgo. Se corre el riesgo de tomar la vivencia de la Luz como un trampolín para la arrogancia, la megalomanía, el narcisismo, el delirio místico o mesiánico, el desorden emocional, el escapismo psicológico y un largo y aterrador etcétera. Por eso, a los buscadores de la Verdad se les llama «guerreros». No se les llama poetas ni eruditos. Guerreros. El riesgo forma parte del juego. Ese riesgo que el Alma comprometida asume con gusto –de lo contrario no emprendería camino alguno– incluye vencer la angustia de la incertidumbre con la certeza de que, así desapareciese el suelo, un hilo de oro continuará manteniéndola a salvo, si ésa es Su Voluntad.

La experiencia que he relatado me ha servido para corroborar lo que tantas veces leí en mi época de estudios hinduístas: el mundo es ilusión (*maya* en sánscrito). Es ilusión porque parece que estamos apoyados en él, pero en realidad estamos sostenidos sobre él. Si estamos sostenidos, la ecuación de la incertidumbre cambia. La realidad acaba volviéndose más relativa, menos amenazante, empezará a resultarnos menos dolorosa. Mejoramos nuestras oportunidades de crecimiento cuando ya no nos sumergimos tan fácilmente en la pena, la tristeza, la ansiedad o la depresión.

11.3 El principio de incertidumbre de Heisenberg y la vida mística

Aquellos que, como yo, no sean matemáticos teóricos o físicos cuánticos, o no tengan un conocimiento avanzado en esta área, no estarán capacitados para entender en profundidad un principio como el de Heisenberg, por la simple razón de que requiere un dominio de álgebra, geometría y física bastante alto. Suelo ser muy cuidadoso a la hora de relacionar elementos científicos con la espiritualidad, ya que éstos se suelen usar muy a la ligera, lo que en general acaba en conclusiones espirituales falsas o mediocres. Así que trataré este tema con la humildad típica del que entiende estas cosas a «nivel usuario», como suele decirse coloquialmente.

Todo conocimiento tiene sus capas, y soy consciente de que en esta área, la mayoría sólo podremos navegar en la superficie. Aun así, pueden establecerse ciertas reflexiones que, como expliqué antes, no serán cuantitativas –para eso necesitaríamos la matemática que nos falta– pero al menos sí lograremos extraer algunas pocas cualitativas, basándonos en la experiencia deductiva y la capacidad analítica.

Explicado para niños, el principio de Heisenberg nos dice que es imposible medir, de manera simultánea, dos magnitudes conjugadas –tiempo y momento, energía y tiempo, etc.–. Esto quiere decir que, por establecer un símil, podemos medir con exactitud el lugar de una partícula –como en el experimento de Young, poniendo una pantalla fosforescente a la salida de la rendija y viendo cómo la partícula deja un puntito en ella– pero, en ese momento, se pierde toda posibilidad de conocer su velocidad. En física cuántica se sabe que las partículas en sí no siguen una trayectoria definida, por lo tanto, es imposible conocer qué están haciendo o hacia dónde van **antes** de realizar una medición.

O sea, que es imposible definir exacta, teórica, arbitrariamente cuál es su trayectoria. Sólo se puede tratar estadísticamente el asunto, es decir, se trabaja con probabilidades estadísticas de que la partícula esté en una posición más o menos determinada. Para complicar más la cosa, tenemos que, para medir una partícula, obligatoriamente tenemos que interactuar con ella. Por ejemplo, si queremos «ver» el comportamiento de un electrón, necesitamos impactarlo contra un fotón de luz. Esto quiere decir que interrumpimos el comportamiento natural del electrón para poder estudiarlo, lo que introduce un elemento de error que nunca será cero.

La conclusión más importante quizás, para el hombre de a pie, es entender que este principio, si bien es un principio teórico entre magnitudes conjugadas, revela un **comportamiento del Universo en sí.** Esta incertidumbre, esta indeterminación no se debe a los instrumentos y su sensibilidad o al tipo de experimento. No. El Universo es el culpable. Nada de esto es una suposición, sino que es corroborable de forma experimental. La incertidumbre es un hecho físico, concreto y además, insalvable.

¿De qué nos sirve toda esta parafernalia científica? El antiintelectualismo, puesto de moda por la mediocridad pseudocientífica que pulula en las redes, olvida intencionadamente –o tan sólo ignora–, que la ciencia, como tal, no es otra cosa que el estudio de lo que sucede a nuestro alrededor.

Siempre recomiendo que se estudien principios científicos, aunque sea, como en el caso de este párrafo, a un nivel doméstico, digerible para el humano común y corriente. La razón de mi recomendación es que no existe prácticamente ningún concepto científico que no sea relacionable con una enseñanza mística. No sólo nos van a ayudar a relacionar las cosas de forma más concreta y sólida, haciendo que de pronto digamos «¡ajá!» asintiendo con la cabeza, descubriendo que muchas «locuras» místicas tienen una explicación científica. También nos ayudarán a desmenuzar y contextualizar mucho mejor las enseñanzas espirituales. A la vez, debo decir, las enseñanzas espirituales consiguen fundamentar ciertos enigmas científicos o directamente reafirmar aseveraciones académicas. Estoy convencido de que lo que hoy tratamos en el área de la mística, un día formará parte de la ciencia misma, como ya viene ocurriendo con los estudios más vanguardistas.

Pero bien, lo que podemos extraer de todo esto es entender que el Universo en sí es intrínsecamente reacio a una determinación exacta en todos sus aspectos. La dualidad de la que nos hablan los maestros kabalistas, presente en el mundo material o mundo *Beth*, supone en sí un desafío a veces insoluble. Fíjate que hablo de la dualidad misma, ni siquiera estamos dirigiéndonos a los planos donde dicha dualidad no opera, u opera de forma mucho más débil. En los ambientes espirituales se habla de forma despectiva o con cierto grado de subestimación sobre la dualidad. Pero incluso a nivel de partículas subatómicas, no somos capaces de resolver al mismo tiempo la posición de una partícula y su velocidad. Por lo tanto, la dualidad, en sus expresiones subatómicas, en su raíz, resulta problemática.

Así que como estudiantes del misticismo hebreo, debemos aceptar la naturaleza indeterminada del Universo como parte de nuestra propia existencia. Nosotros asumiremos esto como el área de trabajo de una Fuerza Superior, que no nos es accesible.

Esto debería permitirnos deshacernos de la necesidad de control, ya que, por un lado, nunca podremos determinar con precisión todas las variables, y por otro, toda intervención resulta, a su vez, en una modificación, una alteración del patrón original de nuestra existencia como «partícula humana».

Tenemos a nuestra disposición elementos estadísticos, pero nunca exactos. La teoría, por ejemplo, nos dice que si estudias, tienes posibilidades de tener un mejor trabajo. Pero si miramos la estadística, quizás obtengamos resultados menos optimistas. Al mismo tiempo, no podemos olvidar que, por su propia naturaleza, la estadística siempre posee un margen de incertidumbre. Así, una persona nacida en un barrio marginal, que estadísticamente se convertiría en un criminal, de pronto hace justo lo contrario.

Es imperioso aprender a navegar en la vida, aceptando los vientos de la incertidumbre. El místico entiende que del otro lado de la incertidumbre infranqueable que proporciona la dualidad, el universo manifestado, está la Voluntad del universo inmanifestado, es decir, Dios. Ésa es la base, el combustible de lo que llamamos *emunáh*, fe, ya que consideramos que esa Voluntad es esencialmente benévola.

Por otro lado, todo esto puede ayudarnos a extraer una enseñanza cuántica si la asociamos a la observación de nuestro interior. El sólo hecho de autocontemplarnos opera como un elemento que altera el curso actual de nuestro ser interior. Si bien nos será imposible determinar todas las variables de nuestra vida, transformarnos en nuestro propio experimento alterará, positivamente, el curso de nuestra Alma en este mundo.

Resulta curioso que la propia incertidumbre sea, en gran medida, el motor de la fe y de la necesidad del autodescubrimiento.

Está muy claro que todo místico, todo kabalista propiamente dicho, vive insertado conscientemente en esa incertidumbre, sin padecer los horrores de la ansiedad o la angustia existencial. Cuando entiendas eso, querido lector, habrás dado un paso tan importante como haber tenido tu primer impulso hacia la Luz.

XII

El dolor de las relaciones: cuando lo que parecía genial, al final, no lo era tanto

No ser amados es una simple desventura,
la verdadera desgracia es no amar.
ALBERT CAMUS

Un hombre que no ha pasado a través
del infierno de sus pasiones
no las ha superado nunca.
CARL GUSTAV JUNG

Al llevar al hombre a amar a los demás,
el hombre pasa de su mundo estrecho,
lleno de dolor y tropiezos, a un mundo eterno.
YEHUDA HALEVI POTASH

Es probable que éste sea el capítulo más difícil de escribir para mí. No sólo por la intrínseca dificultad técnica a la hora de hablar sobre un tema tan crucial para la vida de cualquier persona, analizarlo desde lo psicológico y tratar de encontrar respuestas desde lo místico. Hasta ahora, cada cosa que he escrito y publicado proviene del fondo mismo de mi experiencia personal. Puedo afirmar que, si algunos de mis textos parecen brillar más que otros, conectar más con el Alma o la emoción del lector, seguramente se deberá a que son aquellos relacionados con las zonas más intensas –y a veces, más duras– de mi existencia. No sólo eso. Muchas veces la combustión necesaria para dejar un contenido que valga la pena no proviene del pasado lejano o cercano, sino que el acto mismo de escribir parece abrir puertas a eventos, en ocasiones no muy agradables. Es como si Dios mismo me facilitase –sin pedírselo, claro, no estoy *tan* loco– el material necesario para otorgar un relato auténtico, sincero, de aquello que mi Alma ha decidido tratar.

En este caso, mi tragedia ha ocurrido y se prolonga sin vistas a solucionarse. Cuando un ser que amas decide sepultarte en el olvido, de manera irracional, el dolor es tremendo. Si dicho dolor lo provoca un hijo, puedo asegurar que es como poner el videojuego en el nivel de dificultad «legendario». Esta breve indiscreción de mi vida personal no tiene otro objeto que mostrarte que yo no te estoy hablando, amado lector, desde el púlpito del que tiene la vida resuelta –lo que quiera que signifique esa frase, creo que la vida no se «resuelve», se vive hasta que se acaba–, sin problemas, relajado y *super happy*. No es así. Te hablo desde el mismísimo valle de lágrimas, a través del dolor más intenso, sabiendo que ya nada podrá lastimarme tanto en esa área. A partir de esa horrible experiencia, todo lo demás son meros rasguños, como comparar el golpe de una piedra con el impacto de un misil balístico intercontinental.

Las relaciones son un asunto crucial en nuestras vidas. Dependemos absolutamente de ellas. Fuimos creados para relacionarnos, para interactuar. El poeta Eduardo Galeano decía que «nacemos para encontrarnos». La estrategia de *Hakadosh Baruj Hu* (El Santo Bendito Es) ha sido poner segmentos de Su Consciencia dentro de cada Alma. Cada Alma tiene un trocito de la imagen total. Para completar dicha imagen, siempre estaremos necesitados del segmento que posee otro. A veces, dicho segmento nos lo dan por las buenas y otras por las no tan buenas. Dicho de otra forma, aprendemos de los demás por la vía del Amor (*Jesed*) o por la del Rigor (*Geburáh*). Con las personas generosas y dulces, experimentaremos el lado derecho del *Etz Hajaim* (Árbol de la Vida), y con aquellos seres egoístas y crueles, el lado izquierdo. De todo se aprende, reza el viejo dicho, aunque los dichos no hacen que la medicina amarga se vuelva más dulce.

No es necesario ser ningún genio para darse cuenta de que, a nivel humano simple y directo, necesitamos siempre del otro para todo. Los neoególatras, defensores de la «autosuficiencia» de la era digital, viven en una fantasía incentivada por la inmediatez de los recursos digitales. Incluso ellos dependen de muchísimas personas. Todos, sin importar su condición o creencia, necesitamos del médico, de la farmacéutica, del panadero, de la funcionaria, del profesor, de la camarera, del repartidor de pizza, del albañil, la abogada, etc. Esto se vuelve aún más evidente si pensamos en las relaciones directas. El que más o el que menos necesita de un amigo que le dé los buenos días. Si alguien no tiene siquiera un amigo, entonces ha estado haciendo algo muy, muy extraño con su vida.

Los amigos nos dan una clase de amor que nos conecta con la alegría de andar por este mundo. Las personas en general nos dan la oportunidad de compartir. Compartir es, a los efectos kabalísticos, una oportunidad para otorgar. ¿Qué otorgamos? La Luz (*Or*) que hayamos recibido. Sin el otro, seríamos como una empresa de mensajería sin destinatarios a los que poder entregar algo. Nuestro prójimo es, desde la mirada objetiva de la *kabaláh*, una oportunidad de trascendencia. Trascendemos porque, para atender a otra persona, incluso en lo más mínimo, debemos salirnos de donde estamos, es decir, de nuestro propio yo. Trascender viene de la palabra *trascendere* y quiere decir «subir de un sitio a otro». Aquí vemos una implicancia espiritual importante. El Alma, por naturaleza, está todo el tiempo intentando subir de un sitio al otro. La mayoria de las veces, es el prójimo ese sitio, ese escalón, al que, como ya mencionamos, subimos por las buenas o las malas.

Las relaciones son entonces de una importancia indiscutible, tanto a escala puramente terrenal como desde la perspectiva espiritual. Pero claro, como decía Jean Paul Sartre, «el infierno es el otro». La importancia de los demás también trae aparejadas una serie de dificultades. Empezando porque uno, en realidad, nunca puede conocer formalmente a otra persona. Lo que vemos de los demás es una proyección, un retrato robot. Así como un testigo le dice al dibujante de la policía cómo era el sospechoso, así nuestros sentidos recogen pistas sobre las señas del otro, de aquel con quien me estoy relacionando. Pero estos sentidos no están dentro del otro. Ven lo que ocurre en el exterior, algo que, para colmo, estará interpretado por nuestro aparato psicológico. Podría decirse que lo que vemos no es lo que vemos, es, como dice el Talmud, lo que somos. Esto quiere decir que, si nosotros tenemos ciertos complejos o prejuicios, nuestro retrato robot, nuestro *indentikit* del otro, estará viciado de dichos complejos y prejuicios.

En esas circunstancias de dificultad –y de casi segura ineficacia interpretativa–, muchas veces el otro puede verse como un verdadero infierno. Ese infierno empieza en nosotros cuando no tenemos la suficiente capacidad de autocontemplación y, por lo tanto, nos falta el autoconocimiento para poder discernir qué pertenece a la persona con la que estamos tratando y qué a nosotros.

Básicamente, nuestro prójimo es el espejo de nuestras carencias y necesidades. Aquí está el núcleo de todo el problema. Desde allí se ramifican las infinitas posibilidades de colisión entre aquello que conceptuábamos del otro y lo que realmente es el otro.

Aunque esto parezca muy simple, lo cierto es que resulta poco frecuente ver a personas capaces de actuar con soltura en este terreno. Muy pocos consiguen distinguir lo que desean que el otro fuese, o lo que quieren creer que es, de lo que realmente es el otro. Como ya he dicho anteriormente, simple no significa fácil. Sólo el experto consigue que las cosas parezcan fáciles tras haber luchado por conseguir la sencillez en todos los aspectos. Sencillez puede traducirse como capacidad de síntesis, de conservar aquello que es importante y dejar lo accesorio para cuando haga falta. El *Derej* (Camino) es para aquellos que sepan concentrar sus habilidades. De poco sirve dispersarse en cien disciplinas o conceptos si no se es capaz de desempeñarse decentemente en dos o tres. Lo importante siempre es el efecto. Si no causa efecto, es un mero elemento teórico, una especie de onanismo intelectual. Calidad es mejor que cantidad. Nunca lo olvides, querido caminante.

Es más que probable que esta idea parezca que tiene poco que ver con la *kabaláh*, sobre todo para quienes están acostumbrados a la verborragia técnica y al laberinto terminológico. Sin embargo, esta idea nace de la síntesis de cómo se creó el Universo, cómo se alojan las Almas en sus cuerpos –lo que determinan cómo se relacionan entre sí–, cómo aprendemos y qué misión tenemos en este mundo terrenal. En la relación con los demás, podemos encontrar los principios aplicados más elevados que podamos imaginar. De hecho, puede afirmarse que todas nuestras capacidades siempre están esperando la prueba de fuego de la interacción. La interacción determina cuán buenos somos aceptando la aprobación o el rechazo, si somos egoístas o generosos, si somos capaces de tener relaciones equilibradas o no, si somos, en definitiva, tal como decimos ser. Por todo ello, el otro puede, sí, ser un infierno, pero, a la vez, el Cielo o una forma de encontrar nuevas puertas para entrar en él.

Lo que sucede, generalmente, es que uno cree tener un amigo, que al final no era tan amigo. También que uno se revela como un amigo que no es capaz de hacerlo tan bien como pensaba. Las parejas colisionan como meteoritos enloquecidos y cada día parece que duran menos. Los familiares se interrelacionan con estructuras que, mayormente, crean compromisos interesados o sencillamente absurdos. Los hijos pueden acabar revelando que, aunque hijos, no necesariamente poseen la cualidad del amor hacia sus padres.

Uno de los grandes errores es atribuir al otro cualidades que no tiene, simplemente porque necesitamos con desesperación que las tenga. Maquillamos a la otra persona para que ésta encaje en la idea que tenemos de lo que nos hará felices. Tarde o temprano caemos en el abismo de la desilusión. Pero esa desilusión es casi siempre nuestra responsabilidad. A veces, el otro simplemente es él mismo, y entonces, ya sea que renuncie a maquillarse para nosotros o que dicho maquillaje sólo existía en nuestra mente, viene la crisis, el desencuentro.

Quizás no veamos que en la palabra misma está la clave. Para que exista desencuentro, tiene que haber existido un encuentro previo. En ciertas circunstancias, cabría preguntarse honestamente si dicho encuentro llegó a materializarse en realidad. Porque para encontrarse con el otro, debemos salirnos de nosotros mismos. Necesitamos ser capaces de operar fuera de nuestro sistema egoico y conectar, dentro de lo humanamente posible, con ese ser que está delante de mí.

12.1 *Guilgul haneshamot*, *karma* y *tikún*: la esencia de las relaciones

Una manera de entender las relaciones es verlas como una herramienta más que como una finalidad en sí. Si contemplamos nuestros lazos o contactos personales como el objetivo, haremos como esas personas religiosas que siempre acaban confundiendo al mensajero con el mensaje.

Todas las relaciones se establecen para realizar una tarea. Por ejemplo, una sociedad laboral, si bien es más agradable y efectiva cuando existe un contacto positivo entre sus participantes, tiene la finalidad de crear los recursos productivos y remunerativos esperados. Con esto quiero decir que la prioridad no es la relación propiamente dicha, sino el conducto, el medio para obtener el resultado.

En el caso de la paternidad/maternidad, lo más importante, por más que queramos adornarlo con mil argumentos poéticos, es el de servir de lanzadera para un Alma que nos ha elegido como punto de partida para la misión que ha venido a realizar a este plano existencial. Como lanzaderas, tenemos posibilidades de hacer esa tarea con amor, comprensión y unidad o todo lo contrario. Para muestra que baste el botón de las innumerables relaciones filiales que fracasan –al menos desde el punto de vista de la expectativa tradicional–, muchas veces a pesar de que una de las partes ha puesto lo mejor de sí. En ocasiones, los padres lo hacen todo según el manual del buen papá y mamá, y aun así su hijo acaba comportándose como un verdadero desalmado con ellos. También sucede que hay hijos que, intentando ganarse por todos los medios el amor de sus progenitores, reciben a cambio indiferencia, o incluso un odio irracional.

Todo hijo le ha dicho a sus padres alguna vez, cuando se enfada, «yo no elegí venir». Se usa así al nacimiento, al acto de recibir la oportunidad de operar en el mundo tridimensional, como una especie de condena, una forma de victimismo que, en el fondo, sólo pretende en contrar disculpas para un mal desempeño. Lo cierto es que, desde el punto de vista esotérico del kabalista, son los hijos quienes eligen nacer. No se conoce ningún caso en el que, desde este lado de la existencia, una pareja humana haya sido capaz de elegir un tipo específico de Alma como descendencia. Todo eso ocurre desde el «otro» lado. Se resuelve en una esfera no física.

Lo que nuestros maestros dicen es que antes de su ingreso en el plano material, el Alma es aconsejada a encarnarse en determinado grupo familiar. Dicho consejo tiene en cuenta que el Alma podrá obtener en dicha familia los estímulos necesarios para el proceso que le toca realizar. Ahí tenemos personas bondadosas con padres terribles, personas terribles con los mejores padres imaginables. De «malos» padres surgen personas maravillosas, de «buenos» padres emergen individuos insufribles. Está claro que no existe una forma infalible de obtener reciprocidad en las relaciones filiales. Uno puede seguir la teoría a rajatabla, hacer todo lo bueno que se espera en una situación relacional y, en vez de conseguir una interacción llena de amor, acabar viviendo una verdadera pesadilla emocional como retribución. También ocurre lo inverso.

Eso mismo sucede con las relaciones de amistad y, como no podía ser de otra manera, con las uniones sentimentales. Similar a lo que ocurre con lo de ser papá o hijo, los vínculos de amistad y de pareja tienen como objeto resolver cosas que están más allá de lo evidente. ¿Quién no ha pasado por una serie de experiencias que, vistas en perspectiva, no fueron otra cosa que el modo de ir juntando las piezas de nuestro rompecabezas interior y forjar una versión mejorada de nosotros mismos? ¿Acaso no hemos visto cómo después de varios «fracasos» sentimentales conseguimos la compañía ideal para nuestro estado de consciencia y objetivos de vida? ¿A qué se debe esto? A que, como decíamos al principio, las relaciones, del tipo que sean, son un medio para obtener algo que es una expresión de dicha relación, pero no la relación en sí.

Aquí empieza a ser importante la idea del *guilgul haneshamot*, o «rotación de las Almas», que puede decirse que es una versión sofisticada del concepto de reencarnación clásico, asociado con el pensamiento hindú. Digo que es sofisticado porque, mientras la idea oriental es más bien lineal, la hebrea implica que las Almas rotan, es decir, no sólo viajan hacia adelante en el tiempo físico, sino también hacia atrás. Esto coincide con la concepción de que por encima de este plano, el tiempo como tal deja de ser una variable donde uno puede marcar un punto y decir «esto es el pasado», «esto es el futuro», «esto es el presente». En su lugar, existiría una simultaneidad, donde en vez de ver los hechos reflejados en una línea, unos detrás de otro, correspondería más bien a un modelo esférico, donde desde un mismo punto puede contemplarse eso que nosotros diríamos pasado y futuro, haciendo difícil siquiera poder plantear la existencia de un «antes y un después», ya que estaríamos en presencia de un *continuum*, un movimiento constante en el que todo ocurre «al mismo tiempo», aunque éste también sería un concepto inexacto, pero a los efectos de nuestra mente binaria, nos sirve para comparar y comprender.

Las Almas entonces, reencarnan para cumplir objetivos. ¿Cuáles son esos objetivos? Los generales son los de obtener la rectificación necesaria para integrarse en el conocimiento de la *Or* (Luz). Cuando digo «conocimiento», lo hago en el sentido del *Daat*, es decir, la experiencia obtenida de triangular la sabiduría intuitiva y casi intransmisible (*Jojmá*), con el entendimiento racional analítico (*Biná*), con la corroboración en el mundo físico (*Maljut*).

De ese objetivo general, obviamente se desgrana el objetivo individual, el cual, según el maestro Moshé Cordovero (*Z'L*), pocas personas tienen la dicha de que les sea revelado. Mientras lo primero corresponde a «por qué he nacido», lo segundo está ligado a «para qué he nacido».

He aquí que entonces las Almas rotan, van hacia adelante y atrás. También se dice que las chispas divinas se agrupan en familias como un clan espiritual y navegan juntas a través de las eras, intercambiándose los papeles en el drama del mundo material. El que fue hijo puede ser en otra vida padre de su padre, hermano de su esposa, hijo de su hermana, etc. Las razones que dan nuestros sabios a esto es que, como segmentos de Luz, las Almas necesitan comprobar y entender todas las variantes que se obtienen de una situación.

Lo mismo acontece con Almas que no forman parte de esa familia más o menos fija –que no siempre es fija, cabe aclararlo, las combinaciones son infinitas–, es decir, que podemos haber establecido una relación de intercambio permanente siglo tras siglo con esa persona de la que somos amigos, amantes o esposos.

A partir de aquí tenemos que poner un nuevo elemento en el tablero, que es el karma. El karma no es otra cosa que una ley de acción y consecuencia. Por poner un ejemplo muy básico, si uno arroja una piedra (acción) a una persona, seguro que le provocará una herida (consecuencia). No se trata de que el karma sea una especie de elemento consciente que actúa como juez y verdugo, simplemente es el resultado lógico de algo que se hace… o que no se hace.

¿Cómo opera el karma en las relaciones? Almacenando el resultado de nuestras interacciones, es decir, de cómo hayamos sido con las Almas que se han cruzado en nuestro camino a lo largo de múltiples encarnaciones. Todo acto en el mundo físico (*Maljut*) queda «anotado» en el mundo no físico. Podría decirse que esto respeta las leyes de conservación de energía y se ve reflejada en la antigua frase mística *nada se pierde en lo espiritual.* Así como suele decirse que *lo que se sube a Internet se queda allí para siempre*, del mismo modo podemos entender que todo lo que se realiza en la vida terrenal queda impreso en los planos superiores para siempre. Dicho de otra manera, la información de lo que hacemos, la esencia de nuestras obras –que es en realidad una expresión de energía–, acaba almacenada en las esferas existenciales más sutiles. Podría ser relacionado con el concepto de «registro *akáshico*» –que, personalmente, no comparto en su totalidad, sobre todo en la interpretación y uso que se le da en la actualidad– que, más o menos, sería como una hemeroteca espiritual donde se acumulan los archivos de todo lo que hacemos. Puede que esta explicación sea algo burda, pero seguro que todos pueden entenderla. Para redondear la idea, diremos que cada acción es el producto de una combustión de energía. Cada movimiento en nuestras vidas exige el consumo de nutrientes, cada pensamiento o emoción es el resultado de una reacción que produce cierto tipo de energía. Dicha energía acaba imprimiéndose en alguna parte del Universo, como si de una placa fotosensible se tratase.

De los tipos de relaciones mencionados, las familiares son consideradas las kármicas por excelencia. Sin mucho esfuerzo nos percataremos de que los lazos familiares nos resultan, en gran medida, «impuestos», mientras que las demás solemos «elegirlas». Pongo entre comillas estas palabras porque, un poco como ya habíamos dicho, el Alma antes de nacer acepta cierto tipo de familia. Entonces, lo de «impuestos» no es tan así. Lo que sucede es que, cuando estamos encarnados, no tenemos acceso al contenido de las elecciones previas a nuestro nacimiento. En cuanto a lo de «elegirlas», bueno, muchas veces nuestra voluntad es guiada por las Fuerzas Celestes más de lo que nos gustaría aceptar. Así, muchas veces tenemos que conocer a una persona sí o sí. De pronto todo parece orquestarse de forma extraña; entonces, casi sin darnos cuenta, acabamos en una inesperada intimidad con alguien que jamás habríamos imaginado.

Por lo tanto, las Almas venimos a rotar para alcanzar la Iluminación. En el proceso hacemos cosas buenas y no tan buenas, que crean las llamadas «deudas kármicas». Dichas deudas participan en la fase siguiente de todo este proceso, que solemos llamar *tikún* o corrección/restauración. El Alma con cierta deuda se verá obligada a saldarla. La razón de esto es restablecer el equilibrio. Como ley mecánica, el karma no es más que eso, el restablecimiento de un equilibrio. Es el mismo principio del búmeran: si lo lanzas, ten por seguro que volverá a ti. Lo bueno y lo malo vuelven a nosotros tarde o temprano. Así funciona el sistema. El problema es que el ser humano corriente recibe karma positivo o negativo prácticamente sin enterarse del asunto.

El estudiante de *kabaláh* se encuentra en la posición de poder realizar este proceso de forma consciente. Ese proceso consciente se llama hacer *tikún,* y no es otra cosa que, en lugar de dejarse atropellar por el premio y el castigo de actos que quizás ni sean de esta vida, el iniciado pone su consciencia en el asunto. Al volverse partícipe voluntario, el restablecimiento del equilibrio no sólo duplica su beneficio, sino que incluso, por intervención de la Gracia Divina, podría conseguir un «descuento» a la hora de saldar las facturas kármicas.

Es una regla general, tanto de la psicología como del trabajo místico, que todo lo que signifique concienciación, es decir, arrojar Luz sobre algún aspecto de nuestra realidad, resulta prioritario en el sentido de que, sin esa toma de consciencia, es imposible adoptar ninguna estrategia de cambio, reparación o creación. Tal como no podemos esperar que el fontanero pueda reparar una fuga de agua si no es consciente de dónde se encuentra el desperfecto, nadie en este mundo es capaz de operar de forma eficaz en ninguna área de su vida, tanto en lo exterior como en lo interior, sin tener consciencia.

Muchas veces vivimos historias personales de las que, sólo después de un profundo análisis o una crisis intensa, conseguimos entender su finalidad en nuestra vida. Sorprende el hecho de que no siempre el que te está causando un inconveniente es tu enemigo –porque te está dando una oportunidad de rectificar, de aprender o de crear algo nuevo en ti– y no todo el que intenta favorecerte es tu amigo –puede ocurrir que sea una acción interesada, o que su sobreprotección te impida dar un paso en tu crecimiento–. Si algo está claro es que, la mayoría de las veces son el tiempo y los hechos posteriores los que nos traen la explicación del cometido real de ciertos encuentros con ciertas personas. Es lo que solemos llamar, ver las cosas en perspectiva. Haciendo un símil de nuestro interior con un paisaje, «ver en perspectiva» sería tener la capacidad u oportunidad –o ambas– de irnos al mejor sitio posible de nuestra geografía espiritual y tener así el punto de vista más elevado, que no es otra cosa que el lugar psicológico que puede proveernos de la información más acertada.

Por todo esto, haría falta que desarrollásemos cierta capacidad de abstracción a la hora de sentirnos en una relación determinada. No quiero decir caer en la frivolidad, el desinterés, ni mucho menos en el cinismo. Me refiero a lograr implicarnos debidamente, sin por ello aferrarnos de manera obsesiva a nuestros lazos emocionales. Somos en cierta forma como los árboles, que cada tanto pierden hojas en su proceso vital. Carecemos de los poderes para prever qué hoja y cuándo caerá. Nuestras relaciones, en su estado ideal y según su magnitud, deberían ser comprometidas, pero sin entrar en la dependencia emocional. Sé que muchos me dirán que, en ciertos casos, uno no puede imaginar su vida sin cierto lazo de amistad, amor o hermandad. Estoy totalmente de acuerdo. Pero debemos entender que, incluso si esa relación consigue mantenerse libre del error humano, en algún momento la muerte se encargará de terminarla, al menos en su expresión física.

También debo decir que, si uno es honesto, ese tipo de conexión no es algo que tengamos con todo el mundo. No todos los seres humanos con los que nos relacionamos, incluso sintiendo un afecto legítimo por ellos, nos dan esa sensación de algo imprescindible. Si algo nos enseña la vida, es que es un collar donde se engarzan las perlas de los «adioses» y los «holas». Vamos dejando muchas personas por el camino. Otras veces, somos nosotros los apartados. Uno de los misterios de la vida es cómo ésta continúa a pesar de que, en algún momento, habíamos considerado a alguien un elemento inextraíble, inseparable, indivisible de nuestra existencia. Y sin embargo… aquí estamos. Somos el resultado de un montón de adioses. Adiós a la inocencia, a la juventud, a amistades y amores, a beneficios y bienestares. También estamos formados por el «hola» a eso nuevo que, en ocasiones, entra de manera inesperada en nuestras vidas y nos hace sonreír.

Nos encontramos los unos con los otros y nos tratamos para conocernos, sobre todo, a nosotros mismos. Cada ser humano es, consciente o inconscientemente, una herramienta didáctica para otro ser humano.

En el reflejo de cada Alma, nos encontramos a nosotros mismos como si mirásemos un espejo. En ese espejo veremos qué clase de valores poseemos en el campo de la acción. Veremos cosas bellas y de las otras. Lo importante es ver. Siempre.

Resumiendo, las relaciones están ahí para reconectarnos entre encarnaciones, cumplir nuestro karma, salirnos de su rueda mecánica mediante el *tikún* –el *tikún* es capaz de cambiar las características de la deuda kármica– y aprender la más dura lección posible, la de comprender que el tiempo asignado para conectar los unos con los otros no siempre es el que creemos tener.

12.2 Los padres, la respuesta oculta en nuestro origen

Honra a tu padre y a tu madre,
para que se prolonguen tus días sobre la tierra,
que el Eterno tu Dios te da.

Kaved et-avija ve'et-imeja lema'an
ya'arijun yameyja al ha'adamáh
asher-Adonay Eloheyja noten laj.
SHEMOT (ÉXODO) 20:12

Uno de los preceptos básicos en la cultura judeo-cristiana está relacionado con el mandamiento que nos señala que debemos honrar a nuestros padres. En el libro del Éxodo (*Shemot*) se nos dice que quien honra a sus padres se asegura una vida venturosa. La teoría, como siempre, suena elegante y bonita. La práctica, sin embargo, es como ese amigo que aparece para decirte dos cosas que te sacan rápidamente de tus fantasías.

Muchos a veces se preguntan: ¿cómo? ¿Cómo hago para honrar a unos padres que no se portaron tan bien como debían? ¿De dónde saco cariño, amor, cercanía donde hubo maltrato, desconsideración y ausencia emocional? Esta pregunta me la hice yo durante muchísimos años. Tengo amigos cuya relación parental fue bastante serena, casi idílica, diríamos. No fue mi caso. Tanto que, algunos años atrás, habría considerado imposible algo parecido a honrar a mis padres. Hizo falta un arduo proceso, en gran parte involuntario, para traerme hasta este punto, hasta este párrafo, hasta este admitir que mis padres, con todos sus defectos –y también con sus virtudes–, dieron lo mejor de sí. Ese «dar lo mejor de sí» fue, a pesar de las cosas que en su momento no me agradaron, algo importante en la construcción de lo que soy. Uno tiende a ver, como hijo, sólo lo que no funcionó. Se hace necesario revalorizar lo que sí funcionó y agradecerlo. Reconciliarse en lo físico o en lo emocional con los padres, es algo fundamental para cualquier persona. Lo sabe cualquier psicólogo.

Es cierto que, a veces, las cosas han sido tan difíciles en una relación que la única opción es una reconciliación unilateral. Esto significa que el hijo acepta una situación, comprende el mecanismo del comportamiento de sus padres, pero, por motivos particulares, esto es algo que sólo puede hacerse a la distancia; solamente de su lado, el otro lado no puede o no desea participar de ese acercamiento. A veces esto pasa porque los padres han muerto, otras porque éstos no han entendido la magnitud de sus actos, porque se mantienen en sus trece, ya sea no admitiendo su parte de responsabilidad o, directamente, negando el contacto con su hijo.

No tengo estadísticas a mano, así que mi apreciación será del todo intuitiva cuando digo que creo que éstos son los casos menos frecuentes. Me baso en que son escenarios extremos, y lo extremo, por definición, no es común. Lo común es que en nuestro papel de hijos tengamos una postura de rencor o exigencia hacia nuestros padres, pero no a nivel de que la relación sea totalmente irrecuperable.

Reclamamos todo lo que pensamos que no hicieron bien, tanto por exceso como por omisión. El sitio del hijo es un sitio privilegiado. Se sienta frente al jurado y lo único que hace es señalar, una a una, las imperfecciones del padre y la madre.

Todos, sin excepción, hemos hecho de jueces con nuestros padres. Todos, sin excepción, hemos sido muchas veces tremendamente injustos con ellos. Lo somos porque, al parecer, cuando adoptamos el papel de hijos, nos investimos de la energía que nos devuelve a ese pasado en el que éramos o nos sentíamos unos niños indefensos. Cuando somos niños somos una máquina de demandar. Demandamos esto y aquello, y todo lo que interrumpa lo demandado es, en gran medida, demonizado por nuestro pequeño corazón de niño. Dicho de otra manera, nos plantamos en la actitud de pedir y pedir. Eso está dentro de la normalidad, siempre y cuando no hayamos pasado ya nuestra infancia. Si no, es inmadurez. Porque cuando uno crece y, más aún, cuando uno mismo se vuelve padre, entiende las verdaderas implicaciones y dificultades que envuelven a la paternidad. Es ahí cuando algunos nos damos cuenta de que exigir es mucho más fácil que otorgar, sobre todo cuando al exigir tratamos con banalidad las dificultades que puede implicar otorgar lo que pedimos. Ahí tenemos el caso de las demandas económicas que suele hacer el ciudadano promedio al gobierno de turno. Una cosa es pedir y otra que sea posible otorgar. Salir de la infancia debería ser igual a descubrir que nuestro deseo, por muy caro y lícito que éste sea, no es mágico, es decir, que el deseo común y corriente no crea, *per sé*, los recursos para que éste se cumpla. En mi libro *Ha Derej* (*El Camino*), trato el tema del deseo y sus implicaciones, por lo que no me extenderé aquí. Está de moda pensar que dentro de la cápsula del deseo ya está todo lo necesario para su realización. Obviamente, esto no es así –si no todo el mundo cumpliría sus deseos–, pero, claro, muchos listillos han creado métodos y técnicas para hacernos creer que el deseo funciona como la lámpara de Aladino. Pero los deseos son engañosos, así nos cuentan las historias sobre genios que acaban fastidiando a su «amo». De tanto en tanto, se cumple el dicho «ten cuidado con lo que deseas, porque a veces se cumple». El deseo es un elemento complejo, con muchas capas, que generalmente sólo es tratado de manera superficial.

Como hijo, uno demanda, pero es un hecho que los padres no siempre pueden satisfacer dicha demanda. Nadie puede. A veces, incluso, no se debe. Esas personas a las que les han dado todo en la vida, son, a día de hoy, las personas menos interesantes, más egoístas y más frágiles que conozco. Si eres padre o madre, sabrás que, aun esforzándote al máximo, no serás capaz de solventar todas las «necesidades» de tus hijos. También ocurre que el hijo tenía una demanda que nunca exteriorizó pero que, por alguna extraña razón, acabó en su lista de reproches.

Hay un hecho que, una vez comprendido, puede cambiarnos diametralmente la manera de ver a nuestros padres, y es entender que **aquello que no nos dieron era simplemente porque no lo tenían.** Así de simple es el asunto. Uno tiende a dramatizar y juzgar duramente las acciones de los demás, dando por hecho que, si alguien no hizo algo bueno por nosotros, fue por pura negligencia o mala intención. La cruda verdad es que los seres humanos somos más limitados de lo que solemos admitir. Los hijos ven a sus padres como una especie de dioses que todo lo pueden. Ellos son nuestro origen, son nuestros creadores. En algún punto de nuestra infancia los adoramos, son nuestros superhéroes. Superhéroes que, en cuanto aparezca la adolescencia, pasarán a ser supervillanos, hay que decirlo. Pero, en plena infancia, lo que opera dentro de nosotros es una especie de compleja pócima emocional, donde mezclamos amor con necesidad y miedo a la pérdida. Desde ese punto de vista, viendo a mis padres como dioses o semidioses, si éstos no me dan algo, concluyo que es porque **no quieren hacerlo.**

Un ser todopoderoso, si no hace algo es porque no quiere, ¿verdad? Lamentablemente, nuestros papás carecen de superpoderes. Sufren una humanidad limitante, tan humana y limitante como la que descubrimos en nosotros mismos años más tarde, desbordados en nuestro papel de progenitor.

Nadie puede dar lo que no tiene. Cuando uno comprende que aquello que nuestros padres no nos dieron, en gran parte era porque no tenían cómo darlo, cambian las tornas de forma dramática. Ya no somos capaces de ver con el mismo rencor a esas personas que, normalmente, hacen lo que pueden para criar a un hijo. Por supuesto, existen casos terribles, pero no suelen ser tan comunes, gracias a Dios.

Así que la primera fase para entender a nuestros padres sería descubrir que **mucho de lo que no te dieron era porque no lo tenían dispo-nible.** Si uno necesitaba una comunicación y un contacto emocional más cercano, pero nuestros padres no tuvieron la educación o la experiencia en dicho campo, podemos preguntarnos de dónde sacarían ellos los elementos cognitivos para poder cumplir con algo semejante, siendo eso algo totalmente desconocido para ellos. Es lo mismo que si tus padres son pobres y les pides un regalo que excede su presupuesto. Será algo imposible.

Otra cosa no menos importante, de carácter metafísico, es entender que nuestras Almas eligen a nuestros padres y no al revés. Toda Alma tiene un trabajo que hacer en este mundo material, lo que incluye corregirse a sí misma. Para ello necesita un entorno personalizado. Dicho entorno es, justamente, la familia en la que nacerá. Contrario al pensamiento común, que tan sólo considera lo bueno como necesario o favorable en la vida de las personas, las dificultades también forman parte esencial de este proceso de restauración espiritual.

Creo que todos conocemos a personas maravillosas, con una luz interior increíble, que pasaron por la infancia más terrible que uno pueda imaginarse. Al parecer, ciertas Almas necesitan un terreno mucho más exigente que el resto para, al final, destacar sobre todas las demás en bondad y sabiduría. Sucede que es el factor de resistencia el que nos estimula el desarrollo. Si uno fuese a un gimnasio y todas las pesas fuesen de plástico hueco, las levantaríamos todas, sin duda, pero no estaríamos haciendo ningún trabajo. El trabajo nace de la resistencia, de enfrentarnos a los factores que nos impiden caminar en línea recta hacia nuestro objetivo. Al vencer estos factores de resistencia, nuestra autoconsciencia incrementa su poder, como quien al cabo de unos meses de ir al gimnasio es capaz de levantar el doble de peso que cuando empezó a entrenar. Los seres humanos estamos hechos para el desafío. Enfrentar y vencer desafíos otorga no sólo una enseñanza invaluable, también deja un estado interno de satisfacción mucho más grande que el que podemos conseguir cuando obtenemos algo sin esfuerzo.

Éste es un punto clave a la hora de entender por qué nos tocaron estos padres y no otros. **Nosotros los elegimos**. Solemos contemplar las relaciones padres-hijos desde lo meramente sentimental y a través de un gran número de clichés sobre la familia, el amor, etc. Pero los padres son, en última instancia, lanzaderas para las Almas que decidieron tenerlos como punto de partida en esta existencia. «Tus hijos no son tus hijos, son los hijos de la vida», decía el genial poeta libanés Khalil Gibrán.

Quizás, como punto final, podemos tratar de entender que las Escrituras dicen «*honrarás* a tu padre y a tu madre». No dice que tienes que morirte de amor por ellos o que, necesariamente, te tienen que caer bien. Honrar está aquí más orientado a reconocer ciertos puntos de forma objetiva, no tan vinculado a lo emocional como a lo intelectual, lo racional. Aunque el tiempo compartido con nuestros padres en el pasado no haya sido tan bueno como habríamos querido, o la relación que tenemos en el presente no nos resulte totalmente satisfactoria, lo cierto, visto desde el punto de vista kabalístico, es que ellos fueron la mejor opción, la que los Ángeles le recomendaron a nuestra Alma para venir a hacer lo que debíamos hacer. Entiendo que, en ciertos casos, será muy duro ver por encima del dolor y honrar a ese padre o a esa madre. El nivel de exigencia espiritual para asumir esas situaciones sin duda que es muy, muy elevado. Sin embargo, todo es posible, siempre que mantengamos la vista en el Camino, en el objetivo, y seamos capaces de comprender que todo lo ocurrido sólo fue una estación, una parada en dirección al sitio adonde realmente debíamos viajar. Puede que incluso si quitásemos algunos de esos hechos dolorosos, hoy obtuviésemos un resultado por completo distinto y no tan favorable. Como le dijo Dios a Moshé, cuando éste le pidió explicaciones sobre Su aparentemente ilógico comportamiento: *tus pensamientos no son mis pensamientos*. Esto significa que hay mucho del guion de la película de nuestra vida que permanece oculto. Suele pasar que algo que creíamos muy malo fue la causa de algo muy bueno y que algo que aparentaba ser buenísimo terminó siendo terrible.

Honrar a nuestros padres es, en cierta forma, entender el funcionamiento de la vida en sí desde una perspectiva espiritualmente elevada, que requiere, según el caso, mayor o menor nivel de abstracción.

12.3 El dolor que proviene de la relación con nuestros padres

Sin que éste pretenda ser un tratado de psicología, sino una guía práctica para entender el funcionamiento del dolor en nuestra vida desde la perspectiva kabalista, podríamos resumir el sufrimiento que nos causa la interacción con nuestros progenitores en dos ramas claramente definidas y reconocibles por casi todo ser humano que habite este planeta: falta de reconocimiento y ausencia de aprobación.

Está claro que toda persona necesita, en alguna instancia de su vida, sentirse reconocida y saberse aprobada. El reconocimiento nos aporta un estímulo externo, que será tanto más gravitante cuanto menos desarrollo y manejo de nuestros propios estímulos internos tengamos. En la infancia, al no tener desarrollada nuestra personalidad y, por lo tanto, tener aún en etapa de formación nuestra autoestima y seguridad, dependemos casi exclusivamente del entorno para entender qué somos y qué tal lo estamos haciendo. Mientras en los primeros años es algo normal, pasada la infancia, mantener esta postura puede acabar muy mal.

Desde la óptica kabalista, el individuo al principio de su existencia extrae la información sobre sí mismo desde el depósito de *Yesod* (Fundamento), que es donde reside el ego, que se alimenta de lo que recoge de los demás. *Yesod* es la última sefirá o esfera dimensional que es capaz de recibir y emitir *Or* (Luz), la última estación antes de la parada final, *Maljut* (El Reino), que sólo puede recibir y condensar.

El reconocimiento y la aprobación son elementos esencialmente exteriores a la persona, algo que se obtiene de aquellos que nos rodean, fundamentalmente nuestros padres, que son los primeros seres con los que tenemos contacto. Respecto al reconocimiento, éste actúa en diversas áreas. La más básica es ser reconocidos como hijos. Si ni siquiera nos sentimos considerados hijos por parte de nuestros padres, ya tenemos un obstáculo emocional muy grande. Es el caso de las personas entregadas en adopción, abandonadas, o simplemente no haber sido aceptados como hijos biológicos. No existe ser humano que no sienta un cortocircuito interior en una situación en la que no se vea reconocido como hijo.

Otro aspecto es el de sentirnos reconocidos en nuestros méritos o esfuerzos. Hay quienes se pasan toda la vida sin tener la satisfacción de que sus padres reconozcan los logros que con mucho sacrificio y talento pudieron obtener. Existen padres que no los reconocen porque ni siquiera se han interesado, porque la vida personal de su hijo nunca formó parte de sus prioridades o preocupaciones.

El reconocimiento de los padres actúa como un acto formal mediante el cual el hijo se siente ubicado en tiempo y espacio dentro de la vida. Sentir que tus padres no sólo te aman, sino que también te reconocen, te hace soltar un suspiro de alivio, como si algo en nuestro interior dijera: «Vaya, ¡existo realmente!». Lo contrario es sentirse una especie de juguete defectuoso. «¿Qué tengo, qué he hecho para que no me reconozcan? ¿Por qué soy invisible para ellos?». Podría decirse que el primer y gran acto de amor de cualquier padre o madre, sin importar su nivel intelectual, emocional o espiritual, es otorgarle tridimensionalidad a su hijo. De lo contrario, el hijo se siente como una especie de dibujo, bidimensional, plano, en cierta forma irrelevante y, dadas ciertas circunstancias, descartable.

La necesidad orgánica, instintiva, ancestral de ser reconocidos se enlaza con la de sentir aprobación. Uno puede sentirse reconocido, pero no aprobado. Nuestros progenitores pueden habernos aceptado como hijos, haber cumplido sus obligaciones, pero, sin embargo, no aprobar qué hacemos o qué somos. El que no se siente aprobado muchas veces cree que está siendo rechazado. El que sabe que ha sido rechazado es probable que intente el camino de la aprobación. Pero ambos senderos no siempre se conectan. Porque uno puede ser aprobado en su funcionamiento, pero no por eso ser aceptado. O puede que sea aceptado pero, por cuestiones de esquemas mentales, nunca conseguir la aprobación paternal.

Todo esto, en los primeros años de existencia, resulta extremadamente duro. Es un *tikún* (corrección/restauración) muy fuerte que el Alma debe realizar en estas circunstancias. A través de mi experiencia personal, he llegado a la conclusión de que una de las enseñanzas más valiosas que podemos sacar de esta circunstancia es entender que se debe dar un salto de *Yesod* a *Tiferet* o, lo que es lo mismo, ascender por el canal central del *Etz Hajaim* (Árbol de la Vida) desde todo lo que concierne al ego (la fama, el sexo, el dinero, la aprobación externa) hacia nuestro corazón, donde rige *Tiferet*, la Belleza, donde empezamos a ver lo que es el «yo», el «sí mismo». Ese yo, que es una máscara energética que intenta resumir nuestra verdadera identidad, la que proviene de nuestra Alma, es decir, que no somos nosotros en esencia, pero que es una representación de dicha esencia, **es algo que debemos construir.**

El yo es como esas maquetas para armar. Cuando alguien dice «yo soy así» y se queda tan tranquilo, confiado en la rotundidad de su afirmación, está desconociendo que el yo es capaz tanto de evolucionar como de involucionar, incluso de revolucionarse. El yo, sometido al ego, a la opinión ajena, al pensamiento de colmena, a la persecución de satisfacciones, involuciona, indudablemente. El yo que comprende que la identidad es algo que se obtiene tras mucho esfuerzo, esfuerzo que implica desembarazarse tanto de la aceptación como de la aprobación de quien sea –padres incluidos–, irremediablemente evoluciona. El yo que comprende que es una sombra de la verdadera manifestación de su Alma y siguiendo esa senda alcanza la Iluminación, se revoluciona.

La comprensión de la realidad y la construcción de nuestra identidad es, tal como dicen nuestros sabios, una obra en actos. Todo va procesándose por capas. *Natura non facit saltum*, la naturaleza no da saltos, querido lector. Cada proceso implica una gradualidad. No hay vacíos entre un momento y otro. Lo que hay es una falta de consciencia de nuestra parte de dicha progresividad, por lo tanto, nos sentimos sorprendidos. Un ataque sorpresa sólo es sorpresivo para el atacado, para el atacante casi seguro que ha implicado un largo proceso de preparación.

Esto es lo mismo a la hora de entender que ya no necesitamos el reconocimiento ni la aprobación de nuestros padres. Es, quizás, uno de los más duros pasos en la madurez, extensible, como veremos más adelante, a todas nuestras relaciones. Puede que, a lo largo de la exposición vertida en este libro, acabe sorprendiéndote ver cuánto buscas reconocimiento y aprobación, no sólo de tus padres, sino de tus hijos, pareja, amigos, comunidad, líderes. Incluso de Dios. Resulta un proceso avanzado del Alma que el yo empiece a reconocer que sólo necesita su propio reconocimiento y aprobación. Es un poco lo que llamamos «alguien con personalidad», aunque deberíamos ir más allá de este concepto. Porque personalidad viene del latín «persona», que significa máscara –usadas por los actores del teatro clásico para representar emociones–. Se trata de romper todas las máscaras y trabajar con la descarnada realidad interior. Dicha realidad siempre estará en movimiento, porque, si lo hacemos correctamente, iremos profundizando en la imagen de nosotros mismos.

Una vez nos acercamos a esa etapa, una vez somos capaces de lidiar con todo lo que no se nos reconoce ni se nos aprueba, estamos en condiciones de librarnos del dolor que nos causa cualquier tipo de relación. De pronto, descubrimos que somos capaces de relativizar la opinión ajena. Al fin de cuentas, es sólo una visión de la realidad, una forma de entender lo que somos, que suele estar empañada por los condicionamientos de quien nos observa. En una etapa superior, conseguimos darnos de frente con la confianza interior. Dicha confianza no proviene de la ausencia de humildad, sino de la conexión con la energía de una certeza interior sobre lo que somos y hacemos. Según nuestros maestros, dicha energía proviene de *Netzaj* (Victoria), que nos aporta la determinación, el vigor y el empuje para luchar por nuestros sueños y objetivos y seguir nuestras convicciones.

Tenemos que admitir que los hijos no podemos cambiar a nuestros padres. Como padres, sabemos que no podemos cambiar a nuestros hijos. Nadie necesita cambiar a nadie en realidad. Sólo podemos gestionar el propio proceso interior, y con eso ya vamos sobrados de trabajo y dificultades. Nuestros padres han sido lo que son y por ellos somos quienes somos. Sería un error continuar en el papel de niño herido, llorando por aquello que no ha recibido. Eso hará que traslademos nuestra frustración a muchas áreas de nuestra vida, a veces de forma totalmente inconsciente. Vamos a necesitar, en algún momento de nuestras vidas, soltar amarras, aceptar, integrar, madurar.

Creo que lo principal es corregir posibles repeticiones de cosas que nuestros padres hacían mal. Más de una vez me he sorprendido clonando una actitud que yo detestaba verla en mis padres. Nos sucede a todos. Como nuestros padres fueron los que imprimieron la blanda arcilla de nuestra personalidad cuando estaba más fresca y maleable, puede que estemos replicando, sin darnos cuenta, cosas que no son nuestras y que, además, no nos convienen.

Así como en la psicología clásica, la resolución de la relación con los padres es un elemento fundamental, lo mismo sucede en el trabajo de autoconocimiento kabalístico. Hay mucho donde explorar allí. El dolor forma parte de ese proceso de investigación, muchas veces es la causa de la investigación misma. Sucede que, una vez entendido el dilema con nuestros padres, los demás dilemas relacionales revelan sus causas con una rapidez inusitada.

A veces, buscamos en nuestras parejas la repetición de papá o mamá. Otras, queremos amigos capaces de darnos aquello que papá y mamá no nos dieron. Incluso podemos elegir una carrera o un oficio con la intención oculta o abierta de decirles a ellos: «¡Já! ¿lo habéis visto? ¡no soy tan inútil como pensabais!».

Podemos llegar a develar cierta dependencia emocional o lo contrario, desarraigo, en el resto de nuestras relaciones a causa de no tener atados los cabos con nuestros padres.

Sea como sea, es posible, amar u honrar a nuestros padres, aunque sea de forma unilateral. En otros casos, lo máximo a lo que aspiraremos será a perdonarlos. Pero lo que siempre es deseable es el conocimiento extraído de la relativización, apoyándonos en los principios éticos y espirituales de la *kabaláh*.

12.4 Los hijos: resolver una falsa imagen

Por severo que sea un padre juzgando a su hijo,
nunca es tan severo como un hijo juzgando a su padre.
Jardiel Poncela

Los hijos comienzan amando a sus padres;
al volverse mayores los juzgan;
a veces los perdonan.
Oscar Wilde

Cuando le enseñas a tu hijo,
le enseñas al hijo de tu hijo.
Talmud

Tus hijos no son tus hijos,
son hijos e hijas de la vida,
deseosa de sí misma.
Khalil Gibrán

Así como nuestros padres lo fueron para nosotros,
nosotros seremos un breve capítulo en la vida de nuestros hijos,
capítulo que ellos decidirán olvidar o no,
pero que nosotros recordaremos por siempre.
Yosef Veira

Toda persona que se precie hablará y actuará con amor hacia sus hijos. De hecho, por nuestros hijos somos capaces de sacrificios impensables. Pero así como tenemos una imagen idealizada de las relaciones de pareja, también la tenemos de la relación padres-hijos.

Lo primero que debemos entender es que, si bien en las relaciones de pareja existe una cierta simetría, donde las partes interactúan en canales paralelos por el bien de la unión sentimental, en el caso de la paternidad, eso no existe.

No existe porque la relación padres-hijos **no es simétrica.** Esta falta de simetría no sólo es natural, es deseable si tenemos en cuenta que se trata esencialmente de que una persona proteja, oriente y prepare a otra para la vida. La misión de los papás y las mamás del mundo es, sin milongas emocionaloides, sin decorados románticos, o sea, sin ningún accesorio que nos nuble el entendimiento, estar con nuestros hijos el tiempo suficiente hasta que ellos puedan emprender su camino por sí mismos, es decir, para que pasen del estado de dependencia al de autonomía. En ese espacio de tiempo es nuestro deber proveerlos de los medios necesarios para que consigan dicha autonomía de la forma más eficaz y agradable posible. Digo «posible» porque todo padre que me esté leyendo sabe que no siempre lo es.

Desde la perspectiva de mamá natura, lo importante son los resultados físicos de la interacción entre el procreador y su cría. La perpetuidad y mejoramiento de la especie es la única prioridad reconocida por las fuerzas del mundo manifestado. Para lo biológico, la relación afectiva es, en gran medida, un simple recurso para mantenernos unidos a nuestros retoños. Proteger a la prole es algo impreso en nuestro ADN. Salvo casos donde ocurran ciertas desnaturalizaciones, plasmadas en severos trastornos de personalidad y comportamiento, todo padre protegerá a su hijo de forma instintiva, incluso con su propia vida si hace falta. En cierta forma podemos comparar el afecto hacia nuestros hijos como una especie de trampa que nos mantiene atados a una tarea, que a veces es realmente maravillosa, y otras, una verdadera tragedia. La tragedia puede venir por un asunto de salud de nuestro hijo o porque simplemente esa Alma no vino a este plano a sentir amor por nosotros.

Contrariamente a lo que se suele creer, los lazos de sangre no establecen coordenadas sólidas en el comportamiento de nadie. Hay hijos que odian a sus padres sin una razón clara y padres que odian a sus hijos desde el momento mismo de su nacimiento sin que alguien pueda dar un motivo racional para esto. Lo triste es que el ser humano aún está en un proceso tan bajo de desarrollo interior que la cercanía física es más un motivo de problemas que de soluciones. Por ejemplo, cuando hay un asesinato, la policía empieza la investigación por el círculo familiar cercano.

En el párrafo dedicado a los padres, hablábamos de que el Alma del hijo opta por una familia donde poder realizar su misión de vida. Para completar ese escenario, diremos que la familia elegida por dicha Alma también realiza su *tikún*. Por eso vemos hijos maravillosos con padres terribles y padres estupendos con hijos malvados. Nadie se escapa de la cadena del aprendizaje, el karma y el *tikún* están ahí para todos.

La ausencia de simetría, derivada de la diferencia tan grande entre roles, tiene que alertarnos de no caer en errores de valoración. Nunca tendremos una igualdad de condiciones. No existe tal cosa como «hacerse amigo de los hijos». Si uno se hace amigo de sus hijos, deja a sus hijos huérfanos. Es la misma asimetría que encontramos en la escuela, donde el maestro tiene una tarea muy definida, que puede incluir una actitud amorosa, empática, pero que, por la propia naturaleza docente, impide que éste se ponga a la misma altura del alumno niño. Entre las muchas incoherencias a las que me ha tocado hacer frente a lo largo de los años sobre teorías educativas, me topé con una que defendía en su momento una amiga. Según ella, uno debía ponerse incluso físicamente «a la altura» del niño cuando nos dirigíamos a ellos. Esta barbaridad, nacida de una sensiblería y pobre conocimiento de los procesos cognitivos humanos, convierte al adulto en otro niño. Ese postureo insensato de «no querer imponerse» a los niños y considerar que ellos, naturalmente, «ya lo saben todo», deja en realidad a los niños desamparados sin la guía de un adulto. Imaginemos a un soldado que, estando en combate, le pregunta a su sargento de pelotón qué debe hacer, y éste, por «no querer imponerse», le dijera: «No sé, ¿qué harías tú?». Ese soldado seguramente tendría un ataque de ansiedad.

La familia es una jerarquía piramidal, algo acorde con la naturaleza misma. No es una democracia. Por ello, toda simetría en las relaciones padre-hijo es, en parte, una receta para el desastre y, en parte, un escaparse de la responsabilidad de tomar una decisión.

Descartar la infalibilidad en nuestra tarea de padres es un gran paso para ahorrarnos dolor en la vida. Mucha gente no toma decisiones porque no está segura de si estas afectarán a su hijo en el futuro. La noticia es que todo lo que hacemos tendrá influencia en el futuro de nuestros hijos, sobre todo lo que **no hagamos**. No podemos caer en la «parálisis por análisis». Ser padre implica tomar una decisión, casi siempre, sin tener toda la información a nuestro alcance, sin disponer de toda la sabiduría que quisiéramos y con ninguna garantía de éxito futuro.

Hay que centrarse en la tarea, que es ser padre. Punto. Nunca la haremos perfecta, pero lo que no podemos permitirnos es no hacerla. Nuestra única tranquilidad y, a veces, nuestro único consuelo cuando, entrados en la adolescencia nuestros hijos nos saquen el cartel de héroe y nos pongan en el cajón de los villanos, es tener muy claro que lo hicimos lo mejor que pudimos. Estoy convencido, como hombre, como padre y como místico, que ésa es la máxima aspiración de todo aquel que ha criado a un hijo. Nadie puede hacer nada más allá de sus posibilidades.

En el párrafo anterior hablábamos de perdonar a nuestros padres por no habernos dado lo que les solicitábamos, ya que, en general, eso que no nos dieron fue porque no tenían de dónde sacarlo. Pues lo mismo debemos aplicarnos nosotros. Dando por hecho que hablamos de personas decentes y con la cabeza en orden, todo eso que no dimos y que un día se nos reclamará –es una cuestión de tiempo que llegue el reproche, forma parte del juego de ser padre–, no lo dimos porque **no** lo teníamos.

Pero, más allá de nuestras imperfecciones humanas como progenitores, de los errores que podemos y vamos a cometer, hay algo que debemos tener en cuenta, y es que la valoración que nuestro hijo hace de nosotros es siempre **su** decisión.

Por más que intentemos seguir esa especie de «manual del padre que no trauma a su hijo» que tanto «experto» parece dominar, hay mucho de la vida de nuestro hijo sobre lo que no tenemos control. De hecho, el área de control que tenemos sobre cualquier hijo es prácticamente ridícula. Podemos dejarle o no hacer ciertas cosas, pero no podemos moldear su deseo ni su forma de ser tanto como nos gustaría pensar. Uno envía a su hijo a las clases de piano o guitarra, pero este, tras tres o cuatro años, acaba dejando su estudio y no volviendo a tocar un instrumento musical en su vida. Porque la decisión siempre acaba siendo un asunto interno del individuo. Tenemos tanto poder sobre la forma de ser de nuestros hijos como la de cambiarle el gusto o el rechazo por un alimento. Es decir, muy poco.

De ahí que hablemos de asimetría. Uno –el padre– opera fuera de la persona –el hijo– y desde ahí crea los estímulos que supone que son los mejores para su desarrollo. El problema es que la decisión final ocurre dentro del hijo, no del padre. Nuestro esfuerzo personal en cuanto a otorgar el escenario más favorable posible a nuestros hijos, nos sumerge en la ilusión de que esta tarea tiene un noventa y nueve por ciento de impacto en el futuro del crío, pero en realidad no es así.

El impacto de lo que hacemos depende y mucho, de los factores interpretativos del niño. El niño no es una copia de lo que hacemos por él ni de cómo actuamos, tiene consciencia y una impronta con la que poco podemos hacer a veces. Ciertamente, el ejemplo es más importante que el precepto, pero solemos olvidar **cómo** ese niño descodifica lo que ve –y no menos importante, **cuál** es su naturaleza–, lo que determinará su sentir y hacer. Si el nene nos sale estudioso, será estudioso, seamos estudiosos en casa o no. Si nos sale vago, será vago, por más que en su hogar sólo vea trabajo y responsabilidad. Solemos confundir lo gravitante de nuestra intervención porque, como padres, podemos llegar a actuar como un obstáculo. Pero la historia está llena de relatos de genios que no habían sido apoyados por sus padres. De hecho, cabría preguntarse si los obstáculos que, sin querer, ponemos a nuestros hijos no son, al final, parte de eso que los ayudará a convertirse en mejores personas. Suena algo frío, casi cruel, pero es que el proceso de crecimiento del Alma, a nuestros ojos sensibleros, a veces se ve así.

12.5 Dejar el apego por los hijos

Teniendo en cuenta lo que se ha dicho, las asimetrías y la verdadera tarea, vistas objetivamente, nos llevan al terreno más complicado en nuestra relación paterno-filial: el apego.

Quiero hablar del apego pero sin el estigma de las teorías pseudoespirituales. El apego tiene, en cierto grado, un efecto positivo. Si no nos sintiésemos apegados a la vida, por ejemplo, al primer problema o contrariedad, acabaríamos sin más con ella. Como todo medicamento, la dosis es un tema a considerar, ya que podemos pasar del beneficio al maleficio. Ya establecimos que la naturaleza nos provee de ciertos apegos, entre los que contamos el apego a nuestra descendencia. Es en parte un automatismo genético, el producto de un programa y, ciertamente, funciona. Así, mamá natura se asegura de que, aunque el papá y la mamá no tengan un desarrollo interno muy elevado, igual cuidarán de su prole y no la tirarán por un desfiladero en cuanto los dejen tres noches sin dormir por los llantos. Nacemos, por lo tanto, con la necesidad del apego biológico y afectivo, por lo que se mantiene en funcionamiento el círculo de cuidados y relaciones de supervivencia.

Por supuesto, como estudiantes de *kabaláh*, aspiramos a actuar no de forma automática, sino autoconsciente. En el papel de padres, debemos asumir, aunque duela, que nuestra tarea es un trabajo en toda regla. Dicho trabajo, además, es **temporal**. Si bien uno dice «seré su padre/madre toda la vida», la verdad es que el grueso del trabajo, más allá de los eslóganes, dura unos quince años aproximadamente, año más, año menos. A partir de ahí, por diversas razones, tanto de independencia económica como emocional, nuestros hijos dejan de ser esos chiquitines que necesitaban de nuestra cálida y tierna ala protectora, para empezar a elaborar su personalidad, a veces chocando *in extremis* con la nuestra.

Claramente, éste es un proceso necesario. De lo contrario, nadie dejaría la casa de sus padres ni sería capaz de convertirse en un ser autónomo. La cría humana, en algún momento, como los pichones de las águilas, abandona el nido para emprender el propio vuelo y así mantener el ciclo de la vida.

Los padres somos los obreros destinados a crear las condiciones de ese vuelo. Nada más. Nada menos. Sé que puede sonar insensible, poco digno del concepto romantizado de la paternidad, donde todos se aman de forma eterna, pura e irrevocable.

Si hay suerte, ese proceso coincidirá con una conexión emocional con nuestro hijo, algo que, sin duda, deseamos todos. Nadie quiere ser odiado por su hijo, o acabar odiándolo. Pero debe quedar claro que **no siempre se podrá evitar el desencuentro**, por las razones que ya analizamos al inicio de este capítulo.

No cabe duda de que no hay cosa más dura, prueba más exigente de desapego, que mirar a un ser al que durante una década y media o más le has dado todo lo mejor que has podido, y decirle adiós. Este adiós puede ser en buenos o malos términos. También puede ser un adiós momentáneo o permanente. Sea como sea, la separación está a la vuelta de la esquina. No podemos apegarnos a algo que está destinado a alejarse de nosotros. Necesitamos entender el protocolo y, luego, aceptarlo.

12.6 La ausencia de reciprocidad

Además de asimetría, la relación con nuestros hijos carece de reciprocidad. Así como debemos aceptar que la naturaleza del vínculo es necesariamente asimétrico, también es necesario aceptar que es muy poco recíproco, por no decir totalmente falto de reciprocidad.

Esto es en cierta forma razonable, porque, como ya explicamos, la diferencia entre los roles marca una cierta imposibilidad técnica de que el tratamiento sea equitativo o armónico.

La Torá y la Biblia nos exigen honrar a nuestros padres pero, como todo precepto espiritual, no tiene demasiado público. No abundan los «fans» de hacer las cosas correctas por los motivos correctos. Como padres, debemos ser conscientes de que nuestro hijo puede elegir –y lo hará– si quiere tenernos en su vida. Son los privilegios del papel del hijo. Más asimetría.

El hijo casi siempre tiene la sartén por el mango y es capaz de juzgar con una dureza implacable todas las imperfecciones de los padres. La dureza de dicho juicio se ve agravada por la ausencia de reciprocidad.

Desde el lado del padre, uno cree que el hijo ha visto todo el esfuerzo que se ha hecho por él. Pero en el otro lado del mostrador, el hijo, en su papel de receptor tiránico que sólo es capaz de entender si su exigencia ha sido cumplida o no, es muy dado a ver sólo el vaso medio vacío y considerar que su padre y su madre son unos incompetentes que, además, no merecen ser premiados con otra cosa que el desprecio.

El sitio que ocupa cualquier persona como hijo es, por todo lo que explicamos, la parte más fácil de la relación. Esta facilidad suele traducirse en una arrogancia que, sumada a la arrogancia natural de la adolescencia o la juventud, potencian una animadversión hacia los progenitores que, en algunos casos, no es que rompa la simetría y pulverice la reciprocidad, sino que se transforma en un odio o rechazo totalmente irracional.

No pretendo dar aquí una especie de mensaje apocalíptico sobre las relaciones parentales. Simplemente establezco las posibilidades presentes en ellas, tratándolas de la forma más honesta y sincera, ya que, a veces, las cosas salen mal, muy mal y, en ese caso, que Dios no lo permita en vuestras vidas, es necesario tener las herramientas adecuadas para no caer en un pozo de sufrimiento. Porque, amigos míos, puede que ya lo sepáis, los hijos a veces son una fuente de sufrimiento. Consciente o inconscientemente, el hijo es un foco de alegrías o tristezas. Están las preocupaciones normales sobre su salud y bienestar, sobre su éxito y su fracaso, sobre si nos ama o nos odia y también están las acciones directas hacia nosotros.

¿Ves que el hijo nunca estará en esa posición, salvo cuando él mismo sea padre, en cuyo caso, estará inmerso en otro rol? ¿Ves, una vez más, la asimetría? Se dice que el hijo está en una situación vulnerable respecto a sus padres, pero eso sólo sucede en casos extremos, donde los progenitores desnaturalizan totalmente su función. Lo cierto es que los padres son en extremo vulnerables a sus hijos. He visto hijos arrastrar a sus padres hacia la desgracia, chantajeándolos emocionalmente con la zanahoria de la aprobación y hundirlos en la miseria emocional y económica.

Cuando un ser humano está en una posición en la que cree que debe ser atendido en cada uno de sus caprichos, se vuelve engreído y cruel. Esa crueldad es la que anula la reciprocidad.

Dicho de otra forma, alguien puede matarse dándole todo lo mejor a su hijo, y el hijo, aun así, comportarse como un ser desagradecido y ruin.

¿Qué quiero decir con todo esto? Quiero decir que uno, como padre o como madre, hará todo lo que debe hacer, porque **lo debe** hacer. Punto. Es un deber y ya está. Sé que suena duro, pero sería ingenuo no comprender que, muchas veces, el único premio que recibiremos por nuestra tarea será la tranquilidad de haberla hecho lo mejor que nuestras posibilidades nos permitieron. Nuestro hijo o hija tendrá aquí el poder de elegir si responde a ese esfuerzo con cariño o con desprecio.

Para evitar el sufrimiento y sumergirnos en la oscuridad de la culpa y el autoreproche, es pertinente darnos cuenta de que no tenemos elección sobre la valoración que nuestro hijo haga de nuestra tarea. Lo cierto es que nunca tenemos control sobre la valoración que el prójimo hace sobre nosotros. No sólo no tenemos potestad sobre cómo se conceptuará nuestro desempeño parental, ni siquiera podemos esperar que dicha valoración sea directamente proporcional a los hechos en sí. No hay una relación directamente proporcional, no podemos esperarla.

Expresándolo de otra manera, olvidémonos de que el agradecimiento o cariño es un reflejo de la calidad de la tarea. No lo es casi nunca. Cuando uno mete dinero en una máquina expendedora, ésta actuará de forma recíproca, es decir, tanto das, tanto obtienes. Esto no suele suceder en las relaciones humanas, especialmente en las relaciones padre-hijo. En ciertos casos, hay que ser suficientemente sabios para saber cuándo hay que dejar de meter monedas en la máquina o, para ser menos metafóricos, cuándo hay que detener la inversión de esfuerzos en pos de obtener un cariño que nunca recibiremos.

Resulta evidente que, en este escenario, la elección del hijo siempre es la que lleva la voz cantante. Por eso es tan importante el mandato de «honrarás a tu padre y a tu madre». Es algo que no solemos valorar, sumidos en la presuntuosidad típica del humano moderno y atiborrado de banalidad. Detengámonos un momento en esto.

Reflexionemos como padres y como hijos al mismo tiempo. Mientras que los padres casi nunca pueden elegir, dadas las características orgánicas, neurológicas y emocionales implicadas, tratar bien a sus hijos –podemos decir que es casi como seguir un programa muy difícil de *hackear*, al menos para la mayoría–, el que el hijo trate con decencia a sus padres es un asunto de pura elección. Nuestra actitud como hijos hacia nuestros padres es algo de lo que no podemos responsabilizar a nadie. Podemos encontrar excusas en el pasado pero, al final, quienes decidimos somos nosotros. Así que he llegado a la conclusión de que uno de los secretos del precepto bíblico, «honrarás a tu padre y a tu madre», no es tanto para que papá y mamá se sientan bien, sino porque esta actitud implica situarse internamente y de forma consciente en una esfera mucho más elevada como ser humano y como ser espiritual.

12.7 Entender la paternidad como tarea

Algunas personas ven lo de tener un hijo como si se tratase de adquirir una mascota. Entiéndeme bien, no quiero decir que lo traten como a un animal, sino que ven al futuro integrante de la familia como un objeto de placer, es decir, como alguien que vendrá a sus vidas para proporcionarles algún tipo de satisfacción. Es habitual que la paternidad venga acompañada de una sensación de realización, lo que es del todo normal, ya que, en gran medida, dar el paso de traer un Alma al mundo marca, definitivamente, un antes y un después en la vida de cualquier persona. No pretendo explicar a fondo lo que significa ser padre o madre, pero sí dar una perspectiva espiritual que nos ubique en este intrincado territorio con tantas implicaciones materiales, emocionales, mentales y, por supuesto, místicas.

Es cierto que nuestros hijos pueden ser una fuente de experiencias increíbles. ¿Te has fijado que dichas experiencias están, fundamentalmente, relacionadas con sus primeros años de vida? Esto se debe a que no es el niño quien nos proporciona, consciente y voluntariamente dichas experiencias. El pequeño tan sólo está ocupado en crecer. No despierta todos los días pensando «hoy voy a hacer algo fantástico para agradar a mis papis y hacerles la vida color de rosa».

Uno puede tardar toda una vida en entender que la parte más maravillosa de la crianza de los hijos no la proporcionan nuestros hijos, sino nuestra propia actitud. Es nuestra postura interior la que facilita, por ejemplo, el descubrimiento de cosas nuevas e interesantes. Pensamos que estamos descubriendo fases de nuestro hijo, pero, en realidad, lo que estamos haciendo es revelarnos a nosotros mismos en una infinidad de situaciones. Diríamos que el hijo es el catalizador de esos cambios y descubrimientos. Son los padres los que cambian.

Deben, entre otras cosas, aprender el valor del sacrificio y la responsabilidad. He conocido a muchos padres egoístas. Sin duda, fueron elegidos por esas valientes Almas que buscaban crecer soportándolos como hijos. En ciertos casos, ni la llegada de un ser indefenso al hogar cambia para nada a los progenitores. Otros padres, en efecto, tratan a sus hijos como mascotas, puesto que los traen al mundo porque es parte de un protocolo social, porque quieren un muñequito para vestirlo con ropa bonita y presumir con sus amistades. Existen esos padres, no podemos negarlo.

Sin embargo, la mayoría, al entrar en el apasionante mundo de la paternidad, experimentamos cambios profundos en nuestra psique, en nuestra vida. Vamos, que nos condiciona incluso a nivel económico y laboral.

Todos esos cambios, todas esas aventuras, sacrificios, desvelos, preocupaciones, risas y disgustos son parte del contrato. Las maravillas que sin duda descubrimos al criar un hijo son un efecto secundario de una tarea que es, precisamente, criar un hijo.

Si visualizamos nuestro papel de padre o madre como una tarea, seremos capaces de entender qué tipo de interacción podemos esperar y actuar de la forma más eficaz y con resultados lo más positivos posibles. Ya mencioné que lo más espectacular de nuestra relación con nuestros hijos se produce en los primeros años. Aquí es más obvia que nunca la relación asimétrica. El bebé es un mero recipiente. Está ahí, cual vasija, esperando a que tú, papá, o tú, mamá, la llenéis con todo lo que tengáis para dar. En su estado de receptividad absoluta, el papel del infante es fundamentalmente pasivo. Si algo nos proporciona es la oportunidad de otorgamiento. De la misma forma que Hashem, Dios, nos otorga sin restricción, así somos nosotros para el niño, una fuente de entrega.

Durante años el niño nos verá de esa manera, como dioses con forma humana, capaces de todo, que dominan la magia de materializar las cosas que él desea.

Cuando un padre sufre por el cambio tan brusco que hace su hijo de la infancia a la adolescencia, en gran medida se debe a que el niño ha dejado de verlo como ese minidios. Los padres dejan de ser superhéroes para el hijo cuando éste se da cuenta de que no hay ninguna magia detrás del otorgamiento, que sólo es puro y duro esfuerzo. Es como cuando nos damos cuenta de que santa Claus o los Reyes Magos no existen. La magia de la inocencia, a veces quizás de la ingenuidad, sume todo en una niebla rosa que, al desaparecer, nos deja un poco desamparados ante la realidad que ya no es tan glamorosa, tan amigable.

Una vez leí que si las mascotas pudiesen hablar, razonar y opinar abiertamente, la mayoría de los que se declaran súper fanáticos de los animales domésticos serían los primeros en abandonarlos. Porque es muy fácil estar a cargo de un ser que sólo puede recibir, incapaz de ninguna respuesta que ponga en duda la habilidad del amo.

Así, los primeros años de crianza, que parecen duros, en realidad son los menos duros. Porque en esa etapa, nuestra tarea es similar al del equipo logístico de tierra en un aeropuerto. Nuestro hijo, la aeronave, recibe todo nuestro soporte material y técnico. Allí aprendemos muchísimo de nosotros mismos. Conseguimos ser más eficaces en nuestra tarea de proveedores, aprendemos a solucionar cada vez más y mejor los diferentes obstáculos técnicos, mejoramos nuestra capacidad de diagnóstico y nuestra velocidad de respuesta a dicho diagnóstico. No sería ninguna locura afirmar que en esa parte de la vida de nuestro hijo, nosotros estamos creciendo como seres humanos, interna y externamente. Esa situación nos pondrá en la tesitura de cambiar y mejorar, de renunciar y sublimar cosas que, en otras circunstancias, ni siquiera nos plantearíamos.

Pero, una vez más, uno debe entender el objetivo, y es que esa nave a nuestro cargo pueda por fin despegar. Todo lo demás es irrelevante. ¿Por qué? Porque ese despegue, sí o sí, va a ocurrir, salvo en situaciones que nadie desea, como una enfermedad que imposibilite al niño independizarse. La inminencia del vuelo, su carácter inevitable es, a todas luces, una señal positiva, la indicación de que todo va bien.

Como dije, los años duros son mucho menos duros que los que vendrán después. Quien sea o haya sido padre de un adolescente no necesita muchas más explicaciones. En algunos casos, nuestra vida se transforma en un averno incandescente.

Nuestro trabajo técnico podrá estar lleno de dificultades o alegrías, eso es un elemento secundario, un efecto colateral. Lo importante es que tenemos que darle a ese avión todo lo necesario para que despegue, porque eso estaba en el plan original.

El momento del despegue se verá venir cuando el hijo empiece a dejar de ser una mascota que sólo recibe y comience a opinar, cuestionar y juzgar a su equipo técnico. Su inexperiencia y sus hormonas lo dotarán de la soberbia típica de la adolescencia. El adolescente adolece por la condición de su crecimiento y, casi siempre, hace que sus padres también adolezcan con ellos. Porque al final, los padres aman a sus hijos, aunque sus hijos no los amen.

12.8 No transites por la senda de la humillación

Es difícil imaginarse una tarea más dura y maravillosa que la de ser padre, y por eso creo que queda muy bien reflejada en los mandamientos de la Torá/Biblia la necesidad de honrar dicha tarea.

Es pertinente hacerlo, querido amigo, tanto desde el papel de hijo como también desde el rol de padre. Como hijo, ya explicamos el mecanismo y los motivos del reconocimiento a nuestros progenitores. Como padres, es necesario aprender a reconocernos a nosotros mismos en nuestra tarea, lo más objetivamente posible, independientemente del reconocimiento que nuestra descendencia nos otorgue.

En las relaciones es común que el que es rechazado sienta culpa y se plantee «¿qué habré hecho?». Si no recibe explicaciones razonables de quien lo rechaza, la duda y el remordimiento pueden llevarlo a caer en la humillación con el objeto de volver a ser aceptado.

Es una mala, malísima idea.

Suponiendo que la humillación funcionara, ¿en qué postura nos dejaría? Sería incluso peor para nuestra salud emocional.

Debo dejar claro aquí un concepto que espero grabes a fuego en tu mente, ya que es una realidad indiscutible, que al desconocerla u olvidarla nos lleva por la senda de la amargura. El concepto es éste: **los sentimientos no son negociables.**

Esto quiere decir que no los puedes comprar ni vender. No existen los descuentos ni las ofertas. Lo que se siente, se siente. Punto. Amor o rechazo, lo que sea que sientas, si está ahí es por algo y no se soluciona porque alguien fuera de ti intente corregir la situación. Todo cambio es interior, nos lo dice la *kabaláh*. Ya puede uno regalarle una montaña de oro a alguien, que si éste nos odia, por el motivo que sea, no cambiará un ápice su sentimiento.

Es verdad que durante nuestra vida tenemos la posibilidad de rectificar nuestros actos con las personas, sino sería terrible. Sabemos que nuestra Alma viene aquí expresamente a ello, o sea, a rectificarse, a hacer su *tikún* (corrección/restauración).

Pero debemos estar alerta a esas situaciones en las que, no importa lo que hagamos, el otro no querrá cambiar la visión que tiene de nosotros.

Llegados a ese punto, uno debe entender que hay múltiples motivos por lo que puede suceder esto. Quizás sea porque, como dicen nuestros maestros, nuestra Alma y la del otro hayan salido de partes diferentes del «cuerpo» del *Adam Kadmón* (el prototipo energético de toda la humanidad, el «hombre primordial» en el que estaban contenidas todas las posibilidades de expresión humana). Eso causaría una incompatibilidad entre esas Almas. Aquí no se trataría de algo personal, sino de un problema de naturaleza espiritual. Sería como estar sintonizados en distintas frecuencias.

Luego tendríamos asuntos kármicos. Por ejemplo, en otra existencia, un Alma le hizo cosas a la otra, lo que creó la base de una enemistad en la vida actual. Esto crea la necesidad de un *tikún*, una restauración en nosotros o en la situación en sí. De esa forma, nuestra Alma será capaz de resolver esa deuda kármica.

Por último, está la pura condición humana, imperfecta y subjetiva: alguien simplemente no quiere ser bueno contigo.

Si observamos todos los casos citados –muy superficialmente, es orientativo–, resultará evidente que en todos ellos nuestra participación en el rechazo, excepto alguna ofensa o desaguisado por nuestra parte, es ostensiblemente un asunto del otro. Como es del otro, es su decisión.

Puesto en negro sobre blanco, si uno ha actuado de la mejor manera posible con alguien y ese alguien insiste en juzgarnos de forma negativa, tenemos que ser suficientemente espabilados para ver que el veredicto ya ha sido emitido y que humillarnos no va a resolver nada; de hecho, va a empeorarlo todo.

Cuando alguien nos desprecia, ver nuestra sumisión o disponibilidad a rebajarnos, a ceder a demandas irracionales, sólo va a generar más desprecio. Hay que recordar que nadie respeta a quien no se respeta a sí mismo. Esto es aplicable a toda situación. «El poder se ensaña con el débil», dijo el poeta Eduardo Galeano. Cuando alguien tiene la capacidad de rechazarte y causarte dolor o aceptarte y darte alegría, está en una situación de poder. El poder pocas veces reacciona de forma positiva ante la vulnerabilidad.

Incluso si nos aceptasen, ¿cuál sería la base de esa aceptación? Si no procede del amor auténtico, entonces, sería por una especie de lástima.

Nadie en sus cabales desea relacionarse a través de la lástima. Ni hacia el otro ni hacia uno mismo. Eso arranca de cuajo la dignidad de una persona y, sin dignidad, nada bueno crece en esa clase de relación.

Todo esto que he explicado, querido buscador de la Luz, intenta trasladarlo a las relaciones parentales. Uno no debe humillarse para ser reconocido como un buen hijo. Uno no debe humillarse para ser reconocido como un buen padre. Lo justo es tratar de darle al mundo, incluidos nuestros padres y nuestros hijos, la mejor versión de nuestro ser. No es posible dar más que eso. Podemos crecer, claro, ir cambiando y elevándonos. Pero cada momento de nuestra vida tiene un máximo que ofrecer. Si estamos razonablemente seguros de que hemos llegado a ese máximo –aunque sea una condición temporal, es decir, que mañana podrá aumentar–, entonces, uno debe tener la valentía de aceptar que habrá personas que considerarán ese máximo como insuficiente.

La idea que tienen los demás de nosotros no es totalmente nuestra responsabilidad. A veces creerán que somos más maravillosos de lo que somos en realidad, y otras, peor de lo que podríamos llegar a ser. Es un problema de las percepciones individuales. Según sea la calidad de los instrumentos de interpretación individual, así serán las conclusiones sobre situaciones o personas.

No es lo mismo una persona comprometida con su trabajo espiritual, es decir, abocada a la mejora y creación de nuevas herramientas interpretativas, que alguien sumido en la inercia de la existencia, incapaz de actualizar su *software* ni mucho menos su *hardware*.

Cuando conseguimos discernir nuestro grado de responsabilidad, incluyendo la aceptación de nuestras imperfecciones, no necesitamos humillarnos ante nadie. El Amor nunca exige la humillación como moneda. Es un momento triste –pero también revelador, porque nos afirma en nuestra libertad de pensamiento y en nuestra madurez espiritual– cuando uno debe aceptar que no puede hacer nada para obtener el cariño del otro. Puede que eso nos obligue a pasar por una etapa de duelo. Sin embargo, si somos fuertes y no nos humillamos, obtendremos un crecimiento importante.

El estudiante de la Luz sólo se humilla ante su Creador y en Su Grandeza, Éste seca sus lágrimas y lo acoge en Su Misericordia.

XIII

El dolor del vacío existencial

En la cábala descendemos al abismo existencial
porque tenemos las herramientas
para un regreso asegurado.
ABRAHAM ISAAC KOOK

A lo largo de trece capítulos hemos navegado juntos por los diferentes aspectos y matices del dolor. Hemos ido desde el dolor más terrenal, es decir, el que atañe al cuerpo, y hemos escudriñado el dolor que anida en nuestro *Zeir Ampin*, es decir, en nuestra *ruaj*, nuestro espíritu, el área emocional humana. Puede decirse que empezamos desde abajo, desde *Maljut*, para internarnos en las esferas emocionales, que forman el núcleo, el centro del *Etz Hajaim* (Árbol de la Vida). Nos falta, como pueden adivinar aquellos estudiantes familiarizados con el diseño kabalista, la parte superior de ese mapa maravilloso que es en sí el *Etz Hajaim.*

Como humanos tenemos la costumbre de categorizar. A veces, la gente discute sobre qué dolor es más importante. La respuesta, a mi humilde modo de ver, es que todos los dolores son importantes, pero su relevancia no tiene que ver con su procedencia, sino que está directamente relacionada con su **intensidad subjetiva.**

Si el dolor físico es muy intenso, ése será el dolor que nos ponga la vida de patas arriba. Lo mismo sucede con el dolor emocional y, como veremos ahora, con el dolor espiritual. Es una ecuación simple, porque el dolor es simple, en ello radica su potencia. Por ello, es aconsejable dejar los juicios que hacemos sobre nuestros sufrimientos, o peor, sobre el sufrimiento de los demás. No tenemos manera de saber cómo sufre otra persona. Cada vez que veo a alguien subestimando el dolor de otro ser humano, viene a mi mente la vieja anécdota zen en la que un monje acude al abad diciendo: «¡Maestro, maestro! ¡El monje Liu se ha roto un brazo sacando agua del pozo! ¿Dolerá mucho?». Entonces el maestro le hace una técnica de inmovilización en el brazo y se lo rompe. «Ahora lo sabes», sentenció lacónico el abad.

Considero una buena medida alejarnos de toda burla del dolor ajeno, no vaya a ser que el Eterno considere que es hora de que lo experimentemos en nuestras carnes. Y no, no es un cuento para asustar a los niños, esto sucede muy a menudo en nuestras vidas, puedo dar fe de ello.

El dolor del vacío existencial entra en escena porque nuestra vida, su sentido, su propósito, parece haber desaparecido. A veces, incluso llegamos a sentir que ese propósito nunca ha existido. Al ser un tormento espiritual, que no siempre se relaciona con aspectos que el humano vulgar suele considerar prioritarios –es decir, que no forman parte de las necesidades básicas, físicas–, encuentra poca comprensión en el prójimo. Por lo que este tipo de dolor, además del dolor en sí, cuenta con un aditivo nefasto: la barrera de la incomprensión. Cualquiera puede entender que bastante malo es sentir un dolor que cuesta definir y por eso mismo resulta muy difícil de gestionar, como para que además uno tenga que enfrentarse a la indiferencia, la apatía o incluso el desprecio de aquellos que nos rodean.

Uno de los aspectos más potentes del dolor existencial, que lo hace tan devastador, es su especialidad. El dolor físico será fácil de entender por cualquier humano en este planeta. No hay nada más elemental. El dolor que proviene de los sentimientos, si bien requiere que las personas hayan tenido algún contacto con su mundo interior, cierta cultura intelectual e inteligencia emocional, es algo con lo que la mayoría consigue identificarse. Pero el dolor existencial es algo mucho más profundo, complejo y personal.

Quienes pasan por este tipo de sufrimiento o son muy sensibles o han llegado a un tipo de elevación espiritual que las enfrenta al sentido de su existencia. Como es algo tan «etéreo», es decir, como no tiene que ver con el dinero, la comida, los beneficios materiales o la salud física, no suele ser comprendido con facilidad por quienes entienden la vida de manera superficial o poco profunda.

Así, quien padece este vacío sufre por duplicado. Lo sufre en su interior, por su propia condición y en el exterior, por la falta de empatía o la inoperancia de los demás al intentar entender su situación. Como nadie comprende lo que está pasando, tampoco pueden aportarle soluciones. Por eso el dolor existencial es tan difícil: casi no hay otro dolor en el que una persona esté más sola y vulnerable.

Una y otra vez vemos cómo la vida de personas exitosas acaba de manera trágica. El público general no logra asimilar cómo alguien que «lo tenía todo» se embarcó en un viaje hacia la autodestrucción. El problema radica en que la mayoría no entiende que la vida no pasa por tener, sino por ser, y cuando una persona no encuentra respuesta a «¿quién soy?» o «¿para qué estoy en este mundo?», dan igual posiciones y honores, es capaz de decidir saltar por una ventana y acabar con su vida.

13.1 Tenerlo todo no es tenerlo todo

Quienes se llevan las manos a la cabeza cuando una persona que «lo tenía todo» opta por arrastrarse hasta el desfiladero de la catástrofe, son incapaces de entender no sólo a la persona en cuestión, sino también la vida en sí. Porque la vida, amigo mío, no se trata de poseer cosas ni de lograr objetivos o conseguir reconocimientos. Ésa es el área de funcionamiento del ego. Como estamos demasiado dormidos, no somos conscientes de que la información que nos da el ego, aunque parece muy convincente, es errónea. Es errónea porque es parcial. Dicen que no hay peor mentira que una verdad a medias. Pues en este caso, el ego es la verdad a medias que, si no somos capaces de completarla, someterá nuestras vidas a innumerables dificultades.

Los logros, éxitos, posesiones, relaciones, etc. son sólo una expresión de nuestro funcionamiento vital. Son, por lo tanto, la consecuencia. Diríamos que, en alguna medida, son la herramienta que nos permite conocernos, vernos a nosotros mismos superando desafíos, elevándonos de una condición a otra superior. Pero eso es lo que hacemos y lo que hacemos no es lo que somos.

Fácilmente podemos verlo en lo siguiente: muchas personas hacen cosas fantásticas, admirables, poseen talentos increíbles o fortunas desmesuradas y, sin embargo, no por eso son personas con las que desearíamos compartir un par de minutos. Porque, una vez más, lo que hacen las personas no siempre es lo que son. O, mejor dicho, lo que hacen las personas es una manifestación parcial de lo que son. De lo cual podemos deducir que, aun así, las personas no son lo que hacen, lo que hacen es un reflejo y, además, un **reflejo parcial** de todo aquello que son.

Llegados a este punto, es interesante destacar que los grandes seres de Luz que han hollado este planeta, dejándonos su sabiduría y su amor, se caracterizaban por dos cosas. Una, poseían poco. Hay una relación inversamente proporcional entre lo que poseemos fuera de nosotros respecto a lo que existe en nuestro interior. El mundo exterior crea, por pura mecánica física, un centro de gravedad demasiado intenso que nos desequilibra y nos impide sumergirnos adecuadamente en nuestro interior. Nuestros maestros lo llevan diciendo desde hace siglos.

La segunda cosa que distingue a esos seres especiales es que, entre lo que hacen y lo que son, hay una distancia muy, muy corta. Con el ser humano común, esto no es así. Lo que hace y lo que tiene suelen estar alejados de lo que es. Desde el punto de vista místico, la explicación de este fenómeno es sencilla: si la persona no ha hecho un trabajo de conexión con su realidad interior, su realidad exterior estará alejada de ella. Esa brecha es la que una disciplina como la *kabaláh* intenta reducir, haciéndola desaparecer si es posible.

Para un kabalista, «tenerlo todo» es, en esencia, tenerse a sí mismo. Uno se tiene a sí mismo cuando comprende la naturaleza del segmento Divino y su relación con la Totalidad Divina. Eso nos ubica mucho más allá del tiempo y espacio humanos, nos relaciona con la eternidad, tema que, como veremos más adelante, es un elemento clave en la felicidad del ser humano.

Cuando se produce eso en nuestro interior, cuando somos capaces de responder con cierta precisión a preguntas fundamentales, como quién soy, cuál es el sentido de la vida, qué propósito tiene mi existencia, de dónde vengo, hacia dónde voy, entonces, uno alcanza un estado donde se siente en gran medida completo, y todo lo que viene a partir de ahí sean posesiones materiales, logros profesionales, académicos o deportivos, fama, etc., serán, principalmente, una manifestación de la abundancia.

Dicen que nadie puede amar lo que no comprende. ¿Cómo podemos amarnos si no nos comprendemos? ¿Cómo podemos comprendernos si nos da pereza siquiera empezar a auscultar nuestra naturaleza interior? Al faltarnos conocimiento sobre nuestra propia naturaleza, cometemos errores garrafales. Es como si una persona tiene un coche y no sabe si el motor es de gasolina o diésel. Cuando vaya a la gasolinera, no estará seguro de qué diantres poner en el depósito. Errar en el combustible causará un problema tremendo en el vehículo, cualquiera lo sabe.

De la misma forma, nuestro desconocimiento interior nos lleva a experimentar con distintos elementos creyendo que van a permitirnos funcionar, pero lo cierto es que acumulamos fracaso tras fracaso. Así, alimentamos nuestro vehículo con consumismo, banalidad, materialismo, ideologías, deseo de aprobación… la lista es enorme. Sin embargo, incluso cuando según el manual de la persona feliz lo «tenemos todo», acabamos con la sensación de no tener nada. Esta sensación se agrava por el hecho de que ahora ya hemos trepado hasta el extremo de la escalera. Antes, cuando estar en la cima todavía era un sueño, teníamos la esperanza de que ése era el objetivo. Era la zanahoria en el palo que nos impulsaba hacia adelante. Pero ¿qué pasa cuando llegas a ese lugar al que le habías confiado tu felicidad, en el que habías depositado todas esas maravillosas expectativas y, de pronto, sientes que algo, no tienes claro qué, se te escapa, que algo no funciona como lo habías pensado?

13.2 La fuerza del propósito

El propósito forma parte de nuestra naturaleza porque nuestra naturaleza posee, claramente, un propósito. Sabemos esto porque el Universo es como un escenario en el que no hay nada que esté colocado en él que no cumpla una función. Es común que descubramos esa función por las malas, como, por ejemplo, cuando eliminamos algo de ese escenario que considerábamos inútil sólo porque nos entorpecía algún plan. La historia está llena de eventos en los que el ser humano ha prescindido de un río, una montaña, un bosque, una especie, etc. sólo para descubrir que ha causado un desequilibrio de consecuencias catastróficas. Porque todo, aunque no seamos capaces de entenderlo, tiene un propósito. De esto deducimos que la idea del propósito no es un engañabobos ni un placebo. Pero incluso si lo fuese, acaba siendo, estadísticamente, una alternativa mucho más eficaz a la hora de querer causar felicidad en la vida del individuo.

Resulta indudable que nuestra capacidad de percepción es harto limitada. Eso es un asunto insalvable, porque siempre estaremos en esa condición de perceptualidad restringida. Lo que podemos hacer es tratar de ampliarla lo máximo posible, porque dentro de la limitación existen grados. Cuando una persona es presa de la ignorancia y se deja arrastrar, como mencionaba al principio de este libro, por el efecto Dunnig-Krüger, es totalmente inconsciente de dicha limitación hasta el punto en que la entiende como justamente lo contrario. Hay mucho de esto en las actitudes materialistas radicales de tendencia reduccionista. Como alguien no ve o no es capaz de elaborar mentalmente algo, simplemente decide que no existe. Eso pasa cuando se plantea el propósito de la vida.

La filosofía materialista-reduccionista insiste en que la vida es en sí una mera concatenación factual, o sea, una mera secuencia de un acto tras otro, un evento tras otro. Esta idea de una vida aleatoria, inconexa, aunque parezca intelectualmente madura, no es más que una forma sofisticada de superficialidad. Por más que, a lo largo de los siglos, algunos círculos intelectuales hayan intentado convencernos de que la vida en sí es una especie de accidente y que admitirlo nos convierte en seres más maduros y útiles, la verdad es que el humano se lleva muy mal con esa concepción. La razón es que, para quien no esté abocado de forma profesional al devaneo dialéctico, la idea de una vida sin motivo crea la necesidad de cierto cinismo. No nos resulta una idea encantadora. El caso es que la vida en sí misma debería resultarnos encantadora, debería provocarnos la sensación diaria de estar siendo testigos de un milagro y, dentro de dicho milagro, uno más pequeño, pero no menos importante: el que nuestra propia existencia posee un significado particular.

Claro está que, para el intelectual materialista, el hombre sólo es su mente; más allá de eso, no hay nada. Pero esta afirmación es la de alguien que no ha sido capaz de percibir aquello que se puede experimentar más allá de la mente cotidiana. Para los místicos, la vida trasciende la sefirá de *Bináh* (Entendimiento), que representa la mente analítica, asociada al cerebro izquierdo.

Definitivamente, la mente es incapaz de hallar el propósito de la existencia, porque ésta es en sí como el vestido que cubre un cuerpo. El vestido es la herramienta del cuerpo, que podemos llamar Alma. Así como el vestido es incapaz de comprender totalmente al cuerpo que protege, nuestra mente carece de los medios para entender totalmente el Alma.

Hay claramente dos clases de vacío existencial. El del humano común y corriente y el del humano que está siendo encaminado hacia la Luz. El vacío existencial lleva a la persona promedio a la desesperación y la depresión. El mismo vacío en quien está en un proceso espiritual lo lleva a lo que llamamos, en términos místicos, la «noche oscura del Alma». Mientras el primero es un estado de desconexión del significado de la existencia en sus aspectos terrenales, el segundo es una inmersión en un proceso en el que lo que se siente es la ausencia de Dios, lo que causa un silencio aterrador. Mediante ese proceso se define si el iniciado realmente tiene lo que hay que tener para pasar al siguiente estadio, que es la Iluminación.

Abordemos entonces la primera clase de vacío. Según el creador de la logoterapia (la terapia centrada en el sentido de la vida), Víktor Frankl, el vacío existencial es un padecimiento del humano actual.

Antiguamente, los dramas psicológicos estaban ligados a lo sexual. La represión y el oscurantismo que, dos siglos atrás, se cernían sobre la sexualidad, hizo que el psicoanálisis de Freud entrase por la puerta grande. Claro que, si uno observa la actitud actual hacia el sexo en nuestra sociedad, no podemos decir que hayamos superado mucho nuestros traumas y conflictos en ese campo. Sí, se habla con más libertad, y sí, se hacen más cosas. Pero seguimos enfermos en ese aspecto tan importante de nuestro funcionamiento humano por dos motivos fundamentales. Uno, porque desconocemos el verdadero sentido de lo sexual, para qué es, qué puede otorgarnos. Dos, porque queremos llenar ese hueco con la ausencia de límites, es decir, con libertinaje. Entonces somos como el que no tiene idea para qué sirve un cuchillo y lo usa para todo, como destornillador, como martillo, como pincel, etc. Hemos confundido entender el sexo con desbordar totalmente sus límites, pretendemos encontrar la comprensión de éste en el descontrol, en el agotamiento sensorial. Pero también es cierto que, hoy por hoy, tenemos muchas más posibilidades de resolver nuestros dilemas sexuales con un poco más de agilidad que en el siglo XIX. Si bien no hemos cerrado el asunto –y quién sabe si eso ocurrirá alguna vez–, contamos con herramientas que antaño eran impensables para conseguir, de manera eficiente, una vida sexual sana.

Podemos decir que, en ese aspecto, vamos encaminados. Sin embargo, en lo existencial, el panorama es menos halagüeño. En este siglo XXI, el humano adolece más que nunca en lo existencial. Quizás sea porque estamos atiborrados de objetos, de comodidades. Quizás sea porque nos hemos puesto las cosas demasiado fáciles en algunos aspectos y eso nos ha sumergido en la desmotivación. Al mismo tiempo, hemos asignado a otras cosas la etiqueta de inalcanzables. No es de extrañar que, de repente, nos asalte la constatación de una ausencia de sentido en todo lo que hacemos y somos.

Aunque resulta algo dramático para quien lo vive, es necesario entender que éste es en sí un proceso que intenta ayudarnos a reparar una situación. Es como si en nuestro interior saltase un fusible. Hay un cortocircuito que interrumpe el funcionamiento habitual. Tiene que interrumpirse o no despertaríamos de nuestro sueño. Es muy grande nuestra mecanicidad, nuestro condicionamiento, estamos demasiado enganchados a la fantasía de la banalidad de un día sucediéndose a otro sin plantearnos ningún significado, como para despertar de *motu propio*. Necesitamos el fusible quemado, la interrupción. Dicha interrupción es un mensaje. El mensaje es «llevas demasiado tiempo desconectado de lo que realmente eres y de lo que realmente ES».

A nivel de terapia, o sea, en el área psicológica pura y dura, la maniobra consiste en encontrar ese «para-qué-vivir». Uno puede descubrir miles de valores vivenciales. Podemos encontrarlos en las relaciones, por ejemplo. También en el acto creativo. Cuando creamos nos parecemos a Dios. Curiosamente, cuando adoptamos una actitud de coraje frente a las situaciones adversas, encontramos un impulso renovador, un cosquilleo, quizás sea el de sabernos capaces de superar un desafío, de considerarnos más allá de los obstáculos. Conseguimos así des-identificarnos del obstáculo, porque no somos eso. Somos la **continuación** que dejará atrás dicho obstáculo. De esa forma vamos haciéndonos conscientes de que aparecerán otros inconvenientes y que, nuevamente, los dejaremos atrás.

Sé que más de uno me estará leyendo y pensando que eso no es suficiente para encontrar un sentido a la vida. Está en lo cierto. Por eso aclaré que esto es lo que percibe la psicología, que, como ya sabemos, nunca llegó a ser, como la palabra misma define, «el estudio de la psique (Alma)». La psicología sólo es el estudio de la conducta. No logra ir más allá.

Lo cierto es que encontrar el sentido de la existencia es difícil porque **no se halla en la existencia**. Si buscamos el sentido en lo cotidiano utilizando lo cotidiano fracasaremos. Puede que, si nuestro vacío no es muy grande, consigamos algún resultado, pero ante una brecha importante vamos a quedarnos cortos. Quien experimente un profundo dolor existencial no va a sentirse realmente consolado por enfocarse en sus relaciones, su trabajo, un paseo por la naturaleza o creando. Esos serán paliativos. La respuesta no está allí. Necesitamos atravesar el velo de *maya* (ilusión) del que nos hablan nuestros hermanos hindúes.

Iremos construyendo nuestra respuesta. Al principio, desde la teoría, está claro. Necesitamos una visión elevada, usualmente la de un gran maestro, para armarnos con una perspectiva diferente. Esa perspectiva será, sin duda, algo que nos coloque en el plano de lo eterno. La eternidad, su concepción, como veremos más adelante, es un elemento clave, ya no sólo para resolver el dolor del vacío existencial, sino también para aspirar a ser felices y plenos en esta vida.

Todo lo que ingresa en el plano de la vida se vuelve inexorablemente pasajero, efímero. Al empezar, ya tiene fecha de caducidad. Por ello, el verdadero alivio de este dolor profundo nunca se halla en lo temporal. Es en lo más profundo e ignoto de nuestro origen donde podemos acceder, aunque sea de forma parcial pero satisfactoria, al verdadero propósito de nuestro ser, al maravilloso sentido que tiene estar encarnado, problemas incluidos.

13.3 La noche oscura del Alma

La «noche oscura del Alma» es uno de los procesos místicos más importantes en la vida de alguien que haya tomado la decisión de caminar hacia la Iluminación. Su existencia y funcionamiento han sido descritos por místicos de diversas escuelas, tanto de Oriente como de Occidente, a lo largo de la historia humana.

Como tal, «la noche oscura» –como se la llama para abreviar– es, esencialmente, una operación de limpieza interior profunda, agresiva, desconcertante y, hay que decirlo, en extremo agotadora. Docenas de relatos de la tradición nos pintan la imagen del místico cayendo rendido por el éxtasis, la súplica o el arrepentimiento.

El papel del agotamiento está íntimamente ligado con la acción de rendirse a una verdad que no puede llegar mientras nuestro yo esté encendido. La noche oscura se cierne sobre el iniciado para sumergir en un cierto sopor a sus partes más activas. Hace falta hacer espacio dentro del individuo para que la Or (Luz) consiga ingresar.

Aunque es fácil caer en la tentación de elaborar intelectualmente este proceso, agregando incluso nuestra sincera experiencia personal, considero que lo más prudente es hacer una descripción que guíe al estudiante sin condicionarlo a tener tal o cual experiencia y acabe persiguiendo síntomas, cosa que, de todas formas, sería inútil. Ni la noche oscura ni la Iluminación se buscan de forma directa. La primera se atraviesa y la segunda se recibe. Todo lo que podemos hacer es prepararnos, pulirnos interiormente para crear las condiciones en las que nos sean asignadas las experiencias correspondientes. Sobre la «noche oscura» en sí, puedo asegurar que nadie en su sano juicio solicitaría voluntariamente tener que transitarla.

Son muchas las personas que creen haber pasado por esta dura prueba. Sin embargo, lo cierto es que pocos han sido llevados a este momento tan crucial. Suele confundirse con una gran crisis existencial, llena de problemas y pérdidas. Si bien éstos son elementos que generalmente participan, no son los únicos.

Si la noche oscura del Alma es, justamente, una especie de noche interior, la Iluminación es el día que la sigue. Si no hubo un acto iluminativo posterior a la crisis en cuestión, es altamente probable que no fuese realmente la «noche oscura». Porque no se trata de que nuestra vida se haya despatarrado estrepitosamente ante nuestros ojos, se trata de que se abre un hueco en nuestra mente y en nuestro corazón que permiten una conexión con El Creador.

La función de los eventos trágicos o dramáticos que envuelven la vida del aspirante a la Luz tienen el único objeto de liberarlo de todo lo superfluo, de todo aquello que no lo conecta con la Divinidad.

La noche oscura del Alma no se elige, uno camina hacia ella sin saberlo. Podemos verla como un proceso de desnudez interior. Es la forma que tiene Dios de separar el ego y el yo del Alma para luego volver a unirlos. Dicho proceso es a veces percibido como una amputación. El ego y el yo sienten una violenta separación de su propio sentido. Como solemos tener nuestro centro de gravedad en ellos, llegar a ese punto resulta algo realmente traumático. La consciencia, atada a lo terrenal, incluso cuando cree que está enfocada en lo espiritual, de pronto se ve flotando en una nada silenciosa.

Llegado a ese punto, el místico se descubre habitando una tierra de nadie, en medio de un vacío donde el ego, el yo y la personalidad caen derrotados, anulados en su capacidad de dar una respuesta convincente. Por si fuera poco, Dios mismo parece aplicado en un silencio sepulcral.

Grandes angustias padece el iniciado que, en ese momento, debe aprender a sostenerse con sus propias piernas, piernas que, hasta entonces, ignoraba siquiera que poseía. En esta etapa tan dura y a la vez tan maravillosa, en la que uno puede llegar a pensar en quitarse la vida sólo por no padecer semejante dolor, de una forma que sólo puedo catalogar como misteriosa, las fibras de la verdadera fe (*emunáh*) comienzan a tejer algo distinto dentro de nosotros, una especie de red capaz de recibir la perla que descenderá del Cielo para otorgarnos una nueva identidad.

Identidad es una palabra ambigua. Por un lado, nos dice que nos define, nos separa de otras cosas similares, nos vuelve únicos y, por otro, nos dice que somos idénticos a algo, es decir, que, en definitiva, formamos parte de un conjunto. Entender esta dualidad es clave para resolver cómo opera la Luz (*Or*) en los procesos rectificativos e iluminativos del aspirante, del *talmid* (aprendiz).

A través de la noche oscura del Alma, uno recibe una nueva identidad en esos dos sentidos. En el sentido individual, la especialidad, lo característico, lo personal es natural y lógicamente potenciado. Así debe ser porque, como segmentos de la Totalidad, cargamos en nosotros la capacidad y el deber de convertir todo lo «potencial» de ese segmento en «cinético», todo lo acumulado en expresión, todo lo comprimido en expansión. En el sentido general, adquirir esa nueva identidad significa des-identificarnos de lo mundano, de lo perecedero –no queremos decir aquí despreciarlo, sino darle su verdadera dimensión–, para identificarnos con el Absoluto, lo Infinito, lo Eterno.

Así como cuando alguien cambia de identidad en este mundo con la intención de empezar una nueva vida, el místico entra, casi sin saberlo, en otra piel, en otro nombre, en otra idea de la propia existencia, y ese proceso irreversible lo marcará a fuego, como si su pasado fuese convertido en cenizas para que ya no le estorbe, para que por fin pueda emprender el viaje real, no el que hasta entonces creía que estaba haciendo.

No existe un manual para superar esta clase de vacío. Dentro del mismo proceso uno encuentra las claves para atravesarlo. Conozco personas que han dado marcha atrás, pero claro, muy probablemente habían explorado un poco más allá del umbral. Cuando se está realmente dentro no hay escapatoria. Justamente, la idea es que se corten todos los lazos y redes de seguridad. Ahí, enfrentados a ese desconcierto demoledor, es cuando tenemos la oportunidad de conocernos a nosotros mismos. Hasta entonces usábamos máscaras, maquillaje. En el corazón de ese silencio atronador, todo eso se vuelve inútil.

Confianza en la bondad del Creador, serenidad ante la aparente lejanía de su Luz, valor para soportar la sensación de haber sido abandonado son elementos clave para sortear este momento tan importante en la vida de un aspirante a la Luz. Cuando sientas que todo es muy duro, medita, ora, busca el sentido en el Amor Divino, recuerda el *gam zú letová* (esto también es para bien). La revelación vendrá a buscarte: levantarás la mirada del polvo y verás Su mano extendida. Entonces sabrás que estás listo para caminar de verdad.

13.4 El dolor de la pérdida de lo eterno

En el siglo XVIII surgió un movimiento en Europa que revolucionó la cultura, la ciencia y la intelectualidad llamado la Ilustración. Dicho movimiento propuso salir de la puerilidad de no ser capaz de elaborar un pensamiento crítico, de seguir atado a la superstición, de ser cómplices de la manipulación a la que suelen someternos las monarquías y el clero. Immanuel Kant, el filósofo prusiano representante del *criticismo* y precursor del *idealismo* alemán, agitaba entusiasmado el estandarte del *sapere aude* el *¡atrévete a saber!*, lema de la ilustración que invitaba a sustituir toda creencia por un minucioso análisis racional. En algunos círculos, estos cambios fueron tan explosivos como superficiales y, principalmente, ocurrió en las clases burguesas, porque, en ese entonces, el 70 por 100 de la población europea era analfabeta –poco podía participar de ningún debate intelectual.

Este movimiento tiene unas posibilidades de estudio increíbles. Nacen por esos años, la mayoría de corrientes de pensamiento que hoy, a nivel usuario, el humano conoce como la forma «correcta» de encarar la realidad –si bien, hay que decirlo, dada la tendencia actual a la des-intelectualización, cada vez menos personas se acercan siquiera al nivel básico.

La Ilustración trajo cosas buenas y también no tan buenas. De las buenas tenemos cambios políticos y económicos que nos llevaron de una época feudal a una que buscaba intentar proporcionarnos más libertades individuales. También podemos observar cómo el clima ideológico participa en el auge de las sociedades secretas, empecinadas como siempre en considerarse tan por encima del humano promedio que tienen el deber de corregir la sociedad o, incluso, el mundo entero. Entre las sombras más negras atribuibles a la Ilustración tenemos haber servido de argumento a acontecimientos sanguinarios y gratuitos, como en Francia, tras la Revolución. Puede decirse que es la época de las revoluciones. En la barbarie francesa pos revolucionaria, encontramos uno de los tantos ejemplos que comprueba lo que afirma la *kabaláh* cuando nos da su interpretación del Árbol del Conocimiento del Bien y el Mal (*Etz Daat haTov ve Raáh*). Según el misticismo hebreo, este árbol representa el conocimiento desvinculado de lo Divino. La mente racional, situada exclusivamente en lo concreto, se vuelve una tirana fría, calculadora, que acepta que cualquier medio es válido siempre que se obtenga un fin.

De estos años convulsos surgen el pragmatismo, el antropocentrismo, el deísmo, el idealismo, el capitalismo, el despotismo ilustrado, etc. El hilo conductor fue el uso de la razón y una adscripción exclusiva a lo recogido por los sentidos. Lo sensorial se vuelve el maestro de ceremonias en la fiesta del pensamiento. Desde entonces venimos arrastrando un estigma, de corte notoriamente cartesiano, que sólo nos permite aceptar lo que vemos o tocamos.

Aquí empieza el peregrinaje del ser humano hacia un continuo materialismo reduccionista, reduccionista no sólo en cuanto a la elaboración intelectual de eso que llamamos «realidad», sino algo peor, en las posibilidades de autopercepción. Muchos no son capaces de darse cuenta del daño que esto ha causado en la vida del ciudadano común y corriente.

Está más que claro que el materialismo, el pragmatismo y todas las corrientes que intentan colocar en un pedestal a las facultades sensoriales o razonativas han fracasado rotundamente a la hora de crear un mundo mejor y, sobre todo, en crear una vida mejor a nivel individual. Si uno es un poco mal pensado, puede llegar a especular que esto forma parte de un despojo intencionado por parte del que tiene el poder sobre el que no tiene otra posibilidad que ser gobernado. Pero, incluso si esto sólo ha sido la clásica evolución de acontecimientos sobre los que pocas veces se tiene alguna clase de control, es obvio que el humano promedio, tras toda esa parafernalia intelectual, toda esa exacerbación del cerebro izquierdo regodeándose en encajar una pieza con otra hasta obtener algo «brillante», acaba menoscabado.

Se menoscaba a la persona cuando su vida es reducida a ser una mera máquina orgánica. Se menoscaba cualquier intento de ser feliz al declarar que la vida es un mero accidente biológico, una cadena de hechos, sin dirección ni propósito. Se nos menoscaba a ti y a mí cuando se nos obliga a pensar, so pena de ser acusados de ignorantes o supersticiosos, que sólo somos el producto del tiempo, sin posibilidad alguna de trascendencia.

Pero la trascendencia es la respuesta, amigo mío.

Sea accidental o no, los poderes políticos y económicos se ven beneficiados por esta mutilación espiritual del ser humano. Cuanto más menoscabado, más dispuesto estará alguien a aceptar condiciones que, en otras circunstancias, serían diametralmente rechazadas. El poder es como los usureros, siempre se aprovecha de la desesperación.

El pensamiento cartesiano, en su línea dura de «sólo creo en lo que veo o soy capaz de comprobar físicamente», hace mucho que ha caducado. Personalmente, creo que una etapa del conocimiento humano se confundió con la meta final. El *sapere aude* ha quedado atrapado en su propia red, en la conocida trampa de la inteligencia. Las personas inteligentes hacen idioteces muchas veces, porque han sido seducidas por la idea de que su sapiencia las inmuniza de cometer algún error.

A estas alturas del siglo XXI, donde la propia ciencia ya no es capaz, a nivel de física pura, de determinar la propia esencia de la materia, ¿en qué vamos a apoyarnos para determinar la realidad?

Pero el ciudadano de a pie, que no actualiza sus conocimientos, que no estudia los orígenes de lo que piensa para entender si tiene que seguir apoyando dicho pensamiento, no es capaz de ver estos detalles. Poder ver esos detalles harían posible replantearse los paradigmas en los que se sostiene su mente. Lo que sostenga la mente va a volverse emoción y la emoción acabará dando a luz un acto. Por lo tanto, comprender estos asuntos no es un problema de aumentar la cultura general, cosa que no está nada mal, sino de hallar alguna posibilidad de ser feliz, ¡nada más y nada menos!

La pérdida de lo eterno, su amputación compulsiva por parte de pensadores y filósofos que tienen su propia idea de la realidad –desconectada de todo lo que está más allá de la vida física–, nos causa un dolor inmenso. Nos duele porque nos sitúa sin más en el tiempo lineal, sin posibilidad alguna de escapatoria. Quedamos así reducidos a un mero ciclo de nacimiento, crecimiento, reproducción y muerte. Salvo para las Almas más primitivas, que están más atadas a la tosquedad de lo meramente perceptual, esto no es algo que pueda causar felicidad en ningún corazón humano.

El humano está diseñado para la Eternidad. El que sea el único ser capaz de plantear la posibilidad de lo eterno ya da muestras de su vinculación con ella. Los materialistas dirán que es una especie de accidente cerebral, la consecuencia del miedo a la muerte. Sin embargo, el miedo a la muerte hace tiempo que ha dejado de ser una excusa para todo. Está más que demostrado que somos totalmente capaces de superarlo en aras de cosas tan incomprensibles como salvar a otra persona. Sí, somos capaces de renunciar a nuestra propia vida por salvar a alguien que incluso puede que no conozcamos de nada. Dicho acto de altruismo extremo –no existe uno más elevado– es, al menos para mí, otra de las firmes pruebas de que hay algo en nosotros, algo que se resiste a la academia y sus definiciones, que es capaz de proyectarse mucho más allá de su vida física, de entenderse como parte de un bien general, y que esa parte que nos toca –una parte increíble que rompe toda racionalidad– nos obliga a participar, a restaurar un equilibrio, a evitar un mal, incluso si se muere en el intento.

Es urgente, inaplazable, que el humano actual recupere su vinculación con la Eternidad. En esta recuperación participan muchos elementos. Algunos incrédulos dirán que son meros placebos. Sin embargo, incluso si lo fuesen, aun así son una alternativa decididamente más inteligente que la de embarcarse en una vida sin otro objeto que ir de paseo por el mundo hasta que la muerte nos lleve por delante. Defino aquí «inteligente» estableciendo que obtenemos un resultado positivo en nuestras vidas.

A veces, nuestro orgullo es un escollo que nos impide admitir que hay algo que está muy por encima de nuestra capacidad cognitiva. Otras, nos atenaza la duda de si no estaremos creyendo en una bobada. Pero, al final, lo que sabemos del Universo es una gota y lo que ignoramos es un océano.

Por lo tanto, el orgullo no procede. En cuanto a la duda, bueno, si tras esta vida no existiese nada, ¿qué habríamos perdido viviendo gozosos, sintiendo nuestro propósito y confiando en nuestra trascendencia? ¿Es mejor la alternativa de vivir aterrados por la muerte, o desencantados, o revistiéndonos de un cinismo que nos inmunice ante el vacío existencial?

«Si una tontería funciona, entonces no es una tontería», decíamos en el ejército. No podemos vivir la vida en la especulación, ni en la deducción, ni en la elaboración filosófica. Necesitamos herramientas para vivirla en el aquí y ahora, para ser felices bebiendo un vaso de agua o contemplando una nube en el cielo.

Dicho esto, debo reafirmarme en mi aseveración de que, efectivamente, somos eternos. Pero claro, el contacto con la Eternidad también es una cuestión de entrenamiento. Me es imposible transmitir lo que se me ha dado en revelación, no tendría sentido. El sistema de conexión con lo Eterno funciona de individuo en individuo. Como mucho sólo puedo ofrecer mi testimonio, y es éste: la Eternidad está contigo, a cada momento.

Éste es un nivel de percepción muy avanzado, soy consciente de ello. No pretendo convencer al incrédulo ni exacerbar al crédulo. Mi papel es simplemente corroborar que dicho nivel está disponible para cualquiera que se comprometa con el *Derej* (Camino). Lo positivo en todo esto es que, en cuanto comenzamos a comprender la Eternidad y nuestra relación con ella, apenas uno empieza a despojarse de todo complejo de inferioridad intelectual por querer encontrar una respuesta más allá del límite que hayan propuesto otras mentes, la forma de entender la propia vida cambia. Recordemos que el conocimiento de los sabios está ahí para guiarnos, no para limitarnos.

Entonces, uno puede empezar a vencer el vacío existencial, porque, si somos una fracción de Eternidad, ¿a qué podríamos temer? Si la muerte no es más que otra puerta, ¿cuál sería el límite? Si nos ha sido otorgada la Eternidad en la forma de un Alma que retorna a este plano hasta que consiga corregirse, entonces es que quien nos creó es poseedor de un Amor inconmensurable.

Cuando uno se siente amado se siente feliz. La devolución de lo Eterno nos acerca a la felicidad.

13.5 La trampa de la percepción nos aleja de lo Eterno

Una de las cosas por las que será recordada esta época en que vivimos es por haber elevado la percepción subjetiva a nivel de verdad objetiva. La «autopercepción» o el «autopercibirse» son vistos, en algunos países, como única condición para iniciar procesos legales como cambiarse de nombre, de sexo, etc. En el paroxismo posmodernista digital se ha concedido a la subjetividad un poder nunca antes visto. Si alguien decide que se percibe como perro, entonces toda la sociedad debe actuar en consecuencia, aunque sea un reverendo disparate. No sólo eso, sino que, además, quien se atreva a cuestionar desde lo racional tal acto subjetivo, se expondrá a un auto de fe como los de la nefasta Inquisición, donde deberá abjurar públicamente por el desparpajo de usar libremente su pensamiento.

Obviamente, cada uno puede creerse lo que quiera, tener la visión de sí mismo que le apetezca. De hecho, es algo inevitable. Sin duda que todos tenemos una imagen forjada de nosotros mismos. Ése no es el problema. El problema es el valor que se le da a la percepción, que siempre será subjetiva. Al ser subjetiva entendemos que tiene, cuando menos, un 50 por 100 de probabilidades de estar equivocada. Se puede deducir fácilmente que nuestras percepciones son **datos**, no verdades. Siempre será un evento subjetivo enfrentándose a uno objetivo. De esa operación saldrá un trocito de eso que llamamos «realidad». ¿Qué quiero decir con esto? Que un dato necesita ser **interpretado**, no tomado de manera literal. Si tomamos los datos de forma literal volvemos, inexorablemente, a la edad de piedra en cuanto al uso de la corteza cerebral se refiere.

No podemos darle ningún valor especial a la percepción. Todos en este mundo tenemos percepciones internas y externas. Todos tenemos una representación mental y emocional de lo que somos o de lo que nos gustaría ser. Asimismo, tenemos una idea sobre cómo los demás nos ven y de cómo los demás responden a eso que ven. A partir de ahí realizamos una proyección mental, que es como un holograma de nuestro deseo de ser algo, que no siempre está respaldado por la realidad. Este proceso es una función orgánica básica, no representa ningún mérito, porque percibir forma parte misma del funcionamiento de la vida.

Por lo tanto, no es la capacidad de percibir lo que nos diferencia del hombre de las cavernas, sino la **capacidad de interpretar** lo que se percibe. Esto es lo que los antiguos griegos llamaban discernimiento, en latín *discernere*, distinguir, separar una cosa de la otra, establecer diferencias. Si uno no aprende a establecer diferencias, se está negando a sí mismo la posibilidad de desarrollar un criterio.

Curiosamente, los maestros de las escuelas espirituales y filosóficas de todos los tiempos han puesto un gran énfasis en que el aspirante a la sabiduría debe tratar con un alto grado de escepticismo sus percepciones. Lo han hecho porque, como ha quedado claro en párrafos anteriores, no se trata de lo que se percibe, sino de cómo se descodifica lo que se percibe. Los grandes pensadores y maestros espirituales sabían que el humano es una máquina compleja. Quedarnos en la literalidad de las percepciones es, por un lado, simplificar absurdamente la condición humana y, por otro, autorizar la fantasía. ¿Por qué digo esto? Porque una percepción sin el debido examen que da la realidad objetiva no es más que una idea fantástica.

Una vez se establece que la percepción es, en sí misma, una medida adecuada para juzgar la realidad, nos veríamos obligados a aceptarlas todas; de lo contrario caeríamos en una especie de hipocresía dialéctica. Al aceptarlas todas, nos daremos de frente con el problema de la ausencia de límites.

La sociedad actual, hoy más que nunca, sigue viendo la ausencia de límites como sinónimo de libertad, y lo que está produciendo es caos social e institucional. Por ejemplo, si yo me autopercibo como pájaro –no resulta disparatado si ya hemos establecido que toda autopercepción es válida–, entonces podría saltar por la ventana e intentar volar. Rápidamente la realidad objetiva establecerá que no estoy diseñado para tal tarea. Aquí queda demostrado que cualquier concepto interno debe ser, necesariamente, refrendado por una realidad concreta externa; de lo contrario, carece de valor objetivo.

La esencia de la psicología es la interpretación de la información que recibimos. Pero actualmente, en casi todas las áreas, se despiertan iras hacia cualquier filtro racional. La sola mención de una posibilidad de análisis es vista como un anatema. El ser humano digitalizado, hiperinformado y desintelectualizado no desea ningún obstáculo entre él y su fantasía.

Éste no es un fenómeno reciente, también hay que decirlo, sólo han cambiado las herramientas para intentar llevarlo a cabo. A lo largo de la historia, el ser humano ha delirado con el poder y el placer, se ha entregado al hedonismo, a la megalomanía, ha cometido y, por lo visto, seguirá cometiendo todo tipo de tropelías enarbolando la excusa de lo que percibe. Los grandes dictadores y tiranos son una muestra contundente de cómo la autopercepción de un individuo genera un dolor inconmensurable.

Es necesario que, ya sea como estudiantes de *kabaláh* o simples ciudadanos pensantes, entendamos que lo importante de nuestra percepción es la **calidad de nuestra interpretación.** La calidad de dicha interpretación es el resultado de una serie de factores como la cultura general, el desarrollo intelectual, la madurez emocional y el trabajo espiritual. Todas esas tareas se podrían incluso agrupar bajo la etiqueta «trabajo espiritual», ya que éste comprende, al menos desde la perspectiva de la mística hebrea, un conjunto inseparable de acciones que abarcan todas las áreas de la vida humana.

En cuanto uno empieza a trabajar seriamente en sí mismo, se da cuenta de que sus percepciones no son algo fijo. Van creciendo o decreciendo, según sea el camino elegido. Cuanto más aprendemos, más conseguimos objetivizarlas y, por lo tanto, menos esclavos somos de éstas. Como ves, querido lector, nosotros, como buenos aspirantes a místicos, vamos contra la corriente. La mayoría de las personas se han afiliado a la idea actual de que nada debe oponerse a sus fantasías o ideas. Es un camino fácil y dulce, pero que ha transformado al humano moderno en un niño que exige que sus padres no lo regañen, que sus maestros no le exijan y que el mundo no lo contradiga en nada si no quieren tener que soportar su berrinche.

Pero nosotros no. Nosotros buscamos la verdad y sabemos que no es tan sencilla de obtener. Si fuese tan simple, este mundo rebosaría de gente iluminada.

Sólo mediante el trabajo duro uno es capaz de pulir la capacidad de interpretar sus percepciones. Esto crea una retroalimentación: mejoramos la interpretación, entonces la capacidad perceptual se incrementa. Las percepciones que nos sorprenden en los relatos sobre los grandes maestros son el resultado de ese proceso de discernimiento-crecimiento, de no de dejarse llevar por lo que uno *cree* que ocurre.

Si a alguien le parece que esto no tiene demasiada base lógica, podemos ver cómo ha cambiado la ciencia respecto a su concepción del asunto. Mencionábamos antes que la idea cartesiana de sólo creer en lo que uno ve ha quedado bastante desfasada. El desfase proviene de que hemos profundizado en los mecanismos de cómo nuestros sentidos recogen información, lo que a veces otorga más preguntas que respuestas. La idea general es que la sola percepción o ausencia de ésta respecto a un fenómeno no es ya un argumento lapidario. ¿Por qué? Porque lo que percibimos no es confiable. No es que ya lo haya dicho Buda, entre otros, hace miles de años, es porque la comprobación objetiva lo demuestra. Proporcionaré un ejemplo, algo clásico. Sabemos que las cosas están hechas de átomos y los átomos no están quietos. Sin embargo, toco una silla y mis sentidos me dicen que es sólida. ¿Dónde está la verdad? La verdad está en que mis percepciones se adaptan a la realidad para poder hacerla manejable. Pero no al revés. La realidad no se adapta a la percepción individual. Cuando se va por ese camino, uno se dirige al oscuro sendero del conflicto interior, que a veces se refleja en explosiones de diversa entidad en el exterior.

La lección que yo he sacado de lidiar con mis propias percepciones es que aferrarme a ellas no sólo es improductivo o incluso peligroso para mí o quienes me rodean, sino que también es una forma de limitación. Dicha limitación procede de perder de vista lo Eterno. Al considerarme una mera máquina de percepción y su consecuente búsqueda de satisfacción, me he atornillado sin piedad en la temporalidad. De esa forma, he perdido toda posibilidad de redención. ¿Por qué? Porque redimirse implica, entre otras cosas, ser capaz de mirar por encima de las limitaciones perceptuales. Si en vez de superar dichas limitaciones, las legitimizo, entonces estoy acabado. Mi consciencia no puede subir, el ancla ya está echada. Uno no puede conseguir el *Daat* si no está dispuesto a que la realidad lo incomode o incluso le duela. Solidificándonos en la temporalidad, anulo una de las máyores capacidades que tenemos como entidades humanas, la trascendencia.

13.6 Lo existencial como límite a nuestra percepción

Vivimos sumergidos en una paradoja de difícil solución. Nuestra percepción es, en realidad, la única herramienta mediante la cual obtenemos información de la vida y, a la vez, parece ser la cosa menos fiable del mundo. Además, la capacidad perceptual no sólo depende de factores orgánicos, hay otros elementos que intervienen en ella y pueden modificarla.

Tal y como mencionábamos antes, la percepción tiene capacidad de crecimiento. Esto nos lleva a la conclusión de que eso que llamamos percepción tiene un carácter profundamente relativo. La vida cambia según nuestras percepciones, y las percepciones, a su vez, van mejorando o empeorando según vaya nuestra vida. Cuando hablo de «vida», no me refiero sólo a la Vida como evento general y universal, sino al acto mismo de vivir. La percepción de la vida es la que nos hace tomar consciencia de que existimos; de lo contrario, ¿cómo lo sabríamos?

Se hace necesario entender que vivir es un acto complejo que no puede ser observado a través de ninguna lente reduccionista. Desde el punto de vista espiritual, estamos formalmente obligados a reconocer que el término «existir» no se refiere a una mera concatenación de funciones biológicas agrupadas dentro de un cuerpo, que, a su vez, se relacionará con otros organismos en diferentes escenarios. No somos una simple máquina orgánica, eso está claro. Pero tampoco somos un ente puramente espiritual. Una perspectiva espiritual madura considera que la vida acontece en ambos planos, que se intersectan y se influyen mutuamente.

Para nada podría recomendar embarcarnos en una actitud de rechazo hacia lo terrenal. Correríamos el riesgo de desarrollar una especie de esquizofrenia existencial, cosa que, más que ayudar, nos llenaría de problemas. Me tomo la libertad de usar la palabra esquizofrenia porque creo que define perfectamente la situación. «Esquizofrenia» proviene del griego, y significa «rajar» o «dividir la mente o el alma».

Para cualquier estudiante serio de *kabaláh*, todo acto divisor, separador, implica un problema. En esencia, el trabajo místico kabalista es la unificación. Esta unión o *Ejad* en hebreo, si bien puede ser llevada a un nivel cuasi abstracto o demasiado ideal para nuestras posibilidades humanas, en la escala adecuada, es algo totalmente posible y deseable.

Recuerdo una película muy dura llamada *Johnny cogió su fusil*, en la que un soldado de la Primera Guerra Mundial es terriblemente mutilado. Pierde sus extremidades, el oído, la vista y el habla. Más allá del crudo mensaje antibelicista, se nos da una imagen de la fragilidad inherente a la vida: perder toda capacidad de percepción puede transformar la existencia en algo mucho peor que la muerte. La vida, entonces, para el místico ocurre dentro y fuera de la persona. Dicho de otra forma, lo que percibimos como vida es el resultado de una ecuación que une lo que sucede en nuestro ser interno con todo lo externo.

Pero aún tenemos la piedra en el zapato. Necesitamos aprender de la vida y, al mismo tiempo, nos damos cuenta de que nuestros instrumentos son precarios. Dicha precariedad se debe a que la capacidad perceptual siempre puede ser ampliada, es decir, que es relativa al estado de consciencia que poseamos en ese momento. Sin embargo, aunque pueda parecer que dicha capacidad de evolución es ilimitada, no lo es tanto. Sucede que está vinculada a la dimensión existencial en la que nos hallemos insertados.

La dimensión existencial estará determinada por nuestro nivel de consciencia. Por ejemplo, un criminal posee un estado de consciencia en el que delinquir o causar daño a otras personas es algo aceptable. En ese territorio, dimensión, o nivel, como queramos llamarle, las percepciones sobre lo que es correcto e incorrecto serán totalmente diferentes a la de un filántropo, por ejemplo. Entre las múltiples razones de por qué se nos hace tan duro cambiar ciertas condiciones, está la de que hasta que no cambiemos el nivel existencial, nuestras percepciones lo tendrán muy difícil. Entramos en un círculo vicioso: no podemos cambiar lo que vemos porque nuestra mente sigue instalada en el mismo sitio y, a la vez, no conseguimos cambiar de sitio porque no podemos percibir los elementos que nos ayudarían a dar ese salto.

Afortunadamente, El Creador ha resuelto este problema con una sencillez abrumadora. Cuando algo nos impulsa a querer cambiar, pero no logramos romper las cadenas de lo viejo para entrar en lo nuevo, entra en escena la crisis. La crisis es una medicina que rompe el ciclo infinito, es la lima que corta los barrotes de nuestra celda.

A medida que el aprendiz va ascendiendo de nivel de consciencia, las crisis van reduciendo su frecuencia y su intensidad. Esto tiene su lógica, la veteranía es un grado, como suelen decir. Es como un atleta que al principio se lesionaba de forma severa o se cansaba muy pronto, pero, con el correr del tiempo y el esfuerzo, ya ni se lesiona ni alcanza el agotamiento tan fácilmente.

Una actitud inteligente es la de entender que, si bien lo que percibimos en este momento puede otorgarnos una verdad que es absoluta –teniendo en cuenta que representa el máximo de experiencia obtenible para ese nivel–, no debemos confiarnos en exceso.

Incluso deberíamos mirar con cierta desconfianza la información obtenida. Estamos obligados a desconfiar porque algo nos dice que **ése no es el último escalón**, que tras esa verdad le sigue otra aún más profunda. Respecto a esa verdad más profunda, que aún no alcanzamos, pero que sospechamos que existe –la propia naturaleza humana, segmentada y fragmentada lo sugiere–, la verdad obtenida de nuestras percepciones es relativa. Para resumir, la verdad existencial que poseemos ahora es absoluta para nuestro nivel de consciencia actual y es relativa respecto a la siguiente capa de verdad que nos está esperando en el nivel superior.

Cuando conseguimos ubicarnos en un contexto cognitivo –cognitivo a todo nivel, intelectual y místico– en el que consideramos que lo eterno forma parte o se relaciona, de alguna manera, con nuestra existencia, de inmediato nuestra capacidad perceptual cambia para mejor. Al establecer que no sólo existe lo que veo y lo que toco, que no sólo cuenta lo que mis rudimentarios sentidos son capaces de reconocer, amplío de forma exponencial mis capacidades perceptuales.

Por supuesto, a lo perceptual tenemos que agregarle una capacidad de interpretación. El dato puro y duro no es suficiente. No entender eso hace que la gente se crea cualquier cosa que lee o escucha en Internet o que acepte sin más la promesa de un político. Encontrar la Verdad requiere una actitud **no pasiva.**

Nuestros maestros aseguran que enfocar nuestra energía mental nos da acceso a dimensiones existenciales que, físicamente, no están disponibles. No lo están porque, primero, contamos con el obstáculo de un cuerpo físico insertado en el tiempo lineal. El secreto del trabajo avanzado espiritual consiste en entender que, mientras se esté encarnado, sólo podemos hacer lo que yo llamo «turismo místico».

O sea, que uno puede acceder, gracias a sus facultades de percepción –refinadas mediante el trabajo espiritual sistemático–, a estados de existencia muy por encima del que habitamos. El gran maestro Rav Najman de Breslev, de bendita memoria, decía que donde está tu mente estás tú. La mente, que no es el cerebro, sino lo que lo anima, es una energía que cualquier iniciado de bajo nivel sabe que puede proyectarse.

Siguiendo esta idea, podemos conectarnos a otra, muy importante para todo estudiante de lo espiritual. Esta idea nos dice que la fe, o *emunáh* (certeza), es algo que supera la razón. Es decir, que una vez que el místico agota lo racional, una energía interna muy especial lo lleva más allá del razonamiento binario y el lenguaje estructurado hacia una respuesta. La fe es una fuerza capaz de cambiar ciertas condiciones de nuestra realidad o, cuando menos, llevarnos a estados superiores de percepción.

Gran parte de este libro ha tratado de llevar al lector a que sitúe su mente en otro sitio cuando se enfrenta al dolor, en un lugar que le resulte favorable, que no niegue el dolor, sino que lo comprenda y lo relativice. Muchas veces la relativización alivia o en ocasiones incluso anula un dolor en particular.

Todo esto parece bastante obvio a nivel individual, subjetivo. Pero ¿qué sucede a nivel objetivo? (Uso aquí la palabra objetivo por no encontrar otra mejor, aclarando que dudo mucho de que exista o seamos capaces de obtener alguna clase de conocimiento puramente objetivo).

A veces, la mejor opción que tenemos para superar una crisis existencial es decidir que la Eternidad existe y que estamos conectados con ella. Los demás podrán burlarse, alegando que nos estamos «inventando» una realidad. Lo cierto es que más que inventarla estamos ampliándola. «Ampliar» significa aquí redefinirnos como entes capaces de relacionarnos con las capas visibles e invisibles de nuestro ser y de las dimensiones en donde dichas capas pueden manifestarse.

Lo físico, la existencia tridimensional, pone un límite orgánico a nuestra percepción, resulta obvio. Sin embargo, al concebir lo que está más allá de lo existencial, lo que viene a ser trascender, jugamos con otras reglas, cambiamos los límites orgánicos, que son muy difíciles de alterar, por los límites de consciencia. Al contrario de los meramente biológicos, los límites de la consciencia parecen ser, tanto para científicos como para místicos, factibles de una expansión constante.

Como a cualquier objeto, lo que nos define son los límites. Si permanecemos fijos en lo meramente existencial, nuestro perímetro espiritual será bastante pequeño. Es al enfocarnos en la trascendencia cuando crecemos internamente. Crecemos en el sentido literal, como crece un país que conquista nuevos territorios y extiende así sus fronteras.

El estado actual de la humanidad es el resultado colectivo de la suma de los límites individuales de cada habitante. Lo bueno y lo malo de la raza humana actual es más el resumen de aquello que no ha podido conseguir que de lo que ha logrado.

Enfocándonos en la trascendencia, o sea, en lo eterno, podremos trabajar en pos de la elevación de nuestra consciencia de forma casi infinita, ya que siempre habrá algo que mejorar. Cuando nos relacionamos con el mundo terrenal, no tardamos mucho en encontrar cierta cantidad de límites. Chocamos con lo finito.

Nuestra condición de seres manifestados en el reino material nos limita *per se.* Los instrumentos, teorías, hipótesis, tecnología son inseparables de su nivel existencial. O sea que, si bien las herramientas internas pueden ser inagotables, las materiales no lo son.

Los límites de la percepción subjetiva están dados por factores personales: educación, madurez, experiencia, conocimiento intelectual, inteligencia emocional, etc. Pero en cuanto queremos obtener un saber objetivo, los límites son demarcados por la solidez de las leyes de la naturaleza. Leyes que, hay que decirlo, están en constante estudio.

Entre esos límites tenemos el tiempo. Imaginemos que durante un mes un autobús pasa a las ocho de la mañana por la parada todos los días. Los pasajeros se acostumbran a ese horario y adaptan su vida a él. Antes del mes, un científico elabora una ley que dice: «El bus siempre pasará a las ocho de la mañana». Entonces, al mes y un día, el ayuntamiento decide anular esa línea y con ello destruir la ley que había descubierto el científico. ¿Qué ha ocurrido? Que nos apresurarnos al querer explicar los hechos.

Simplemente no dejamos pasar el tiempo necesario para ver que tal ley en realidad no existía, que había un poder desconocido, llamado ayuntamiento o municipio, que intervino más allá de nuestra capacidad de percepción.

Esto se aplica a la astronomía, donde las medidas de tiempo son de millones y millones de años. Muchas cosas se nos escapan simplemente porque la humanidad no ha estado tanto tiempo en escena como para comprobarlas. Entonces, el tiempo condiciona mucho nuestro saber, porque puede que un proceso se cumpla durante mil años y a los mil años y un día cambie, destruyendo nuestra supuesta verdad.

El espacio también restringe nuestra capacidad de conocimiento falseando lo que percibimos. Por ejemplo, las luces que vemos en el cielo nocturno, quizás provengan de estrellas que lleven varios siglos extinguidas.

En conclusión, está claro que tiempo y espacio, esencia de este mundo físico, de lo existencial, son las fronteras más duras a la sabiduría.

¿Cuál es entonces la opción más lógica? Intentar ponernos por encima del tiempo y del espacio. Situarse más allá del tiempo y del espacio es justamente lo que vienen haciendo los místicos desde el principio de los tiempos. ¿De qué manera? Buscando la Eternidad. Al buscar la experiencia de la Eternidad buscamos lo que está más allá de la parada del autobús, del horario, incluso, más allá del ayuntamiento que hace las reglas sin que nos demos cuenta.

Aunque engorroso y poco fiable a simple vista, el trabajo interior parece ser nuestra mejor baza a la hora de derribar límites de percepción. No sería descabellado pensar que la propia ciencia pueda acabar encontrando su propio límite. Imaginemos un mundo bidimensional. En ese mundo viven figuras planas, sin profundidad. Si un ser tridimensional irrumpiese en su vida, lo máximo que podría percibir de él sería la marca plana que dejaría en el mundo de dos dimensiones. Puestos a trabajar, sus mejores científicos encontrarían, tarde o temprano, que no pueden responder a la pregunta de por qué ese nuevo ser ha aparecido. Su respuesta no estará en las dos dimensiones. Necesitarían ser capaces de intuir una tercera. Pero eso significaría un salto casi imposible a nivel estructural, orgánico. Simplemente no están dotados para operar en un universo con tres dimensiones.

Ahora pensemos que lo mismo pudiera sucedernos. Bueno, en realidad, nuestros maestros dicen que eso viene sucediendo desde el principio de los tiempos. Lo que llamamos «Dios» sería entonces el contacto con un Ser del que no somos capaces de captar en su multidimensionalidad. Toda experiencia mística, toda revelación o profecía, bien podría ser el resultado de la irrupción de un evento perteneciente a un nivel de existencia muy diferente al nuestro. Desde ese punto de vista, el trabajo místico sería hacer posible el acceso a esa realidad. Una realidad que, si insistimos en resolverla desde lo material, nos será negada, debido a nuestras limitaciones orgánicas o tecnológicas.

Enfocarnos en la Eternidad parece ser la forma más eficaz de evitar encontrarnos con el límite final.

13.7 La trascendencia está en nuestros genes

En una de sus magníficas descripciones de la Creación, mi querido amigo Mario Sabán detalla cuatro aspectos importantísimos a la hora de entender el mundo de la manifestación, o «Mundo *Beth*» como solemos llamarlo en *kabaláh*. Para quienes no están familiarizados con su terminología, cabe la aclaración de que en *kabaláh* usamos la primera letra del alfabeto (*alef*, א) para nombrar al mundo previo a la manifestación –antes del Big Bang podríamos decir– y la segunda letra (*beth*, ב) para denominar al cosmos ya manifestado, es decir, este Universo del que formamos parte.

El territorio de eso que llamamos Dios es el Mundo Alef, también llamado *Ein Sof* (Sin Fin, Infinito), donde la esencia de todo lo conocido se halla en un modo potencial. Allí, según nuestros sabios y maestros, existe la unicidad absoluta, por lo que, entre otras cosas, no existe la posibilidad de dividir la experiencia entre observador y observado. Eso implica que Dios mismo no existe, al menos no desde la concepción de nuestro universo. ¿Por qué decimos esto? Porque para que se pueda concebir a Dios tiene que haber una consciencia separada de Él, es decir, una entidad diferenciable. Eso en el Mundo *Alef* no ocurre, todo es Dios, y al ser todo Dios, Dios mismo, como idea se vuelve imposible, porque no hay nada externo a Él que pueda señalarlo y decir «ahí está Dios, aquí estoy yo».

Al tener lugar la Creación –*Bereshit* en hebreo–, nace todo lo existente, incluso Dios como idea. Suele subestimarse la etapa de la Creación en la Toráh/Biblia porque se la ve como un cuento chino, para fanáticos creacionistas. Sin embargo, dudo que exista un texto más impregnado de detalles metafísicos, filosóficos y científicos como el libro del Génesis o *Bereshit.* Y para quien se esté preguntando qué diantres tiene que ver esto del origen de las galaxias y los planetas con nuestro día a día, le pediré paciencia. En unos instantes verá la importancia de comprender el proceso del origen del cosmos y su relación con nuestra naturaleza.

Como resulta obvio, nosotros somos parte de lo creado. Estamos atornillados en el mundo causal mediante un cuerpo que, le guste o no, se ve obligado a seguir la normativa vigente de esta dimensión existencial. Digamos que tenemos unas reglas de juego, algunas con las que podemos negociar, otras no tanto. Mario define las cuatro propiedades fundamentales del mundo manifestado. Del inmanifestado poco o nada podemos saber, ya que para ello deberíamos ser reabsorbidos en la Unicidad Total. Pero el manifestado se nos revela con más claridad. De ahí que ocurran cuatro eventos fundamentales, vinculados entre sí, que no sólo determinan cómo se comportan los cuerpos celestes, sino que también establecerán las condiciones de nuestra capacidad operativa como seres encarnados. Dichos eventos son espacio, movimiento, tiempo y trascendencia.

Lo primero que podemos ver sobre el Mundo *Beth* es que es un gran contenedor. Es, principalmente, un recipiente en el cual se depositan todas las maravillas y las cosas terribles que vemos. Sin ese espacio, no habría donde poner nada.

Al tener un espacio y al ser activas las cosas dentro de ese espacio, nace el movimiento. En el cosmos podemos decir que casi no hay nada que no se mueva en relación a algo. Uno en su casa puede pensar que está quieto, pero el planeta está girando sobre su eje y orbitando alrededor del Sol a 107 280 kilómetros por hora. Podemos decir que el movimiento es sinónimo de vida y la quietud un síntoma de la muerte.

Las cosas se mueven dentro de un espacio, tienen que ir del punto A, al punto B. No sólo cubren una distancia, sino que también tardan un tiempo en hacerlo. Nace así el tiempo, ese elemento reverenciado y odiado a partes iguales. Algunos científicos en la actualidad han empezado a ponerlo bajo sospecha, dudando de que sea real. Pero incluso si el tiempo no es real, si es un producto de nuestra capacidad de percepción –como todos los maestros de todas las escuelas místicas nos vienen diciendo desde hace miles de años–, es un tercer elemento presente e ineludible en nuestra vida cotidiana.

Llegamos así a la trascendencia. La trascendencia es un evento mucho más sutil, aunque no por ello menos relevante. ¿De dónde nace la trascendencia? De la separación de la Fuente Original. Si nos concebimos como segmentos de dicha Fuente, como pequeños fractales de ella, deduciremos que la única posibilidad que teníamos de tener consciencia de nuestra individualidad era, precisamente, escindiéndonos de dicha Fuente. Dentro de la Fuente eso era imposible, porque allí la Unidad (*Ejad*) es total. En el Mundo *Alef*, Dios es inmanente, es decir, es inseparable de su condición, no va hacia ningún sitio, no crece ni decrece, no se mueve, está todo contenido dentro de Su Naturaleza. Pero nosotros estamos en el Mundo *Beth*, donde todo se mueve, todo ocupa o no ocupa un espacio, todo tiene un tiempo y, además, nos encontramos, desde el punto de vista técnico, separados del Creador. Por supuesto, dicha separación es ilusoria, porque sólo ocurre a nivel terrenal. Aun así, nuestra percepción es de lejanía de la Fuente.

He ahí la metáfora del «judío errante». El judío, *yehudí*, «que adora a Dios», es decir, el Alma elevada, se siente en constante destierro mientras brega en este mundo. Esa sensación tiene su origen en que el Alma sabe que no es de este plano, ella está conectada a las dimensiones que mantienen el lazo con su «antiguo hogar». Probablemente, amado lector, tú hayas sentido esa nostalgia incomprensible de querer regresar a un sitio que ni siquiera sabes qué es.

Eso que tu yo no consigue determinar tu Alma lo vive con la intensidad que da la certeza.

Aquí nace el trabajo espiritual. Dios está «lejos» de nosotros. Tenemos perspectiva siempre que tengamos distancia, no puede haber la una sin la otra. Dicho de otra forma, concebimos a Dios porque estamos separados de Él, entonces Dios se vuelve algo trascendente. Trascender es una palabra que nos indica pasar de una cosa a otra, atravesar de un estado al otro. Nuestro estado humano, encarnado, nos obliga a trascender. Dios es algo hacia lo que llegar, algo con lo que unirse, y necesita unirse porque de alguna forma está separado. Esa trascendencia requiere movimiento, espacio y tiempo. Los cuatro elementos característicos de la Creación se conjugan para que el Alma pueda llegar a su destino.

Esa condición de trascendencia es inherente a nuestra naturaleza. Apenas nos ponen en la vida, querremos trascenderla. No siempre buscamos trascender hacia la razón última de las cosas. A veces intentamos trascender nuestra condición social, intelectual, emocional, etc. El típico deseo humano de perpetuarse de algún modo en los hechos y las memorias de los demás está vinculado a este «gen de la trascendencia». Es algo que llevamos impreso en nuestras moléculas. Contrario a lo que argumentan los materialistas reduccionistas, no es por miedo a la muerte que el humano intenta trascender. La muerte muchas veces ha sido vencida por el amor y el altruismo a lo largo de la historia.

La razón de la búsqueda de lo trascendente es por un motivo mucho más importante: la búsqueda de significado. Está claro que la muerte nos espera a todos, eso no es elegible. Pero sí podemos elegir vivir con o sin significado. Lo peor que le puede pasar a un moribundo no es despedirse de este plano terrenal, es mirar en ese momento hacia su vida pasada y verla vacía de motivo, de propósito. El problema no es tanto morir, sino vivir como si uno nunca hubiese nacido.

La trascendencia entonces nos conecta con lo Eterno. Otra vez lo Eterno viene a nuestro rescate. La humanidad se encuentra inmersa hace siglos en un absoluto «devenerismo», es decir, en una visión de la existencia donde una cosa deviene en la otra sin solución de continuidad. Ese tipo de vida nos destruye como entidades sensibles, nos convierte en meros robots siguiendo el guion de algún desquiciado empecinado en acabar con todas las posibilidades de ser, de tener un propósito. En ese guion todo lo que ocurre, todo lo que puede llamarse una verdad, es convertido en un simple evento desconectado del resto de la historia, en una planta sin raíces que apenas nos vale para un momento.

Si todo en lo que nos apoyamos es temporal, desconectado de un Origen que nos otorgue un hilo conductor, renunciamos a toda posibilidad de ser, aceptamos, sin saberlo, los pesados grilletes del tirano «devenerismo» del tiempo que pasa porque tiene que pasar y poco más, sin rumbo ni sentido.

Al entender la Eternidad como nuestro verdadero hogar, derrotamos a la muerte, nos liberamos gradualmente del dolor existencial con la aplicación de nuestros esfuerzos a la trascendencia, recuperamos nuestro significado y convertimos nuestra vida en algo que vale la pena vivir.

XIV

¡A las armas!

Todo hombre se parece a su dolor.
André Malraux

La alegría y el dolor no son como
el aceite y el agua, sino que coexisten.
José Saramago

A lo largo de trece capítulos, con la ayuda del Creador, de mis maestros, guías y ángeles, he intentado llevarte de la mano, y de la forma más gradual que me ha sido posible concebir, por los diferentes accidentes de este terreno escabroso que nadie quiere transitar. El país del dolor es un país duro y complejo. A veces, sus paisajes nos pueden llevar de la confusión a la desesperación. Sobra decir que la desesperación no es un sitio donde deseemos instalarnos. El origen etimológico de la palabra «desesperación» nos habla de una acción de separación de la esperanza, y su significado formal habla de la pérdida de confianza en el éxito de un deseo. Podríamos decir que desesperarse es igual a tomar la decisión de coger un cuchillo y cercenar el vínculo que nos une a un anhelo que casi siempre es un anhelo de redención, de superación, de finalización de un sufrimiento o de la concreción de una meta.

En mi experiencia, el mejor antídoto contra la desesperación es el conocimiento y el análisis. Por ello he ido desde el dolor más básico, más sólido, hasta el que podríamos llamar «más etéreo» –aunque es un término algo prejuicioso, el dolor es dolor y punto–. Considero una pérdida de tiempo ponerse a evaluar si es peor o más relevante el dolor físico que el emocional o el espiritual.

No es raro encontrarnos subestimando el dolor del prójimo sólo porque no coincide con nuestra escala personal del sufrimiento. Pero el dolor es para el que le duele, para quien no es una especulación o un discurso, sino un verdadero problema. Nuestra actitud debería ser la de ayudar a comprender las causas de dicho problema, no minimizarlo. Entre los ejemplos más comunes están estas situaciones. Ejemplo uno: una persona, visiblemente afectada, le dice a una amistad «Estoy triste», como respuesta obtiene: «Pues ¡no estés triste!». Ejemplo dos: alguien dice «Estoy sufriendo por *x*», entonces su interlocutor le responde, «¡Vamos, que todo el mundo sabe que *x* es una tontería, no hay por qué sufrir por eso!»

Resulta evidente que esto no sólo no ayuda, sino que crea más dolor. Tras esas interacciones, el que sufre acaba sumando al dolor que ya tenía, el dolor de ver minimizada o incluso ridiculizada su situación. El efecto que causa el dolor de alguien en su círculo cercano es desagradable, eso está claro. Así, aparecen dos tipos de reacciones. Una de ellas es la de verdadera preocupación porque la persona resuelva su problema, y la otra es un intento egoísta de neutralizar un evento que resulta incómodo o doloroso para quien tiene que ser testigo de éste. Dicho de otra forma, a veces las personas intentamos ayudar a otras en su padecimiento y otras tratamos de tirarle una manta encima, para no verlo y que no nos afecte. Teniendo en cuenta que la mayoría no tiene trabajado su interior, lo más común es encontrarnos con que a cambio de confesar nuestro drama personal obtenemos frases mágicas que, de funcionar, llevaríamos siglos de inmunización ante todo tipo de desavenencia.

Seguimos pensando que tenemos que resolver el dolor del otro. Nadie en este planeta puede resolver el dolor de nadie. Lo más humano, efectivo, lo más espiritualmente correcto que puede hacer un ser humano por otro en un momento difícil es **acompañarlo**. Dicho acompañamiento tiene que ser uno que produzca consuelo y también que ayude a que el otro encuentre la manera de desactivar sus emociones negativas. Esto vale para casi todas las situaciones, salvo en las que el dolor sea meramente físico; en ese caso la solución estará en la medicina.

Tenemos actitudes similares hacia nosotros mismos. Como seres reñidos con el equilibrio, o intentamos minimizar, mirar para otro lado cuando damos con una veta de sufrimiento, o lo magnificamos y hacemos una tormenta en un vaso de agua.

Siendo pragmáticos, veremos que la importancia del dolor no reside en su **procedencia**, sino en su **intensidad**. El dolor tiene un poder que pocas cosas tienen en esta vida, y es el de abrumarnos totalmente. Por eso, toda la percepción, discernimiento e integración que podamos efectuar sobre el dolor que nos aqueja es poca. El dolor requiere un esfuerzo, es decir, una actitud en la que el individuo elige, voluntariamente, enfocar sus energías en la comprensión o solución del episodio doloroso.

De ahí el título de este libro –que a más de uno puede que lo intimide pensando que es una especie de apología del masoquismo–, de ahí la idea de que el dolor contiene dentro de sí mismo una Luz –*Or* en hebreo–. Queramos o no el dolor estará presente en nuestras vidas.

Pero uno puede sufrir por sufrir o aprender a sufrir cada vez por menos cosas y por cosas distintas. Cuando quedamos condenados al mismo dolor durante años, es como si nuestra vida quedase atada a una noria que nos obliga a caminar, día tras día, en la misma ruta circular que, por su propia naturaleza, no nos llevará a ningún sitio.

Con estas páginas intento provocar en ti una actitud proactiva, es decir, que seas capaz de desarrollar una postura ante el dolor en la que tú tengas la iniciativa. Cierto es que, normalmente, uno no elige conscientemente zambullirse en el sufrimiento. Pero, una vez que éste entra en nuestra vida, no deberíamos ser demasiado lerdos y, tras el ataque inicial, asumir rápidamente la voz cantante. Porque cuanto más terreno dejemos que gane el dolor, más cuesta arriba se volverá nuestra recuperación. Es importante no dejarse arrastrar por la pasividad. Imaginemos que es una infección o una hemorragia. No es buena idea no hacer nada.

Todos queremos una existencia feliz, sin duda. Afortunadamente, no todo en la vida es caer en la desgracia y tratar de remontarla. Una de las características más potentes de la espiritualidad kabalista es su carácter preventivo. ¿No reza el viejo refrán que es mejor prevenir que curar? Pues en eso vamos a enfocarnos a partir de aquí.

Como ya dije, en trece capítulos hemos diseccionado las diferentes formas de sufrimiento y otorgado vías de comprensión que, en sí mismas, pueden usarse para mitigar o incluso detener los efectos negativos asociados. Ahora toca enfocarnos en herramientas y conceptos que puedan darnos un cierto margen de iniciativa. Pondré a disposición del lector dos técnicas meditativas simples y una técnica de autocontemplación, discutiremos además el sentido del pasado, comprenderemos el perdón y el olvido, y por fin, plantearemos la felicidad como camino posible.

¡A las armas mis valientes! ¡Que *Hakadosh Baruj Hu* (El Santo Bendito Es) nos acompañe hasta la victoria!

XV

El pasado y el presente. Qué son, para qué sirven

La distinción entre pasado, presente y futuro
es sólo una ilusión obstinadamente persistente.
ALBERT EINSTEIN

Deberíamos usar el pasado
como trampolín y no como sofá.
HAROLD MACMILLAN

Existe la posibilidad de ver el pasado desde un punto de vista del todo práctico, experiencial, o con un enfoque más metafísico, a medio camino entre la mística y la física cuántica. Si empezamos por lo meramente empírico, cualquiera de nosotros va a definir el pasado como lo que ya pasó, como algo que ya no pertenece al momento actual. Hasta ahí cualquiera puede entenderlo.

Ahora bien, si lo miramos desde una perspectiva más filosófica, más metafísica, veremos que no es tan fácil definir el pasado. William Faulkner afirmaba que «el pasado nunca está muerto, ni siquiera es pasado». Es decir, que aquello que ha ocurrido, físicamente no está presente, pero emocional, mental y energéticamente puede que tenga una presencia tan importante como cualquier cosa que pertenezca a nuestro momento actual.

Por otro lado, el pasado se vuelve difícil de etiquetar cuando intentamos determinar qué es el presente. ¿Cuánto dura el presente? Es decir, ¿cómo medimos el momento vivido? ¿Qué criterio seguimos para trazar una línea imaginaria y poder decir «vale hasta aquí es presente, desde aquí es todo pasado»? Estas palabras que estás leyendo, que estás recibiendo en tu cerebro ahora mismo, ¿no forman parte ya de tu pasado? Si no hubiesen pasado, no las habrías leído, ¿verdad? Así que, podríamos definir el pasado como eso que viene una milésima de segundo después de que experimentes algo. Si nos quedamos con esa idea, casi podríamos decir que lo que creemos que es la vida, en realidad es la percepción de lo que ya ha pasado, de lo que ya ha ocurrido. Explorar esta idea vuelve algo absurda la letanía que toda persona que se considera espiritual recita sin pensarlo: «Vive el aquí y el ahora».

Pero el aquí y el ahora es algo que pasa tan rápido que es como querer saltar sobre una cinta transportadora y decir «aquí estoy». En cuanto te hayas subido a la cinta, ya te habrás movido, cuando intentes acabar la frase, ¡ya no estarás en tu posición inicial! De modo que todo eso del *carpe diem*, del «vive el momento», acaba siendo un recurso inútil, porque no refleja la veracidad de lo que nos está ocurriendo. Nuestra percepción de la vida sería, en cierta forma, un recuerdo tras otro. Estos recuerdos acabarán diferenciándose entre los instantáneos y los lejanos. Los recuerdos lejanos, aquellos que nuestras neuronas habrán decidido almacenar son lo que llamamos «pasado». Nuestras neuronas, como todo sistema orgánico, soy muy amigas de la economía, así que tampoco lo almacenarán todo. De la misma forma que, cada tanto, tenemos que hacer espacio en nuestros teléfonos y ordenadores, y descartamos lo menos relevante, así nuestros cerebros mantienen en los archivos sólo parte de aquello que hemos vivido, no todo. No sólo eso, a veces guardamos recuerdos distorsionados. Un viejo refrán dice que la memoria es una vieja que atesora trapos de colores y desperdicia la comida. Factores emocionales contribuyen a que almacenemos o descartemos eventos de nuestra memoria. O sea que incluso lo que recordamos que ha pasado, puede que no haya pasado como lo recordamos.

Visto así, no existe realmente un tiempo presente, sólo distintas percepciones del pasado, es decir, del momento en el que nos hemos subido a la cinta en movimiento hasta que recordamos habernos subido.

Desde la lente puramente materialista, desde la factualidad ortodoxa, no existe tal cosa como un «momento presente». Es probable que determinar con exactitud cuántos milisegundos dura ese fenómeno que llamamos «presente» requiera una ecuación absurdamente compleja.

¿No existe entonces el aquí y ahora? ¿Es una sarta de tonterías todo eso de vivir el momento?

La respuesta no es fácil y, probablemente, este servidor sólo haya conseguido arañar la superficie del asunto. Personalmente coincido con Albert Einstein en que las ideas de pasado, presente y futuro son una mera ilusión. Esta ilusión, entre otras cosas, se halla sostenida por la cultura –con patrones para interpretar la realidad– y por la limitación sensorial –la información que tenemos de los sentidos es insuficiente–. Para intentar rescatar de alguna forma la idea del «presente» se hace necesario entonces, por un lado, cambiar los paradigmas, la exégesis, las herramientas de interpretación de la realidad y, por otro, desarrollar nuevas facultades sensoriales.

Algo que, curiosamente, siempre han ofrecido las escuelas espirituales serias. En la *kabaláh*, por ejemplo, una de las enseñanzas fundamentales, comunes a todo maestro iluminado, es que la experiencia vital es en sí una ilusión. La ilusión no está en que lo que vemos y tocamos no sea «real», sino en que lo que interpretamos de lo que vemos y tocamos no es sino una fracción de la realidad. Dicho de otra forma, el mundo ilusorio se establece dentro de nosotros cuando usamos una verdad fraccionada y, con ella, elaboramos una verdad completa, lo que resulta en una forma de mentira.

Siglos antes de que lo hiciera la ciencia moderna, la *kabaláh*, junto con otras escuelas espirituales antiguas, ya había declarado que el tiempo no es una cosa rígida. Lejos de ser un bloque de cemento, es más bien como un trozo de goma elástica. De hecho, los maestros más elevados prácticamente declaran inexistente el tiempo. Con todo esto quiero llevar a mi conclusión, tras muchos años de experimentación y revelación, sobre qué es el presente –personalmente prefiero llamarlo «instante» porque no posee una longitud concreta y «presente», me suena a algo mucho más sólido.

15.1 ¿Qué es el instante?

Eso que llamo el instante y que tú puedes darle el nombre que te plazca no tiene que ver con una duración de tiempo físico, sino que es un fenómeno psíquico, y cuando digo psíquico, me refiero a un estado de consciencia vinculado al Alma o, como le dicen algunos, un estado de consciencia alterado. Cuando la persona toma consciencia del instante, es decir, cuando se coloca con su fuerza e intención perceptiva en aquello que está viviendo, lo que en realidad hace es coger este momento temporal y dilatarlo.

Al volvernos autoconscientes, estiramos como un chicle ese momento espacio-temporal. Siguiendo con el ejemplo de la cinta transportadora, imaginémonos que el corredor abriese una burbuja a su alrededor. Dentro de esa burbuja todo se ralentiza. El tiempo y todo lo que esté dentro de esa burbuja, cambia. Si aplicamos la relatividad, en realidad lo que cambia es nuestra percepción. He escuchado muchos relatos de personas que durante un accidente son capaces de ver la escena en cámara lenta y así consiguen, por ejemplo, esquivar un objeto que podría haberlos matado de un golpe. Nuestros sentidos nos dicen que todo se ralentiza, pero en realidad es nuestra capacidad de percibir lo que nos rodea la que se acelera a una velocidad de vértigo.

De modo que todo esfuerzo de autoconsciencia es, en realidad, como ponerle un turbo a nuestra capacidad de percepción, que se vuelve tan rápida que deja atrás la velocidad normal de las cosas. Como ves, querido lector, vivir el instante no es algo tan simple como recitar una frase o dejar de considerar las consecuencias futuras de lo que estás haciendo.

Quienes hayan experimentado la sensación de «presencia», es decir, de sentir los instantes sin importar su duración, reconocerán de inmediato la sensación que menciono. Es como una dilatación, como una abstracción que ralentiza lo que ocurre y a veces da ese regusto de estar en un sueño.

En cierta forma, la física cuántica nos da una pista cuando concluye que el observador cambia lo observado dependiendo de su intención inicial. Esto, que es un hecho desde el punto de vista psicológico y espiritual –nuestra actitud o intención puede cambiar la polaridad de un hecho concreto–, al parecer también tendría un reflejo en la naturaleza subatómica de la materia... sea lo que sea eso que hoy llamamos materia, que se ha vuelto cada vez más misterioso.

15.2 ¿Para qué sirve el instante?

El instante sólo aparece cuando activamos nuestra autoconsciencia. De lo contrario, nuestra vida será estar subidos a la cinta transportadora a toda velocidad. ¿Cuántas veces decimos «Vaya, cómo se me ha ido el día», y nos quedamos con esa sensación incómoda de habernos perdido de algo? La sensación de pérdida es la de haber dejado pasar la oportunidad de vivir nuestra vida con intensidad. Por intensidad me refiero a estar presentes. Es una pena que la mayoría de los seres humanos coincidamos con esa frase de John Lennon que decía que la vida es algo que ocurre mientras estamos ocupados en otras cosas. Mi amado maestro Ione Szalay, de bendita memoria, decía que la *kabaláh* misma era el «arte de la presencia». Si no buscamos estar presentes, renunciaremos al rol de protagonista en la mejor película que nadie puede interpretar: ¡la propia existencia! Separarnos del instante, es decir, ser suficientemente negligentes como para no practicar la autoconsciencia, es unirnos a las huestes de millones de personas que, por diversas razones, han decidido quedarse como meros espectadores del milagro de la vida.

Una persona «presente» tiene más posibilidades de superar los obstáculos cotidianos que una narcotizada por el movimiento perpetuo de la cinta transportadora. Ya sea que consideremos que el acto voluntario de volvernos autoconscientes crea una burbuja que dilata el tiempo o acelera nuestra percepción, el beneficio es el mismo: nos da espacio y tiempo para elegir. Si alguien viene a insultarme, por ejemplo, y mi estado de autoconsciencia es capaz de ralentizar la situación, de forma que puedo evaluar las intenciones de mi agresor y mis posibles respuestas, eso significa que me he ganado el comodín de la decisión. O sea que, como mi consciencia ha desacelerado el evento, la urgencia por la respuesta se minimiza o desaparece. Ralentizar me permite decidir, me da espacio, me da tiempo, puedo optar. Sin esa ralentización, lo único que me queda es la reacción.

Salvo en casos muy concretos, la reacción nunca es buena idea, sobre todo al relacionarnos con los demás. El 90 por 100 o más de problemas, angustias y tragedias entre los seres humanos se da porque reaccionamos sin más y luego, claro, nos llevamos las manos a la cabeza. Después vienen los «y sis». «Y si no hubiese hecho esto», «Si hubiese hecho lo otro». La falta de margen nos convierte en animales acorralados con tendencias explosivas.

Pero no siempre la autoconsciencia está al servicio de no tener un problema con los demás. También nos ayuda a no caer en una tristeza innecesaria, en una depresión aplastante, en una actitud negativa o destructiva.

Cada vez que nos dejamos arrastrar, es porque hemos reaccionado. Ya sea que entremos en el área del sufrimiento por un insulto, una afrenta, un abuso, una caída abrupta de nuestra autoestima o un brote de autocompasión, la razón es casi siempre la misma: un abandono de nuestra presencia. La presencia nos devuelve al instante y en el instante casi nunca tenemos problemas. Cualquiera que esté sometido a un problema puntual, si toma consciencia de su interacción con el momento actual, descubrirá que la mayoría de las veces el asunto doloroso o preocupante estará detrás o delante de ese momento. Como ese momento es lo único que en realidad cualquier ser humano posee, lo más inteligente es preservarlo.

Y ya que hablamos de preservación, no quiero dejar de mencionar un efecto importantísimo de instalarnos conscientemente en el instante. Se trata de una ampliación de nuestra experiencia, una potenciación sensorial y espiritual de cada momento vivido. Está más que claro que no vamos a estar un cien por cien autoconscientes, y menos al principio de nuestra práctica. Eso no es lo importante. Lo que cuenta es empezar. Al ir acumulando experiencia, vamos teniendo la oportunidad de ver la diferencia entre nuestra vida anterior, en la que vivíamos como quien observa por la ventanilla de un tren pasar los eventos, y la nueva vida, más parecida a ponerse un casco de realidad virtual y experimentar, de forma totalmente directa, cada acontecimiento. Cada olor, cada color, cada risa y cada lágrima tendrán un significado diferente.

Una actitud así nos prepara para neutralizar los diversos sufrimientos que la vida pueda depararnos. Ésa es nuestra única oportunidad de conseguir, como anuncia el subtítulo de este libro, transformar el dolor en Or (Luz).

Más adelante, para comenzar a explorar nuestra autoconsciencia, ofreceré algunas de las herramientas del *Shitá Yeshirá* o Método Directo de nuestra escuela.

15.3 ¿Qué es el pasado?

A la hora de entender el pasado, hay mucha discrepancia de ideas. Para algunos es sinónimo de nostalgia. Todos, en algún momento, hemos tenido esa experiencia agridulce en la que, a la vez que suspiramos por los «viejos tiempos», nos frustra la imposibilidad de volver a ellos. Para otros, que han tenido que soportar alguna penuria importante, el pasado es una mazmorra de la que desean escapar a toda costa. Por ello, están los que consiguen neutralizarlo y seguir adelante, los que se sienten perseguidos por antiguos fantasmas y los que directamente no quieren renunciar a él, cayendo en una suerte de obsesión.

Sea cual sea la idea que lo represente o intente explicarlo, el pasado parece ser una materia a resolver, algo que resulta paradójico, porque es algo que «ya ha pasado», que ya no está presente en nuestro tiempo y espacio. En gran medida, este peso del pasado se debe a que, si lo miramos desde las dimensiones superiores, donde el tiempo deja de ser lineal para convertirse en una esfera, constataremos que todo lo pasado en realidad continúa impreso, sigue allí. Existe un axioma kabalista que reza «nada se pierde en lo espiritual». Este axioma se adelantó siglos a la formulación del principio de conservación de energía que nos dice que, en un sistema aislado, la energía es constante, no puede crearse ni destruirse, sólo transformarse.

El Mundo *Beth* o Mundo Manifestado, el Universo que surgió de ese acto creativo que los científicos llaman *big bang* y los místicos llamamos *bereshit* (génesis), es, evidentemente, el sistema aislado más complejo y fundamental que conocemos. Por lo tanto, nada, absolutamente nada, deja de ser en sustancia, nada desaparece. De ahí que nuestros sabios sean tan insistentes en que hagamos buenas obras, sin importar si vemos el beneficio directo. Ellos conocieron el poder de esa «impresión» energética, las consecuencias de dejar un manifiesto, un testimonio de nuestras acciones en el *continuum* espacio-temporal.

Visualizando entonces el pasado como una esfera donde nuestro andar por la vida queda registrado, podríamos también imaginar que nuestro recuerdo es como una cámara de baja tecnología, que la recorre yendo hacia «atrás» –un atrás ilusorio que sólo existe porque nos ubicamos en un punto del tiempo lineal, en la esfera no hay un «atrás» tan evidente–. Uno de los inconvenientes de ese recorrido son las lentes que llevamos en nuestra cámara: son de una calidad tirando a pobre. Por lo que puede que viajemos al pasado sólo para encontrar una versión distorsionada de «lo que ha pasado».

En cierta forma, la terapia psicológica es una estrategia que busca proveer al paciente de algunas mejoras ópticas para esas lentes, con la esperanza de que éste logre desvelar una versión más fiable del pasado. Tratándose de nuestra visión interna, inevitablemente vamos a lidiar con un algún grado de aberración en la imagen. Como ya se ha dicho, el pasado **que recordamos** no siempre es el pasado **que ocurrió**. Las lentes, ya te habrás dado cuenta, son una metáfora de nuestras capacidades perceptivas.

Según estas capacidades, miraremos al pasado con más o menos objetividad. A veces, nos recordaremos como verdaderos héroes y otras como víctimas. En algunos casos, cuando el remordimiento entra en juego, podemos incluso sentirnos los victimarios.

Intentando explorar un poco más eso que llamamos «pasado», veremos que, además de ser un conjunto de acontecimientos que nos han traído hasta aquí, es decir, nuestra historia propiamente dicha, es también el recuerdo personal de dicha historia, muchas veces tergiversada, consciente o inconscientemente, tanto para hacernos quedar bien como para quedar mal. Para ponerlo de otra manera, el pasado es, de manera objetiva, el archivo histórico y, subjetivamente, el producto de la interpretación del historiador que posee ese archivo. No es raro que uno se recuerde como villano o héroe de algún acontecimiento determinado, y entonces, años más tarde, se encuentre con una persona que compartió ese momento con nosotros y que, al comparar sus memorias con las nuestras, ¡resulta que no coinciden para nada!

El pasado es entonces, para el estudiante, para el *talmid* (aprendiz), un depósito de su historia, y lo trata justamente como eso. A nadie le apasiona la idea de irse a vivir a un almacén. Los almacenes o depósitos no son para quedarse en ellos, sino para ir a buscar algo que nos hace falta. Entramos y salimos del almacén. Si el presente es un recuerdo dilatado por nuestra autoconsciencia, el pasado es un recuerdo almacenado, sujeto a las distorsiones causadas por nuestra capacidad perceptual, como también por el ahorro de energía de nuestro sistema nervioso.

El pasado también es el asiento del yo. Nuestro yo, que es una energía superior a la del ego, ya que está integrada por las ideas y concepciones propias sobre uno mismo, se construye con la experiencia y su recuerdo, por lo que podemos decir que el yo es en gran medida una memoria. La prueba de esto son los casos de amnesia y otros trastornos neurológicos o psicológicos similares. Una persona olvida su pasado y de pronto ya no es capaz de ser quien era o de saber quién es. Aquí vemos una diferencia notoria con el Alma. El Alma es, independientemente de la línea temporal en la que se halle insertada. Mientras el yo es un elemento en constante construcción, por completo dependiente del tiempo lineal, el Alma posee una entidad propia, que sí, también crece, aplicando el principio de corrección (*tikún*) e Iluminación, pero cuya existencia no está sujeta a la temporalidad. Expresado de otra forma: mientras el yo, al acabar la manifestación temporal de la persona, desaparece, el Alma continúa, siguiendo los principios de conservación de energía, en otra realidad dimensional.

El yo es pasadodependiente porque es una energía que sólo es capaz de desdoblarse en tres dimensiones. El Alma opera en diez dimensiones, por lo tanto, no es pasadodependiente. De hecho, vive en una clase de presente que, dada nuestra imposibilidad cerebral de comprender más allá de tres dimensiones, nos resultaría totalmente ajeno, abstracto. Por eso usamos términos espirituales como «arriba» o «abajo» para hablar del nivel de pureza espiritual de alguna manifestación, si bien no hay realmente arriba o abajo, sino diferencias en los niveles de energía.

15.4 ¿Para qué nos sirve el pasado?

Siguiendo el espíritu del *Shitá Yeshirá* (Método Directo), si vamos a usar algo, buscaremos la máxima optimización, o sea, el mayor rendimiento por gramo de esfuerzo. Podemos entretenernos demasiado con el pasado si nos descuidamos. Este entretenimiento puede ser bueno o malo en el sentido de causarnos alegría o tormento. Pero, tanto si el pasado es algo a lo que recurrimos para sentirnos en una nube de añoranza narcotizante como para colgarnos una lápida con una gruesa cadena del cuello, lo estaremos usando en nuestra contra.

Desde todo punto de vista tridimensional, lo que ha pasado, ha pasado. Con lo único que puedo trabajar es con ese trozo de futuro que, si tengo la suficiente destreza, conseguiré dilatar unos segundos antes de que sea lanzado a toda velocidad hacia atrás. Como fuente de enseñanza, lo pretérito puede resultar engañoso.

Si me baso sin más en lo que me ha ocurrido, creyendo que eso me preparará para el futuro, igual caigo en una trampa peligrosa. Es cierto que el pasado es revelador, pero lo es cuando entiendo en él patrones de repetición. Son esos patrones los que veremos copiados en el futuro. Pero todo lo demás será nuevo. Pongamos un ejemplo. Años atrás fuimos muy generosos de forma indiscriminada y eso nos acarreó una serie de disgustos con algunas personas desagradecidas. Si uno se toma el pasado de forma literal, creerá que éste se repetirá en su totalidad, en este caso, que todas las personas reaccionarán de forma desagradecida ante nuestra generosidad. Cuando uno lo interpreta de esa forma, no es extraño decidir no volver a ser generoso con nadie, bajo ninguna circunstancia. Esto se debe a que le echamos la culpa al escenario y nos olvidamos de los actores. Lo adecuado sería buscar los patrones que nos causaron esas situaciones amargas.

Quizás la verdadera enseñanza está en que tenemos un patrón de comportamiento en el que no nos tomamos el esfuerzo en discriminar con quién y por qué razón seremos generosos. Ésa sería la verdadera lección.

Necesitamos entender que el Universo tiene posibilidades infinitas para dibujar nuestro futuro, así que es más que probable que lo que se repita no sean las situaciones en sí, sino que lo repetido sean nuestras actitudes. A menor capacidad de autoconsciencia, menor cantidad de recursos a nuestra disposición, mayor posibilidad de repetición de cosas que no deseamos.

El pasado nos muestra cuán mecánicos somos. No el mundo, o la vida. Nosotros. Una medida de crecimiento espiritual es la ampliación en los patrones de respuesta. Pensemos en un carpintero que sólo conoce dos herramientas. Respecto a uno que conozca diez, tendrá menos margen de acción. Así, cuando nuestra consciencia crece, crecen nuestras opciones; al crecer nuestras opciones, ampliamos nuestro rango de respuesta; al ampliar este rango, nos alejamos de la probabilidad de mecanizarnos. De modo que, una de las grandes lecciones del pasado es el descubrimiento de nuestra mecanicidad. Si los eventos cambian pero uno reacciona igual, nada cambia. El pasado es una invitación al cambio cuando se observa con consciencia elevada, allí conseguimos un *Daat* (Conocimiento).

Usemos ahora un punto de vista muy interesante: el de la psicología en el deporte. Para la psicología deportiva, el pasado sólo es útil si otorga una **retroalimentación positiva.** Esto se debe a que cualquier persona que posea un antecedente de fracaso en una actividad –no sólo deportiva– carga con lo que se llama una baja expectativa de autoeficacia. O sea, que el fracaso pasado crea en nosotros una esperanza muy frágil en nuestra capacidad de realizar correctamente una tarea.

Si saltas cuatro veces un río y fallas, a la quinta, el factor motivacional estará por los suelos. Esto es tan así que los entrenadores debemos cuidar mucho el lenguaje con nuestros alumnos. Un buen entrenador *hackea* la verdad para que el atleta sea capaz de vencer una expectativa deficiente. Puede que alguien vea esto como un mentirse a sí mismo, hacerse trampas al solitario. No es así. Simplemente se trata de saber cómo funciona nuestra neurología. Ya hace bastante tiempo que la ciencia deportiva determinó que, para ser un buen atleta, la información del pasado que te dará tu entrenador, exceptuando la corrección de errores, se basará exclusivamente en **lo positivo**, en crear una alta expectativa de autoeficacia.

Te propongo que reflexiones en esto detenidamente. Sería una estrategia muy buena dejar de subestimar el poder del pensamiento y la emoción negativa. Porque, según los datos clínicos y experimentales, lo negativo parece poseer un alto factor tóxico a la hora de posicionarnos ante lo que vendrá, algo que repercutirá en el instante presente de maneras poco agradables.

Está claro que es mucho más fácil deprimirse que alegrarse. Nuestra tendencia al mal (*yetzer hará*), a caer en lo sombrío, es evidente. De ahí que ningún esfuerzo sea poco para intentar extraer del pasado la información más positiva posible, claro que sin caer en el absurdo. Por ejemplo, en mi familia tenemos la historia de un pariente de la línea de mi abuela materna que un buen día decidió que podía volar, para lo cual se construyó unas alas de madera. Tan convencido estaba de que tendría éxito que se comprometió a regresar con los regalos que la gente le había encargado. No hace falta aclarar que su optimismo no obtuvo un reflejo en la realidad. Con esto quiero decir que la motivación no debe superar el sentido común… o ciertas leyes de la física al menos.

Aunque en un principio pueda parecer una irresponsabilidad, sacar las tijeras y recortar el pasado, es lo mejor. Dejaremos aquello que nos sirva para motivarnos y descartaremos lo que nos hundiría en la miseria. Olvidar las partes oscuras, una vez experimentadas, parece ser mucho más útil y, además, mucho más sincero. Pensemos en esto con la ayuda de un ejemplo. Un niño en la escuela sufre una gran humillación durante una clase. Esa experiencia marca un antes y un después. Hay un proceso en el que el niño debe aprender a atravesar ese dolor. Cuando ya cumple veinte años, debe elegir entre seguir siendo el niño humillado o el joven que se ha fortalecido. Su recuerdo decidirá si se queda con la imagen del niño haciendo pucheros delante de todos o si se apropiará de la fortaleza que posee hoy. Si elige olvidar ese insuceso, ¿se está mintiendo? Es obvio que no, porque ahora mismo él ya no es más el ser frágil, el humillado. ¿Por qué volver a ello? ¿Cuál sería el motivo para ese morboso retorno? Si elige quedarse atrás, entonces sí, se miente.

Resulta más razonable que, una vez superado un obstáculo, nos dediquemos a otra cosa. No hay necesidad de regresar a dicho obstáculo ni de evocarlo una y otra vez para sólo obtener amargura y desolación. Como decía Buda, «el único pecado consiste en cometer lo innecesario».

Si nos imaginamos nuestro pasado como una mochila, entenderemos la importancia de no cargar con más de lo necesario. Cualquiera que haya ido de excursión se habrá visto en la necesidad de priorizar lo que introduce en el petate. La razón es simple: nadie quiere sufrir inútilmente. Este ejercicio de priorización forma parte fundamental de la vida del místico. En sí misma es una medicina poderosa contra el dolor porque, a la vez que nos otorga enseñanza sobre cómo desactivar los mecanismos que nos conducen al sufrimiento, nos aleja de la recreación inútil de los acontecimientos dolorosos.

También debemos tener una cuota de reconciliación con nuestra propia historia. «El que no sabe es como el que no ve» dice el refrán. Aquello que hicimos mal fue el producto de una falta de sapiencia que, de haberla tenido, nos habría hecho ir por otros senderos. Está bien hacer contrición, arrepentirnos de lo que no hicimos bien, pero sin caer en la tortura de la culpa. En hebreo contrición se dice *teshuvá* y tiene que ver con «girar el rostro», es decir, cambiar hacia donde estábamos mirando. Ese cambio indica responsabilidad, pero también algo de misericordia con eso que fuimos. Porque en el pasado vamos a encontrarnos con muchos yoes. Cada intento de superación, de evolución, de expansión, ha dejado un yo detrás, producto de su tiempo, entendimiento y experiencia.

Muchas veces he hecho el ejercicio que ahora propongo: imagina que careces totalmente de pasado. ¿Cómo te sientes? ¿Sientes un dolor como si se te fuese a desprender una extremidad? ¿Sientes alivio? Personalmente siento alivio, liberación, como si se abrieran ante mí todas las posibilidades de crear un yo distinto y mejorado. Mi yo sabe que es una brisa pasajera. ¿Para qué tomarnos tan en serio? ¿Para qué encadenarnos, consciente o inconscientemente, a ese cadáver putrefacto que es el yo que una vez fuimos? Dicen los árabes que un hombre es capaz de renunciar a sus riquezas y placeres, pero no a su dolor. Uno de los peligros del dolor es que nos da identidad en la desgracia, pero eso sólo sucede cuando uno no ha conocido a su Divinidad interior.

Cuando aún se está en esa etapa de ignorancia espiritual, uno usa el dolor para erigir un pequeño altar en el corazón y adorarse a sí mismo por un rato, envuelto en sollozos. Si no se tiene otra cosa, renunciar al dolor es renunciar a ser algo, casi como morir. Afortunadamente, no somos nada de eso. Estoy aquí contigo para ayudarte a averiguarlo. Claro que, como todo lo importante, tiene un precio. También estoy aquí para eso, para ver si es posible que ese precio se pueda pagar más con alegrías que con tristezas. Como dijimos antes, el yo es tiempo, pasado y costumbre. Es necesario, porque sin él no podemos andar por esta tierra. Pero no hay que olvidar que es lo contrario al Alma, principalmente en su carácter temporal. Tan temporal que, mucho antes de la muerte física, el yo muere y renace infinidad de veces. Cuando te enfrentes al pasado, recuerda la idea de lo atemporal. Es necesario ejercitarse, entrenar, usar la disciplina y así debilitar esa seducción inherente a la linealidad temporal, destruir sus efectos alucinógenos y así por fin conseguir adherirnos a lo Eterno, a lo que permanece.

XVI

ITS. (Identidad, Tarea, Situación). O cómo extraer el *Daat* (Conocimiento) de la vida de forma dinámica

La enseñanza de Sócrates «conócete a ti mismo»
darse cuenta de los propios sentimientos en
el mismo momento en que éstos tienen lugar,
constituye la piedra angular
de la inteligencia emocional.
DANIEL GOLEMAN

Sin una atención selectiva,
la experiencia sería un completo caos.
DANIEL GOLEMAN

En general, el estudiante cree que el trabajo interior empieza y acaba cuando está frente a sus libros, a su material audiovisual o mientras realiza sus prácticas de plegaria o meditación. A estas actividades yo les llamo «estancas», ya que requieren que la persona fabrique ciertos tabiques para poder instalarse en su propio estanque de paz, donde no es requerido movimiento ni se ve sometido a elementos que lo distraigan de su objetivo.

Lo cierto es que, si bien esos momentos de retiro o retracción interna son claves para el desarrollo del Alma del estudiante, si consideramos una vida estándar, entenderemos que son islas de Luz en un océano de tareas mundanas. Aún queda muchísima vida al otro lado de nuestro «estanque». Sucede que una encarnación tiene como objetivo principalmente la acción, no la contemplación. Son conocidas las posturas contrarias a esta idea que acabo de redactar. Existen muchas escuelas espirituales y corrientes religiosas que consideran los eventos de la existencia como inevitables y molestas interrupciones a una especie de estado meditativo constante. La vida entonces, con su maravilloso crisol de desafíos, con sus infinitos matices de aprendizaje, queda desactivada.

Digamos que lo que podríamos aprovechar de nuestro estado de Alma encarnada acabamos tirándolo por el fregadero por seguir una idea de existencia para la que no necesitaríamos un cuerpo físico, es decir, pretendiendo vivir como seres desencarnados. Pero tú y yo estamos aquí, querido amigo. Claro que, a veces, la necesidad de escapar del rigor terrenal es muy fuerte. Puede suceder que el estudiante aún no haya madurado lo suficiente, pero que su yo haya aprendido a conectar con su Alma: por fin siente que el intercambio es más fluido, algo mejor que los tortuosos inicios donde la tarea le requería un esfuerzo enorme. Cuando ocurre esa fluidez, como en cualquier tarea, uno experimenta un gran gozo. Hemos nacido para desarrollar ese estado de flujo, donde el Alma siente que cabalga naturalmente desde al punto A al punto B. Pero –siempre hay un pero– ese gozo es un arma de doble filo, ya que puede conducirnos sutilmente hacia una conducta evasiva.

La vida es dura, el mundo material es una suerte de cárcel hecha con estrictas leyes físicas y espirituales. No hay nada más severo en el Universo que *Maljut*, el Reino, lo manifestado. Es muy tentador –y la toda una industria dedicada a ello lo demuestra– buscar la evasión. Resulta innegable que las prácticas espirituales actúan en nosotros como analgésicos para el dolor que a veces nos causa la vida, pero hay que tener cuidado de no abusar de ellos, en el sentido de que busquemos el efecto secundario en lugar del verdadero. El verdadero efecto de nuestras prácticas «estancas» es fortalecernos en nuestro andar, algo que a veces requiere raspar alguna que otra herida, extirpar áreas gangrenadas o hacer una buena y trabajosa limpieza.

Deberíamos entonces desembarazarnos de la idea de que la vida es tan mala que sólo sirve para extraer de ella la contemplación. Esto es un error típico y de lo más letal en cuanto al crecimiento espiritual se refiere. El motivo por el que estamos encarnados es, justamente, para santificar todo lo físico. Así, la contemplación, para el verdadero místico hebreo, es un estado de digestión de todo lo percibido. Si uno no ha recogido información de la vida, ¿qué va a contemplar?

Para acabar con este problema, es necesario plantear una tarea «dinámica». Es cierto que ya el jasidismo con su *hitbodedut* o meditación, que podía realizarse dando largos paseos por la naturaleza, estableció la posibilidad de estar en movimiento y al mismo tiempo conectarse con lo Divino. Desafortunadamente, no todos pueden dar largos paseos, y yo, sinceramente, no soportaría estar todo el día dando vueltas.

La *kabaláh* admite, y nuestro *Shitá Ieshirá* (Método Directo) recoge, la idea de que todo, absolutamente todo lo que hagamos, desde estar trabajando, haciendo la comida, esperando el autobús o practicando deporte, todo puede ser utilizado como un medio de conexión. Así, transformamos la vida en un acto constante de interacción con lo Divino sin renunciar a su esencia. A este tipo de práctica le doy el nombre de «dinámica», porque está insertada en el movimiento, la oscilación y las múltiples variaciones que nos exige el día a día. De esa manera lo cotidiano se transforma en una especie de laboratorio de donde extraemos las sustancias más valiosas para nuestra corrección (*tikún*) y redención.

Con la técnica que aquí enseñaré, buscaremos en esencia crear un estado de selectividad en nuestra atención. El gran drama del *homo digitalis* –como me gusta llamar al humano moderno enganchado a los estímulos de las pantallas– es idéntico al que le ocurre a un león cuando salta en medio de una manada de gacelas: ve tantas que se vuelve loco, tarda en decidirse y, al final, para bien de las gacelas, se queda con la barriga vacía.

Necesitamos, en primer lugar, tomar consciencia de nosotros mismos. Ya con nuestra autoconsciencia activada, dirigiremos nuestra atención hacia qué cosas estamos prestando atención. Porque nuestro gran problema es que desperdigamos nuestra atención, impulsados en parte por nuestra naturaleza dispersa y, luego, por todo un sistema comercial que se lucra gracias a esa dispersión, explotándola salvajemente. No tenemos que engañarnos: la vida digital nos ha robado la vida analógica.

Hace mucho que no dedicamos un minuto a la reflexión o simplemente a mirar un paisaje, una nube. La influencia de la sobreestimulación nos ha creado el impulso de no detenernos, de no prestar más de un par de segundos de atención a casi nada. Para mantenernos saltando de un vídeo a otro, de una imagen a otra, se recurre al impacto más fuerte posible, porque de otra forma no funcionaría. Así se hace dinero hoy en día: nuestra atención, nuestra vida misma es el producto. Tomar consciencia es un paso hacia la renuncia de ser ese producto de venta. La autoconsciencia pone un alto y comienza a establecer una jerarquización, un orden, que viene a ser lo contrario al caos atencional que sufrimos todos hoy en día, especialmente entre los jóvenes.

Lo que verás a continuación no es una herramienta puramente mística. En realidad, es una táctica de recuperación de nuestra individualidad –sin necesidad de recurrir al individualismo egocéntrico–, una manera de establecernos como protagonistas y no como meros espectadores teledirigidos por impulsos básicos de sonido, luz y color. Necesitas rebelarte para poder obtener libertad. La primera parte de esa rebelión es dejar de lado tus flaquezas, las que te hacen caer en la distracción, que es una forma de negligencia atencional. La segunda es empezar a desembarazarse de los grilletes de la inmediatez que las grandes empresas aprovechan para comercializar tus horas de vida mirando una pantalla.

El método está dividido en tres partes, que nos van guiando desde lo más interno a lo más externo, de forma que podamos apropiarnos debidamente de nuestra dinámica vital y poder así declararnos los dueños legítimos de lo que somos y lo que hacemos.

16.1 «I» de Identidad

En primer lugar, uno debe recuperar la consciencia de identidad. La mayor parte del tiempo en el que estamos en vigilia no recordamos quién ni qué somos. Eso conlleva un problema muy serio de identidad. La propia naturaleza humana hace que una persona siempre esté a la caza de algo en lo que reflejarse, es decir, como en un espejo, busca obtener una imagen de sí mismo. Si uno no tiene claro qué ni quién es, inevitablemente buscará obtener la respuesta en el espejo más cercano. Así hay muchas personas que creen que son una nacionalidad, una cultura, un pueblo, una raza, una idea política, incluso hay personas cuya identidad está ligada a... ¡un equipo deportivo! Pero nada de esto es nuestra verdadera identidad. Todos los factores externos a los que podamos asociarnos pueden ser rápidamente identificados como meros sucedáneos de identidad.

La base para esta afirmación radica en dos conceptos kabalísticos básicos. Uno, el de la estructura interna que el Árbol de la Vida nos indica. En el *Etz Hajaim* (Árbol de la Vida), tenemos perfectamente organizadas las energías de consciencia. Empieza por la *sefirá* de *Yesod* (Fundamento), donde reside el ego, es decir, toda la información que uno recibe de sí mismo del exterior –personas, instituciones, etc.–. Más arriba tenemos la *sefirá* de *Tiferet* (Belleza), donde encontramos al yo, es decir la información de uno mismo procesada de forma autónoma, interna, sin dependencia de la opinión ajena. Por último, en la parte más elevada tenemos a *Keter* (Corona) que es de donde proviene nuestra verdadera esencia espiritual o Alma.

Mientras el ego y el yo van cambiando continuamente según la información que la persona va procesando, el Alma es una constante. De forma que todo lo que se vincule a la presunción, la sensación de pertenencia, sentimientos grupales, modas sociales, etc. pertenece a la parte más baja de nuestra naturaleza y, por lo tanto, a la más prescindible.

El segundo concepto es el del *Gilgul Ha Neshamot* (Rotación de las Almas), similar al de la reencarnación. Partiendo de la base de que la vida se divide en diversas existencias, donde adoptamos diferentes papeles, entenderemos que todas esas imágenes que tenemos de nosotros mismos asociadas a una idea política, un estatus social, una actividad laboral, una apariencia física, etc. son todas temporales. No son, desde el punto de vista más elevado, reales. Lo real para la *kabaláh* es lo permanente.

Vemos entonces que el asunto de la identidad tiene un doble matiz. Por un lado, tomar consciencia de quién soy realmente, y por otro, precaverme de no identificarme con lo que no soy.

Cuando uno se enfada, uno «es» el enfado. Se está convencido de tener razones de peso para estar enfadado. Si aplicamos bien la primera letra del método ITS, veremos que una cosa es que «esté enfadado», o sea, que tengo una emoción de enfado y otra muy distinta es actuar de forma en la que afirmo «soy el enfado». En ese caso, no es que la persona tenga una emoción y, como su dueño legítimo, pueda maniobrar con ella, sino que la emoción se ha apropiado totalmente de su ser y hace cosas que solemos denominar «inconscientes». Se está inconsciente no sólo cuando uno tiene una conmoción y queda tendido en el suelo, sino también cuando la emoción asume el mando y no hay una sola barrera que consiga controlarla.

El ITS se basa en hacernos tres preguntas sencillas y directas que despierten nuestra atención y la enfoquen. El momento es cualquier instante del día. Especialmente en los que nos sentimos saturados por emociones o estamos sometidos a un nivel de actividad intenso, que es cuando podemos llegar a olvidar que estamos dentro de un cuerpo haciendo una tarea espiritual.

16.1.1 Procedimiento con la «I» de Identidad

Al empezar por la «I», en cualquier momento del día me detengo, inspiro profundamente y me hago alguna de estas preguntas, o todas:

> ¿Quién soy realmente?
> ¿Soy esto que estoy haciendo o estoy copiando un comportamiento?
> ¿Dónde está mi verdadera identidad?
> ¿Quién soy más allá de toda esta actividad febril?
> ¿Soy eso de lo que alguien me acusa o me atribuye?
> Y quizás la pregunta más profunda de todas: ¿qué soy?

No esperamos obtener con estas preguntas un nombre y una cara. Para eso ya tenemos nuestro carnet de identidad. Buscamos recoger la sensación de identidad profunda, única. Es común que al realizar estas cuestiones nos sintamos abstraídos unos segundos. Esos instantes son los llamados de «autocontemplación». De pronto, uno se detiene y contempla cómo se había identificado con muchísimas cosas que en el fondo no le pertenecían. Puede pasar que se obtenga una especie de abstracción de sí mismo donde es posible contemplarse actuando de forma mecánica, autómata.

Por ejemplo: me estoy preparando un café. Entonces siento un impulso interno a cuestionar quién y qué soy. Siento entonces como si diese un paso atrás y me contemplase a mí mismo, poniendo el café en la cazoleta, preparando la taza, etc. Surge en mi interior una incógnita, o más bien el deseo de resolver esa incógnita. ¿Quién es ese personaje que está de pie en la cocina haciendo café? Un movimiento se encadena con otro, con una precisión mecánica. Todo parece ir solo. ¿Quién dirige esa escena? ¿Soy yo, o eso que suelo considerar como yo? ¿Conozco realmente a esa persona?

Como ves, querido lector, la sola invocación sobre nuestra identidad nos abre la puerta a la autocontemplación. Cuando tengas más experiencia, esta única y aparentemente inocente pregunta será suficiente para entrar en un estado meditativo espontáneo. Este proceso de auto-identificación tiene tres etapas, cada una de las cuales causa un efecto determinado.

En la primera etapa, al preguntar quién soy, lo primero que ocurre es que recupero mi consciencia individual, concretamente, vuelvo a mi cuerpo físico. Si prestamos atención, veremos que cuando uno pierde la consciencia de sí mismo, lo primero que olvida es su cuerpo. ¿En qué sentido digo esto? En el sentido de que perdemos un punto de referencia material importante. Al «salirnos» de nuestro cuerpo, nos salimos también del instante presente, eso es evidente. Dicho de forma más coloquial, nuestra cabeza se va hacia adelante o hacia atrás en la línea temporal. Esto se resume en una historia zen, en la que el alumno le pregunta al maestro como consigue elevarse al estado de Buda, a lo que el maestro le responde: «Es fácil, cuando como, como, cuando duermo, duermo». El alumno le contesta: «¡Eso es una patraña, comer y dormir ya lo hago desde que nací!». Su maestro, enfadado, le replica: «¡Ninguno de vosotros lo hacéis, cuando coméis o dormís, vuestra mente está en otro sitio, yo en cambio, cuando como, como, cuando duermo, duermo!».

Usando el principio de la corporalidad, me daré cuenta instantáneamente de que cuando no tenga consciencia de mi cuerpo, estaré inconsciente desde el punto de vista místico. Esto me permite también usarlo como herramienta: si siento la necesidad de tomar consciencia, lo primero que haré será empezar a sentirme dentro de mi cuerpo. Cuando uno habita su cuerpo, no está pensando en el futuro ni en el pasado. Por eso, los deportes y la actividad física resultan tan eficaces a la hora de desestresarnos. Si uno está escalando una montaña, tiene que estar concentrado, correctamente instalado en su vehículo físico; el pasado y el futuro son irrelevantes, la actividad me está demandando toda mi atención o podría caer al vacío. Así que, en esta primera etapa, al inquirir en mi identidad, lo primero que ocurre es que me disparo a mí mismo al centro de las coordenadas espaciotemporales correctas.

Siguiendo con el ejemplo inicial, de pronto siento un «¡whoosshhh!» y me descubro parado en medio de la cocina, con el paquete de café en la mano. Un milisegundo antes estaba pensando en el trabajo, en la familia, en lo que sea. Pero no estaba ahí, presente. Se puede decir que la primera etapa de esta pregunta es la de recuperación de la presencia. Sólo en ese momento puedo decir que «soy». Antes estaba en otro sitio desde el que yo no podía afirmar ninguna clase de existencia. Retorno entonces a mí, vuelvo a existir para mi consciencia.

La segunda etapa es muy importante porque, al recuperar mi presencia, inevitablemente me replanteo mi identidad. Si un momento antes estaba preocupado por la opinión de otra persona, o tenía sentimientos de ser ineficaz en una tarea, o me sentía ofendido por lo que me habían dicho la noche anterior, ahora soy capaz de plantearme, legítimamente, si yo **en realidad soy** eso que me preocupaba o aturdía. Insertado dentro de mí, aunque aún no haya podido responder con profundidad «¿quién soy?», puedo descartar con facilidad **qué no soy.**

No soy las opiniones de esa otra persona, mis sentimientos sobre mi ineficacia probablemente provengan de ciertos estándares impuestos por alguien ajeno a mí que no me tiene en cuenta en mi esencia, y si alguien me insultó ayer, yo y sólo yo decido el valor del agravio. Así que, en definitiva, yo no soy mi preocupación, ni mi sensación disminutiva, ni eso que se ofende por un insulto. Todo eso es algo que le pasa a un área de mí: el ego.

El ego sufre porque depende de todo lo externo, tanto para sentirse aprobado como desaprobado. Pero lo que realmente soy es algo que opera mucho más allá. De esta manera, accedemos a la valiosísima etapa de la **desidentificación**.

Muchas tonterías las hacemos porque nos identificamos con ellas. Nos identificamos con ellas simplemente porque el vacío de la identidad tiene que ser rellenado sí o sí, no importa si el contenido es falso o verdadero. Si uno se identifica con el enfado, está enfadado. Si uno se identifica con la presunción social, estará pendiente de la envidia de lo que otros tienen, o sea, se **es** la envidia. Queda claro que nuestra verdadera identidad no puede elegirse, simplemente somos. Lo que podemos elegir es no ser artificiales.

La tercera etapa, la más profunda de todas, adviene cuando, tras ubicarme en mi interior, asegurarme que no estoy disfrazándome con una fantasía creada para satisfacer a otros, me doy cuenta de que soy «algo» que me resulta difícil definir. Ya no es importante el quién. Cuando uno se plantea «quién soy», está intentando definirse a sí mismo en la existencia. En esa existencia estoy ligado a una serie de cosas materiales que me limitan, lo que es igual a decir que me «definen» –las cosas se definen al establecer sus límites de operación e influencia–, me dibujan en un tiempo y un espacio. Aquí entra la pregunta del «qué soy».

«Qué soy» me ubica en el plano de lo que es, es decir, más allá de la existencia, en la dimensión de la seidad. Lo que soy es lo que soy, independientemente de mis condiciones existenciales. Es un nivel ubicado por encima de lo existencial. Lo «qué» soy es mi fracción de eternidad. Ahí me dirijo al Alma misma, a esa energía autoconsciente que navega por el tiempo, asume diferentes vestiduras, distintos roles y se mete en miles de problemas para luego intentar aprender a salir de ellos.

16.2 La «T» de Tarea

Sin duda, la parte más difícil para conseguir del método ITS es la que se refiere a la identidad, ya que implica una serie de sutilezas introspectivas que, al estudiante inexperto, le pueden parecer quizás demasiado abstractas o inalcanzables. Para alivio de los que piensan así, les diré que se relajen y que dejen que la experiencia y la tenacidad hagan su trabajo. El 90 por 100 del éxito en casi cualquier empresa consiste en insistir. Practicar, practicar, practicar y, en caso de duda, practicar otra vez. Tarde o temprano, el proceso se convertirá en algo propio, te lo prometo.

Tras el uso de la «I» de Indentidad, que más o menos nos sitúa en nuestra verdad personal, necesitamos pasar a la «T» de Tarea. Primero nos preguntamos quién somos, nos desembarazamos de lo que no somos y luego intentamos conectar con eso que sí somos.

Acto seguido, necesitamos averiguar qué diantres estamos haciendo. La razón más primitiva para esto es por pura supervivencia. Si estoy trabajando con una sierra industrial y me olvido de lo que estoy haciendo, si por un segundo me voy hacia adelante o hacia atrás, podría tener un accidente laboral de consecuencias nefastas. Saliendo de lo primitivo a lo más elaborado, es necesario que tomemos consciencia de nuestra tarea por razones de convivencia, es decir, para asegurarnos de no estar haciéndole la vida amarga al prójimo. Si soy baterista y estoy tocando a las tres de la mañana, seguro que no soy consciente de que el vecino no podrá dormir.

16.2.1 Procedimiento con la «T» de Tarea

Una vez que he trabajado con la «I» y me siento ubicado en mi individualidad, continúo por la «T», tomo consciencia de lo que mis manos y pies están haciendo y me hago alguna de estas preguntas (o todas):

¿Qué estoy haciendo?

¿Por qué y para qué lo estoy haciendo?

Esto que hago, ¿es beneficioso o dañino para mí o para los demás?

Y, quizás la más importante: ¿desde qué sitio interior lo estoy haciendo?

Muchas veces hacemos las cosas mecánicamente, ya sea porque seguimos una programación cultural, porque nos intimida la reacción ajena si no lo hacemos o, simplemente, porque alguna rutina se nos ha instalado como un *software* de ordenador y nos «obliga» a continuar por el mismo sendero cada día.

No hablo en contra de las rutinas. Hay rutinas que son muy buenas. La rutina a veces es el depósito de una sabiduría aprendida. Por ejemplo, tener la rutina de subirse al coche y ponerse el cinturón de seguridad es una buena rutina. Mirar a los lados antes de cruzar la calle también. La rutina es un mecanismo neurológico en el que imprimimos una serie de pasos, los grabamos y simplemente pulsamos *play* cuando nos hace falta. Esto nos libra de tener que elaborar intelectualmente lo mismo cada vez que vamos a hacer una tarea. Por ello hay que tener cuidado con aquello que hemos grabado en nuestras neuronas. Una vez grabado es más difícil desgrabar.

En artes marciales solemos decir que es más fácil aprender que desaprender. Es más fácil educar a un individuo antes de que se convierta en delincuente que reeducarlo para convencerlo de que su actitud no es correcta.

Pero bien, a la mayoría de la humanidad, autor de este libro incluido, esta advertencia le habrá llegado tarde. Llevamos años grabando costumbres nocivas para nosotros y nuestro entorno. No pasa nada, afortunadamente la consciencia tiene un poder magnífico y en cuanto uno consigue concienciar algo, difícilmente logra desconcienciarlo. Si uno va por el campo, levanta una rama y allí ve una tarántula enorme, por más que devuelva la rama a su sitio, no podrá olvidar que el arácnido está allí. La autoconsciencia es una especie de flash. ¡Pam! Y ya está. Ya no puedes apartarte de lo que has concienciado. Lo mismo sucede con nuestros actos.

Lo más sencillo es simplemente recuperar la atención sobre lo que estoy haciendo. Ésta es la fase básica. Con el tiempo, conseguiremos profundizar y descubrir el porqué y el desde dónde lo hacemos. Ejemplificando, imaginemos que somos algo maniáticos con el orden y la organización. Podemos preguntarnos por qué lo hacemos y quizás descubramos que eso proviene de que nuestros padres nos castigaban si no éramos ordenados. Exploramos algo más y encontramos que, más allá de la excusa de nuestra infancia, hay otra cosa, algo por lo que uno decide replicar eso que nos indujeron papá y mamá. De pronto percibimos que el pasado no es excusa suficiente. Comprendemos el «desde dónde» lo hacemos, y ese «desde dónde» se revela como una necesidad de control. Nos sentimos inseguros, la vida nos resulta caótica, nuestra estructura emocional es frágil ante lo incierto de la vida, entonces exprimimos la realidad intentando organizarla obsesivamente.

Tarde o temprano este análisis nos dibujará una situación que necesita ser resuelta. Resolución significa liberación. Una energía que estaba atrapada en muchísimos miedos y prejuicios, al ser desenmascarada, al decir nuestra consciencia «¡ajá, te he descubierto!», empieza a desmoronarse. Dicho desmoronamiento se debe a que va perdiendo los anclajes con los que se mantenía sujeta a nuestro ser y, por lo tanto, a nuestro funcionamiento cotidiano.

Saber quién y qué soy, y por qué y desde dónde hago lo que lo hago me lleva de la mano a la tercera y última fase.

16.3 La «S» de Situación

Podemos imaginarnos la existencia como una película de una sola toma que empieza cuando salimos del útero materno, el director dice «¡acción!» y no se detiene hasta que escuchamos «¡corten!» No existen los ensayos, ni tomas falsas, ni posibilidad de detener la cámara o de rehacer la escena. Cada decisión nos llevará a uno u otro escenario, por un camino del que a veces no podemos retornar –y cuando es posible hacerlo, la corrección del rumbo suele llevar años–, donde tendremos que lidiar con un guion que no hemos podido leer de antemano, sino que vamos descubriendo el argumento con nuestras decisiones.

A veces, gracias a Dios, la intuición nos previene de meter demasiado la pata. Como exdiseñador de videojuegos y amante de éstos, diré que imitan la vida de una forma extraña. El jugador es el creador del personaje, que delinea su personalidad antes de lanzarlo a la acción. Así, nosotros venimos con características predelineadas a este inmenso juego que es la vida. Como cualquier personaje virtual, las elecciones que tomamos afectan al desenlace de la partida. Esa virtualidad creada por el humano que sirve de marco para que un personaje virtual pueda operar en ella, es un fractal de la virtualidad creada por Hashem para que nosotros podamos operar en eso que llamamos vida. Estamos dentro de ese juego.

Metidos en él, si por alguna razón elevamos nuestra consciencia (*Daat*), podemos llegar a intuir que «alguien nos está jugando». Pero incluso si consiguiésemos ver al «jugador», si fuésemos capaces de revelar todo el diseño, aun así estaríamos sujetos a la virtualidad que nos ha sido asignada.

El trabajo interior místico es como si el personaje del videojuego lograra observarse a sí mismo desde la pantalla en la que está siendo jugado. Entiende que hay un «jugador» y un «juego». El jugador es el Alma; el creador del juego, el *Boré* (Creador); el juego es el complejo mundo cuya finalidad es la experiencia de la corrección (*tikún*) y la conexión profunda con Dios (*devekut*).

El acto en sí de contemplar nuestra propia virtualidad de forma intensa y clara es lo que desde la antigüedad se llama Iluminación. La Iluminación es la ruptura de la virtualidad de nuestra percepción. La Iluminación no nos extrae del escenario, al que seguimos atados por Fuerzas Superiores. Lo que hace es alterar nuestra perceptualidad del mismo. Eso quiere decir que la Iluminación no acaba con el juego, sino que modifica dramáticamente nuestra forma de jugar. Empezando porque nos damos cuenta de que estamos jugando.

Ésa es nuestra situación. Cuando uno tiene claro «quién» y «qué» es, cuando es consciente de «qué», «por qué» y «desde dónde» está haciendo algo, el dato que le falta es «dónde lo estoy haciendo». ¿Cuáles son las características del terreno en el que estoy desarrollando mi seidad conectada a mi existencia y mi acción? En estrategia militar se dice que «el terreno determina el tipo de la acción». Ningún general llevaría carros de combate a una zona pantanosa o a la montaña porque los volvería inútiles y vulnerables. Entender el terreno, es decir, ser capaces de descifrar la naturaleza del entorno en el que estamos funcionando como entidades vivientes, nos hará elegir correctamente las herramientas para salir bien parados, tanto en lo físico como en lo espiritual. Sería poco inteligente comportarnos en un funeral como si fuese un cumpleaños y viceversa. Aunque esto parece demasiado obvio y cualquiera se consideraría preparado para comprender la diferencia, lo cierto es que muchas veces no entendemos la situación en la que estamos inmersos. Como no entendemos la situación, nuestras acciones no llegan a conectarse totalmente con ésta, generando aberraciones que luego lamentamos muchísimo.

Por poner algunos ejemplos, a veces tenemos una relación sentimental que es obvio que no tiene futuro, o simplemente no posee profundidad, pero nos empecinamos en ignorar la realidad y acabamos teniendo una decepción amorosa, que no es tal. En realidad, es la evaporación de una alucinación. Está también el típico caso del trabajador que espera progresar en un ambiente en el que las promesas de mejora nunca se cumplen. Es obvio que nunca obtendrá lo que le han prometido, pero el miedo y la inseguridad lo llevan a perpetrar su autoengaño. El escenario le grita «sal de aquí», pero no desea escucharlo. Por supuesto, si algo requiere madurez emocional, intelectual y espiritual, es ser capaz de contemplar el entorno de forma honesta y sincera. Antes nos saquemos la venda de los ojos, antes podremos resolverlo. Mi experiencia personal me dice que quitarse vendas casi siempre duele. Pero también he aprendido que todo en la vida es cuestión de práctica. En algún momento, la verdad y la practicidad se vuelven mucho más importantes que el miedo a romper una ilusión óptica.

16.3.1 Procedimiento con la «S» de Situación

Siendo consciente de mi identidad y de mi tarea, doy un paso más. Me tomo unos segundos para hacerme estas preguntas –aquí pongo tres, pero es posible encontrar más, según tu creatividad:

¿Dónde me encuentro?
¿Cuál es la naturaleza de esta situación?
¿En qué plano de consciencia estoy operando?

La primera pregunta tiene una doble funcionalidad. La más básica es la de tomar consciencia del sitio, algo que tiene como base, una vez más, la supervivencia. Si voy por un barrio desconocido, mirando la pantalla de mi teléfono, totalmente sumergido en mi mundo virtual, soy candidato a una serie de inconvenientes. Me pueden robar, atacar, atropellar, puedo tropezar o incluso tener algún accidente grave por no estar siendo consciente de mi entorno. Uno de los principios de la defensa personal urbana es entender que no hay mejor técnica defensiva que no acercarse a una zona peligrosa. Es la medida más económica e inteligente, no requiere más que estar atento.

Claro que la atención es algo que los dispositivos electrónicos nos han secuestrado con nuestra complicidad y negligencia. Estar alerta, sin por ello estar tenso, es una buena medida para evitar cualquier tipo de accidente o desgracia. En ese estado, somos capaces de «leer» los mensajes que el escenario nos está dando y así poder accionar de la forma más segura y productiva posible. La funcionalidad extra de esta pregunta es discernir si estamos viviendo una situación en estado de vigilia o si estamos soñando. ¿A qué viene esto? A que cuando dormimos pocas veces solemos tomar consciencia de que estamos durmiendo, es decir, que nos creemos lo que vemos. Al crear una disciplina de toma de consciencia, podemos llegar a repetirla cuando dormimos. Ésta es la base para empezar a tener sueños lúcidos. No quiero extenderme aquí para no confundir, simplemente dejar una pista que el estudiante puede explorar por su cuenta.

La segunda pregunta tiene que ver con entender la naturaleza de la situación. Como en los ejemplos anteriores, hace falta que veamos qué está pasando para poder actuar en consecuencia. ¿Esta situación requiere que ayude a quien me lo pide o estoy ante un abuso de mi bondad, escondido tras palabras bonitas? ¿Es momento para la fe en la Misericordia Divina o aún tengo cosas que puedo hacer para intentar salir de una situación? ¿Estoy cumpliendo con honestidad mi papel en esta escena, que implica el bienestar de otros, o simplemente lo ignoro, aferrándome a excusas egoístas?

La tercera pregunta se vincula a un estado superior de consciencia. En algún momento necesito interrogarme sobre desde qué plano existencial estoy operando. ¿Estoy viendo la vida –y, por lo tanto, interpretándola– únicamente desde *Maljut*, el plano físico?

Muchas veces sufrimos porque no somos capaces de ver las cosas desde un punto de vista elevado. Si me quedo a ras de suelo, en cuanto a consciencia se refiere, la vida acabará pareciéndome horrible con cada contratiempo que ésta me presente. Todo lo veré injusto, oscuro, desesperanzador. Esto es cierto, ya que si nos quedamos sólo con este plano, la existencia misma carece de sentido. Estamos en *Maljut* (El Reino) pero podemos decidir elevarnos a *Keter* (La Corona) y jugar a ver las cosas desde la perspectiva divina. Este ejercicio es el pan de cada día del *talmid mekubal* (aprendiz de místico), la vida lo lleva constantemente a él. Claro que también puede ocurrir lo contrario.

¿Estoy viendo e interpretando la vida tan sólo desde lo espiritual? Es muy fácil asumir que lo espiritual nos vale como «droga recreativa». La mala noticia es que no existe tal cosa como una droga «recreativa». Todo lo que usemos para evadirnos de aquello que podemos resolver –para aquello que no requiere aceptación, sino acción–, acabará causando un daño a largo plazo, que tomará mucho esfuerzo revertir. Así, la espiritualidad no debe ser utilizada como un escape de una existencia que nos resulta desagradable. Eso no es espiritualidad, es un elemento más de consumo, como lo pueden ser los deportes o el cine. Existe el peligro de caer en una abstracción absurda y pretender vivir donde no se puede. Uno vive en el plano físico, en los planos más elevados sólo tenemos autorizado el turismo. Entender esto es comprender lo que decían nuestros maestros: «Ve hacia la Luz y corre de vuelta». No podemos quedarnos enganchados a la beatitud espiritual que provocan ciertos estados de conexión con lo Eterno. Cuando el estudiante es inexperto, puede quedarse atado a sus proyecciones mentales o fantasías. Cuando es ya un experto, corre el riesgo de quedarse atrapado en la realidad de otros planos que, en comparación con el duro día a día, resultan mucho más agradables.

El místico comprometido entiende que no puede vivir en la bidimensionalidad de lo agradable versus lo desagradable. Simplemente tiene un trabajo que hacer y lo hace. Así de simple, así de duro. Resulta entonces fundamental concienciar cuáles son mis coordenadas espaciotemporales para no caer en desequilibrios.

16.4 Resumen técnico

El objetivo de esta técnica es provocar lo que podríamos llamar «autoconsciencia básica». Es una forma de determinar el punto de partida para todo lo que haremos durante el día. Por esta razón, deberíamos considerarla como igual o, quizás, más importante que todas las demás prácticas consideradas «estándar» en el sendero espiritual. Por muchas razones que sería arduo enumerar, solemos tener ese esquema mental de que la espiritualidad está circunscrita a la meditación, la plegaria, el estudio, etc. Sin embargo, si uno no hace un esfuerzo por establecerse de forma autoconsciente en este plano, obtendremos pocos o ningún beneficio. O, lo que es peor, conseguiremos falsos beneficios, producto de nuestras construcciones mentales y emocionales.

Imaginemos que tenemos que ir a un sitio a realizar una tarea de gran relevancia. Lo primero que haremos será vestirnos, a ser posible de forma acorde a la ocasión, ¿verdad? No querremos ir mal presentados o desnudos. Lo mismo ocurre con nuestro trabajo interno. Si uno no está, en cierta medida autoconsciente, si no ha despertado su «presencia», las demás técnicas, prácticas, rituales, etc. los realizará con el mínimo de fuerza espiritual.

Como he dicho antes, no sólo cuenta lo que uno hace, sino **desde dónde lo hace**. Puede que el ego o el yo se hayan apoderado de un ritual o meditación, transformándolo en un mero hábito, en un evento mecánico. Puede que la práctica espiritual haya pasado de ser un entrenamiento a un entretenimiento.

Entrenar procede de la palabra francesa *entraîner* con raíz latina en el prefijo *in* (hacia adentro, con intensidad) y del latín vulgar *traginare* (arrastrar, trajinar), lo que da como resultado una idea de hacer un movimiento o un arrastre con intensidad. El arrastre en este caso es hacia adentro, buscamos concentrarnos en nuestro fuero interno y así obtener respuestas. Si realizamos las actividades espirituales sin un estado de consciencia mínimo, caeremos en el mero entretenimiento, es decir, como si estuviésemos haciendo un encantamiento sobre nuestras capacidades de percepción, volcándolas exclusivamente fuera de nosotros.

Para divertirnos o distraernos no necesitamos la *kabaláh* ni ninguna estrategia esotérica. Apagar la consciencia, engancharse a los raíles de una idea y simplemente dejarse llevar no es una opción para el buscador comprometido. Eso es para espíritus empantanados en la pereza. Religiones y sectas explotan esa pereza y, por ello, tienen tanto éxito sirviendo ese plato frío, prometiéndole a sus adeptos que basta con seguir la receta para que la tarta salga bien. La mala noticia es que no funciona. Sin consciencia nada funciona en lo espiritual. No digo que uno deba tener consciencia de todos los niveles existenciales, eso es humanamente imposible. Me refiero a que todo acto de redención exige al menos un acto volitivo, una intención. Para el estudiante de *kabaláh* esa intención es una intención mística, que busca una conexión con la Divinidad interior y la Superior. Dicho impulso de la voluntad, del deseo y la disciplina correspondiente recibe el nombre de *kavanáh* (intención, en hebreo).

Como resumen explicativo y a modo de orientación, ofrezco la siguiente secuencia de hechos cotidianos para dar un contexto al método ITS. Podríamos llamarle un «tutorial» para volverse autoconsciente.

Paso uno, Identidad: en algún momento del día me detengo entre la vorágine de distracciones y ocupaciones para intentar rescatar de toda esa locura mi identidad. Exploro mi consciencia con la pregunta «¿quién soy?». En ese proceso, siento mi individualidad, vuelvo a instalarme en mi cuerpo. Recibo un flash de sensaciones que resumen eso que siento que soy y que puedo llamarle «yo». Ese «yo» optimizado ahora tiene la posibilidad de crear el espacio psicológico suficiente para conseguir hacerse otra pregunta: «¿Qué soy?». La pregunta «quién soy» me lleva a la percepción de un yo que es el producto de las ideas y experiencias acumuladas a través del tiempo. La pregunta «qué soy» me conecta con mi naturaleza espiritual: soy un Alma envasada en un cuerpo, con un objetivo. Al recuperar mi identidad, tengo la opción de desidentificarme de aquello que me está arrastrando hacia una situación dolorosa, improductiva o dañina. «Yo no soy esto», me digo al verme atrapado en algún pensamiento, sentimiento o situación adversos.

Paso dos, Tarea: instalado cómodamente en mi consciencia individual, procedo a reconocer aquello que estoy haciendo. Si estoy comiendo, pero pensando en algún problema, retorno al acto de comer, me concentro en el placer y la bendición de poder alimentarme. Si estoy realizando algún trabajo o tarea, restablezco la conexión con ellos desde el sitio correcto. Trato de no estar haciendo algo por desprecio, despecho, venganza o demostrarle algo a alguien. No tengo nada que demostrar salvo a mí mismo. Limpio de emociones negativas lo que esté haciendo, simplemente hago lo que tengo que hacer, de forma intensa, serena, comprometida si es el caso, pero rompiendo amarras con sentimientos o intenciones oscuras. Purifico así las obras de mis manos.

Paso tres, Situación: tras situarme dentro de mí y reconocer aquello que estoy haciendo y por qué lo estoy haciendo, despliego mis antenas cognitivas y siento el espacio y la circunstancia en los que funciono. Formo parte, como todo ser viviente, de un complejo escenario. Comprender ese escenario es fundamental para operar eficientemente en él y limitar los excesos y las carencias. A veces, veré que debo mejorar mi funcionamiento en un entorno, y otras que lo mejor es salir con celeridad de él. Un guerrero inteligente sabe escoger sus batallas. No conviene desgastarse en empresas que, incluso teniendo éxito, acaban siendo una derrota, es decir, que el beneficio de la victoria no cubre las pérdidas para alcanzarla. En un estado más elevado de consciencia, esta pregunta me sitúa en relación a las dimensiones existenciales o *sefirot* por encima del plano material. Puedo llegar a comprender o intuir, de forma espontánea, la razón espiritual de lo que ocurre en lo físico.

Con este esquema espero poder haber dejado en ti, amado lector, una idea clara con la que puedas elevarte y ser cada día más consciente y, por lo tanto, más feliz. Incluso cuando el dolor te atenace, este método te guiará rápidamente hacia un estado de pacificación interna, así podrás volverlo útil, capitalizarlo, en lugar de que simplemente sea un sufrimiento ante el que estás indefenso. No estás indefenso, sólo eliges estarlo.

XVII

Nunca fallarás siendo práctico

La práctica no es un medio para alcanzar la iluminación,
sino la expresión de la iluminación innata.
Francisco Dokushô Villalba

Los ingenios muy entregados a la especulación de las ciencias
son tardos en obrar y tímidos en resolver,
porque a todo hallan razones diferentes que los ciega y confunde.
Diego de Saavedra Fajardo

Un profesor de *kung-fu* con el que entrené en mi adolescencia solía usar una frase que he convertido en máxima: «La práctica de la práctica es la práctica». Tras haber experimentado de forma directa la mayoría de corrientes espirituales y religiosas –al menos las más relevantes–, puedo afirmar que en pocas disciplinas he encontrado una exacerbación intelectual tan grande como en el ambiente formado por las personas que siguen el conocimiento kabalista.

Aquí hay dos fenómenos que es necesario distinguir para así lograr conocer y evitar esta tendencia a la hiperintelectualización en la *kabaláh* –y su consiguiente intento de disfrazarla de revelación, o peor, de iluminación.

Está el fenómeno vinculado al que vive, o pretende vivir, de la transmisión de la *kabaláh* y el que atañe a su receptor. En cuanto al primer fenómeno, observamos que el emisor/vendedor del conocimiento kabalista se topa con la necesidad de valorizar su reputación de forma tangible ante el público. Éste no es más que un mecanismo humano que recoge la mercadotecnia: entre miles de ofertas, ¿qué diferencia tu producto o lo hace más atractivo que otro? ¿En qué se basará dicho reclamo? Pues en lo único «tangible» que solemos presentar ante los demás, es decir, en nuestros antecedentes lectivos, académicos, etc. Las personas suelen verse inducidas a dar un voto de credibilidad a quien haya estudiado con tal o cual maestro de renombre, en tal o cual escuela espiritual, con este u otro reconocimiento académico, etc. Como humanos, solemos dejarnos llevar por la primera impresión. Miramos el envase y, si vemos en él un indicio que pueda predecir una experiencia futura agradable, le damos nuestra aprobación. Luego podrá venir o no la decepción.

Esto no es en sí un defecto ni en el emisor ni en el receptor del conocimiento. Podemos decir que es un buen comienzo... aunque uno muy muy relativo. Es relativo porque el que una información haya entrado a raudales en una persona no significa que sea capaz transformarla en lo más importante: hechos. Sin los hechos, el conocimiento no es más que una nebulosa brillante, a veces narcótica, que tanto engaña al propietario como al espectador. Está claro que es mucho más fácil corroborar un currículum de estudio que el nivel de autoconsciencia de una persona. En diferentes actividades y disciplinas no es raro toparse con personas de gran nivel intelectual, pero que a nivel humano son verdaderamente deplorables. O sea que, el desarrollo intelectual en la *kabaláh* no nos asegura en absoluto ninguna clase de ascenso como Almas. Sin duda, es mucho más asequible sumar datos a nuestro cerebro intelectual que alcanzar la Iluminación, porque, mientras lo primero es una cuestión de voluntad personal, lo segundo es un asunto de si a la Divinidad le da la gana otorgarla.

Pasando al segundo fenómeno, nos damos cuenta rápidamente que es hijo del primero. Quien recibe la enseñanza de alguien empecinado en crear reputación a base del conocimiento intelectual pronto se encuentra con una avalancha de datos que, por un lado, lo saturan y, por otro, lo inmovilizan. Imagínate yendo de excursión: ¿qué pondrías en la mochila? Docenas de libros seguro que no. Los libros o la información serán fundamentales **antes** de salir, pero una vez emprendido el viaje, debemos tener la capacidad de movernos con soltura, administrando nuestra energía, que no es precisamente infinita. Por ello, como docente, uno se topa con docenas de alumnos que han salido de viaje con la mochila repleta de teoría, preocupados en extremo por la forma, y alejados, sin saberlo, del contenido. Confieso que no deja de sorprenderme que personas que se dicen espirituales y, por lo tanto, deberían ser inteligentes, sigan abogando por la cantidad en detrimento de la calidad.

Con nada de esto intento condenar ninguna actitud, Dios lo prohíba. Cada persona tiene derecho a plantearse su vida como mejor pueda. Lo que pretendo es extraer una enseñanza para que juntos consigamos comprender, de la forma más objetiva posible, por qué tenemos esta desmesurada valorización de la teoría, especialmente entre los estudiantes de *kabaláh*. Quizás deberíamos preguntarnos por qué priorizamos el prestigio sobre la verdad. El gran problema, desde mi humilde punto de vista, es el siguiente: quien ha hecho de la teoría su única fuente de conocimiento no hará otra cosa que promocionar dicha actitud. La idea generalizada que solemos tener sobre el místico es el de una persona con la nariz enterrada todo el día en los libros. Eso no necesariamente es un místico. Confundimos todo el tiempo al místico con el estudioso y no siempre, la historia lo demuestra, coinciden ambas actitudes en la misma persona. La prueba de esto es que ha habido en lo que llevamos de historia humana un número desorbitadamente superior de estudiosos respecto a iluminados.

Supongo que, por esa razón, seguiremos escuchando hasta el fin de los tiempos que el mero análisis teórico, tanto metafísico como teológico, es suficiente como fuente de Luz. Tengo muy claro que alguien cuyo conocimiento sobre la Luz es fundamentalmente teórico sólo puede enseñar sobre eso, es decir, el contenido teórico de la Luz. Lo que quiere decir que no es capaz de guiar a nadie hacia la Iluminación, sólo hacer el relato sobre lo que se dijo en el pasado sobre ésta.

Tan sólo el que ha transitado el Camino puede echarte una mano. Quien sólo ha leído sobre el Camino es un turista como los demás, aunque sí, más informado. Debemos recordar que información no es sabiduría. Ya lo expresó Noam Chomsky, cuando reflexionaba que el humano nunca estuvo más informado que ahora y nunca supo menos.

Así que, ¿dónde está el punto de inflexión? No pasa nada con querer ser un estudioso. La sed intelectual no es condenable. Si ése fuese el caso, este autor sería el primero en arder en la hoguera. Personalmente, creo que una de nuestras dificultades radica en que no vemos la teoría como una parte, sino como un todo. Así nos autoinducimos una cojera espiritual. Vamos saltando solo con una pierna de un sitio al otro, pensando que la solución es volverla más musculosa cuando la cosa sería usar la otra para poder caminar con coherencia.

En artes marciales decimos que en el entrenamiento se **aprende** y en el combate se **aplica**. Harto estoy de ver a muchos teóricos del combate fracasar con su verborragia en una demostración práctica simple. Lo mismo con esos estudiantes o eruditos de la *kabaláh* que tropiezan con el evento más trivial en su vida diaria, demostrando que todo ese bagaje no les ha servido para prácticamente nada. Ni el prestigio ni la reputación ganan un combate. Es la habilidad personal para resolver lo aleatorio la que triunfa.

Hace falta que te establezcas con total premura en una postura práctico-existencial. Tenemos el factor estático y el dinámico. Lo estático es lo que recogemos como conocimiento, pero ese conocimiento es relevante si podemos aplicarlo de forma dinámica. Cuando sólo nos dedicamos al estudio, somos como forenses: exploramos un cuerpo inmóvil, muerto. Todo lo que leemos, incluso de los más grandes maestros, son meras autopsias de una realidad que en su momento fue dinámica. Es imposible captar ese dinamismo en ningún soporte de información. Incluso si vemos un vídeo sobre cómo hacer una tarta, eso sigue siendo una captura estática de una verdad dinámica, que sólo cuando intentemos replicar la receta en la vida real seremos capaces de comprobar y establecerla como algo útil, válido.

Como siempre, el problema es encontrar el equilibrio. No hay que ser negligentes, privándonos de un entendimiento intelectual lo más refinado que nuestros talentos nos permitan, porque eso nos volverá ignorantes. Pero tampoco saturarnos. Una buena práctica bebe de una buena teoría. La *kabaláh* es esencialmente un modelo para aplicar a la vida. Sin dicha aplicación es tan inútil como un coche deportivo al que nunca sacamos del garaje.

17.1 La pregunta más honesta

Es hora de dejarnos de tonterías y enfrentarnos a lo concreto. Vivimos en *Maljut*, El Reino, la arena de los gladiadores de la Luz, la tierra donde lo manifestado determina lo que sirve y arroja al olvido lo que no. Incluso si conectamos directamente con nuestra naturaleza espiritual a cada minuto de nuestra existencia, eso no es óbice para reconocer la contundencia del plano más sólido y severo en el que un Alma puede manifestarse. La leyenda viviente del boxeo, Mike Tyson, hizo famosa la frase «Todo el mundo tiene un plan hasta que recibe un puñetazo en la cara». ¡Cuán fácil y dulce resulta enfrascarse en la teoría, en el concepto, cuán rápido conseguimos idealizar la vida e idealizarnos a nosotros mismos en ella! Pero entonces viene el guantazo, la realidad irrumpe, devastadora. Es devastadora porque no nos preparamos para esa posibilidad. En boxeo nos enseñan que el golpe que acabará noqueándote es aquel que **no has visto**. Un peligro físico fuera de nuestro campo visual es potencialmente letal. Trasladando esto a lo espiritual, podemos decir que aquello que queda fuera de nuestro nivel perceptual, fuera del alcance de nuestra consciencia, tiene todo lo necesario para convertirse en un problema.

Éste es un libro totalmente práctico desde su propio título. El dolor es un asunto práctico, no teórico. Lo que duele, duele, punto. Aprender a gestionar el dolor y el sufrimiento, identificarlos y, en una etapa superior, lograr transformarlos en algo positivo es quizás una de las tareas más productivas y gratificantes a las que podamos entregar nuestro tiempo y esfuerzo.

Así que, queridos compañeros de viaje, la pregunta que uno debe hacerse cuando se enfrasca en el estudio kabalista –pero también aplicable a otras disciplinas o actividades– es ésta:

¿Este conocimiento contribuye a que yo sea más feliz?

No es una pregunta fácil. Empezando por que tenemos que tener claro que la felicidad es un efecto secundario de conseguir la paz (*shalom*) interior. La felicidad es un producto, no un objeto obtenible directamente. En sí, la felicidad es un concepto en el que confluyen elaboradas ideas místicas que podrían dar para el desarrollo no de un capítulo, sino de un volumen entero. Si intentamos resumir el concepto de la felicidad, a efectos de poder continuar con la idea que quiero presentar, bien podríamos decir que es la capacidad de permanecer lo más sereno posible ante los diversos contratiempos que inevitablemente nos ofrecerá la vida. Sólo los muertos no tienen contratiempos.

Otro componente importante de la felicidad es la capacidad para agradecer todo aquello que conforma nuestra existencia. La gratitud es la base para un estado de consciencia elevado que nos insufla un sentimiento de riqueza, de abundancia. La riqueza no es tener mucho, sino necesitar poco. Uno necesita poco cuando, internamente, se encuentra tan pleno que lo exterior cumple su papel, aunque no el papel protagonista.

Con esa idea en mente, tengo que volver a preguntarme si lo que he estudiado, lo que he aprendido, lo que he practicado me está conduciendo a ser una persona más feliz. Si la respuesta es un no rotundo o un sí algo blandengue, entonces no estoy haciendo bien las cosas.

Si la *kabaláh* no nos está haciendo felices, entonces, queridos amigos, estamos haciendo otra cosa, pero no *kabaláh*. Cierto que el trabajo interior tiene, sobre todo en los primeros años, el sabor amargo que causa tener que pasar por nuestros trastornos más gordos, reconocerlos, analizarlos y por fin integrarlos. Pero eso es, justamente, lo que crea algo que hasta antes de empezar a hacer la limpieza de nuestra psique no teníamos: libertad. Hablo aquí de la libertad interna de identificarme o no con el sufrimiento, de seguir o no detrás de mis complejos y manías, de legitimar o no los insultos o las alabanzas que recibo de los demás. Cuando uno puede elegir, descubre que puede ser feliz.

El conocimiento, necesariamente, tiene que conducirte a la felicidad. De lo contrario es un simple folleto sobre lo maravilloso que es el mundo espiritual, algo que carece de valor real. La fantasía de nuestro ego y la alucinación de nuestro yo son las fuentes de la infelicidad. La *kabaláh* es una herramienta para recuperar nuestra realidad.

Cuando se consigue acceder a la propia realidad y aceptarla, tanto en lo patético como en lo maravilloso, cuando se comprende el verdadero sentido de la ecuación que compone el hecho de que un Alma se meta en un cuerpo, entonces se siente libertad, alegría, y se puede ser feliz. Pero si sólo se tiene una complicada explicación del Universo, una atractiva y sofisticada metáfora de la existencia, entonces, a la hora de la verdad, estaremos desnudos e infelices.

De modo que, preguntaos, guerreros de la Luz, ¿este conocimiento contribuye a que yo sea más feliz? Si no sentís que os haga feliz es buen momento de buscar por qué.

Puede que la causa sea uno mismo, por falta de conocimiento o voluntad. Puede que sea la fuente de la que se está bebiendo. Cada uno deberá explorarse por dentro y adoptar las medidas para corregir el rumbo o intensificar el esfuerzo. Un refrán budista dice «Cuando estás en el buen camino, lo que resta es seguir adelante». Si sientes que estás en el Camino, en el *Derej*, entonces avanza. No te detengas, ten fe, ten *emunáh*. Gran parte del éxito reside en insistir.

Si crees que es un problema de la dirección que has tomado, sé valiente y sal de esa senda. El dolor es inevitable y puede transformarse en Luz. Mi vida, como la de muchos, da testimonio de eso. Pero el dolor no es el camino. Por ello, necesitas verdadera honestidad contigo mismo. La autohonestidad duele, lo sé. La buena noticia es que el entrenamiento anula ese dolor. Cuando ames la Verdad por encima de cualquier incomodidad que pueda causarte tener que romper un esquema para crear otro, te convertirás en un guerrero invencible.

La vida es para vivirla todo lo feliz que podamos.

17.1 No te instales en el dolor

Aunque pueda parecer obvio no querer estancarse en una situación dolorosa, la verdad es que tenemos tendencia a quedarnos en ese territorio. Está de más aclarar que no es un buen sitio para vivir. Tengo el caso de una persona muy cercana que ha hecho del dolor su camino. Se ha aferrado tanto a él que, en cuanto alguien intenta aportarle su propia experiencia o comete el error de relativizar su sufrimiento, con el único y claro propósito de ofrecerle una alternativa a ese mundo oscuro, estalla en una ira irracional. Justifica dicha ira acusando a su interlocutor de que intenta minimizar o infravalorar su dolor. Lo que en realidad sucede es que el sufriente ha hecho de su martirio algo que forma parte de su identidad. Se ha convertido en su dolor. Ayudarle a salir de su dolor es visto como un ataque a su integridad, que está basada en la defensa de mantenerse en dicho sufrimiento. Esto, que parece una locura, es tan real como triste. Un día le pregunté a esa persona si creía que podía ser feliz. Me contestó que no.

Una respuesta asombrosa, ya que, la mayoría, por difíciles que se nos presenten las cosas, al menos tenemos una vaga esperanza de arañar un poco de felicidad. Aunque éste sea un caso bastante extremo, en el que la persona ha vinculado su autoestima a la victimización, afirmándose en que todo lo que le sucedió en la infancia ha sido terrible –si bien eso no le ayuda para nada, porque lo considera irreversible–, creando un círculo en el que la medicación y la terapia no son más que una noria que nunca le llevará a ningún sitio –principalmente porque **no quiere** ir a otro sitio–, en alguna medida, nos suele pasar a todos.

Cuando nuestra autoestima está bajo mínimos, el dolor o, mejor dicho, el papel de persona atormentada e incomprendida suele aparecer como un sustitutivo que acaba siendo tan fuerte que puede instalarse definitivamente en nuestra personalidad.

Si uno cree que es un desgraciado, lo será. Si uno cree que no va a salir de una situación, no saldrá. Henry Ford acuñó la frase «Tanto si crees que lo conseguirás como si no, tienes razón». Necesitamos estar alertas respecto a la tendencia a no hacernos responsables de nuestra situación interior. El trauma, como tal, es un elemento presente en la vida de todos y cada uno de los seres humanos. En la actualidad se le ha dado un valor excesivo y se lo ha elevado al grado de supervillano.

Trauma viene del griego y significa «herida». Una herida es algo que se puede curar. Si una herida no cura, es un billete a la muerte. Así que, si eso no nos ha matado, si hemos sobrevivido a ese evento traumático, es que es posible recomponer, restaurar y reutilizar esa área dañada, con el agregado de la experiencia, que seguro nos habrá dado sabiduría. En *kabaláh* suele decirse que la Luz proviene del ascenso. O sea, que es en el acto de trepar desde las profundidades de nuestros trastornos emocionales donde el Alma coge la experiencia necesaria para crecer y alcanzar la Iluminación. «Antes de subir, hay que bajar», nos dice el viejo refrán alquimista, algo que es una condición ineludible. De la misma forma que el arquitecto tiene que empezar desde lo más básico para lograr recibirse, así nosotros debemos sumergirnos en nuestro pozo oscuro para corregir todo eso y convertirlo en fuente de Luz. Bajamos, luego subimos. Palabra clave «luego». Una vez se desciende al sufrimiento, se sube. Sin un «luego», sin un intentar remontar, hay una instalación en el territorio más oscuro de nosotros mismos, uno en el que nos hemos identificado con el dolor y ya no nos concebimos sin él.

Algunas veces, cuando algo me acongoja mucho, hago un ejercicio que puede verse como una tontería. Me imagino sin ese dolor. Me veo contemplándolo como algo que ya ha pasado. Si se hace esto, basándose en que todo pasa en la vida, bueno o malo, que nada es permanente y uno consigue verse en ese escenario creado, entonces es que es altamente posible. Con este tipo de estratagema, adecúo mis circuitos neuronales a aceptar la alternativa de no estar eternamente sujeto a la situación que me causa dolor o angustia.

De esa forma, al contrario de la persona que sirvió de ejemplo a esta sección, si alguien me pregunta si creo que puedo ser feliz, mi respuesta es un rotundo sí. Lo es porque mi energía mental, emocional y física han sido puestas en estado de disponibilidad, lo que no sería posible si me hubiese dejado atrapar en una idea negativa. Una idea negativa no es lo que dicen los *newagers*, que salen espantados ante cualquier cosa que no suene a lucecillas, beatitud y facilismo. Una idea negativa es un envase conceptual donde parte de mi energía psíquica queda orientada inexorablemente a una serie de actitudes que me impedirán disfrutar de la vida lo más mínimo.

Sin ser ingenuos o superficiales, debemos crear una condición, un envase o *kli* (vasija en hebreo) capaz de recibir lo bueno. Al fin de cuentas, *kabaláh* tiene su raíz en *lekabel*, «recibir». Si acampamos en el lado oscuro de nuestra mente, seremos como el que intenta recoger las frutas que el Cielo le arroja con una red de voleibol: se va a quedar con poco y nada.

¡Que *Hakadosh Baruj Hu* (El Santo Bendito Es) te guíe fuera de la oscuridad y así puedas disfrutar de todas las *berajot* (bendiciones)!

XVIII

El poder del olvido selectivo

Ser capaz de olvidar es la base de la cordura.
Recordar incesantemente conduce
a la obsesión y a la locura.
Jack London

Olvidemos lo que ya sucedió,
pues puede lamentarse,
pero no rehacerse.
Tito Livio

He tenido problemas con más de una persona cuando le digo que el olvido es una disciplina de lo más sanadora. Se ponen como una fiera porque, en general, nos enseñan a creer que la persona no es nada sin sus recuerdos, sin eso que se ha depositado en forma de recuerdo a través del tiempo. Supongamos que no nos dejamos llevar por el pánico o la sensación de ser despojados de una parte de nosotros y analizamos objetivamente qué es eso que llamamos «recuerdos», «mi pasado», «memorias». Así, en un primer momento, descubriremos que cualquier recuerdo no es otra cosa que información. Si es información, es que no es el ser de la persona. Podrá ser importante o no, pero sigue siendo, a fin de cuentas, un mero cúmulo de datos sobre lo que me ha ocurrido en una etapa de mi vida. Establecemos así que los recuerdos, como las emociones o los pensamientos, son parte de nosotros, pero no somos nosotros. Nuestra esencia es otra cosa. Lo interesante es que aquello que recuerdo –que no siempre es lo que ha ocurrido–, y la postura que adopto frente a eso que recuerdo, puede afectar de forma dramática a mi esencia.

Si estamos ante una información de cualquier tipo, sabemos que entonces tendrá dos propiedades: útil o inútil. Me atrevería a decir que pocas cosas hay en esta vida que puedan clasificarse tan fácilmente como la utilidad y la inutilidad de la información. Basta con tener un criterio. Criterio viene del griego *kriterion*, palabra compuesta de *krinein* (separar, decidir) y el sufijo *io* (instrumento, resultado) y que significa «norma para conocer la verdad». Nuestro criterio usará primero el sentido común y luego los principios kabalistas para conseguir establecer la autenticidad o falsedad, la conveniencia o inconveniencia de esa información que llamamos «recuerdos». Está muy claro que esos recuerdos, memorias o pasado son muchas veces fuente inagotable de sufrimiento. Con el agravante de que son sufrimientos directamente ligados a su evocación.

No es que tengamos la situación en el momento, no es que estemos padeciendo un maltrato o una desgracia en el mismo instante en el que lo estamos soportando. No. El dolor del recuerdo necesita una invocación. Es, en cierta forma, un acto de nigromancia: algo que estaba sepultado en las cenizas del tiempo es resucitado por una parte de nosotros –a veces de forma voluntaria, otras no– y traído al instante actual. La nostalgia, la culpa, los «y sis» (y si hubiese / no hubiese hecho tal o cual cosa), la depresión, se alimentan todos del humus formado por todo lo pasado. Causa cierto asombro que algo que ha quedado en un espacio-tiempo totalmente inaccesible, que no podemos oler, tocar, o sentir, sea capaz de destruir nuestro presente y comprometer nuestro futuro.

También es necesario notar que esto no sucede sin nuestra participación. No viene a nosotros por accidente como en esa maravillosa novela corta de Dickens, «Cuento de Navidad», en la que los espíritus de las navidades se presentaban sin ser llamados. En un altísimo porcentaje, el recuerdo y el efecto que decidimos que tendrá en nuestro instante actual será una cuestión totalmente voluntaria. Nuestro criterio, usado de forma simple y práctica, puede llevarnos fácilmente a decidir qué necesitamos o no de nuestro pasado. Si bien es cierto que todo lo que vivimos nos ha traído hasta aquí –con sus pros y sus contras–, lo de verdad importante es lo que somos en este momento.

La buena noticia es que todo lo que puede ser invocado puede ser exorcizado. Si hacemos un paralelismo con la experiencia que nos ha dejado el ocultismo, deberíamos prevenirnos de que es más fácil lo primero que lo segundo. Como siempre, crear un problema es más fácil que resolverlo. Claro que tú, querido lector, puedes protestar argumentando que a veces los recuerdos nos asaltan. En ese caso me veré obligado a darte la razón. Uno no siempre elige recordar. A veces, algún elemento «gatillo» provoca la aparición de un pensamiento o emoción que yacían enterrados profundamente. Pero aunque no tengamos elección a la hora de recordar, la tendremos a la hora de olvidar. Ése es nuestro comodín, nuestra arma secreta. Olvidar y hacerlo selectivamente. No olvidar quién o qué somos, ni las cosas maravillosas o las personas fantásticas y sus enseñanzas, sino eso que de alguna manera no contribuye a otra cosa que a sumergirnos en una fosa de dolor improductivo. Cual cirujanos que extirpan un tumor, así lograremos extraer de nuestra mente y corazón eso cuyo único destino es doler. Salvo que uno sea masoquista, el dolor no es un fin apetecible.

Pero ¿por qué olvidar? ¿Será eso esconderse de nuestros fantasmas? Aquí debemos hacer una puntualización. Muchas veces se malentiende el concepto «junguiano» de arrojar luz sobre nuestras zonas oscuras para así poder resolverlas. Eso está perfecto. De hecho, puede ser relacionado con el concepto kabalista del *tikún*, de la corrección del Alma. Es totalmente cierto que uno debe sumergirse en su negrura interior para hacer limpieza. Pero no todos los dolores procedentes del pasado requieren esa tarea. Pongamos un ejemplo.

Imaginemos la situación en la que años atrás hicimos algo que ofendió a una persona cercana. Tras nuestro error, intentamos enmendarlo, pero el damnificado rechazó tal posibilidad, cerrándonos la puerta para siempre. Obviamente, es un episodio doloroso por partida doble. Una parte fue nuestra equivocación, que nos da vergüenza por haber cometido una tontería y dolor por haber perjudicado a alguien querido. La otra parte es el rechazo ante nuestro intento de reparación. Un día cualquiera, años más tarde, vemos una foto con aquella persona y, sin querer, evocamos todo el dolor y la amargura del episodio. ¿Qué sería lo más razonable? ¿Hurgar en la herida hasta caer agotados, para que, al final, todo continúe igual, o, tras sentir el impacto, relajarnos y bajar una cortina de olvido que devuelva esa memoria al archivo donde no me causa ningún daño?

La respuesta resulta más que obvia. Si uno ya hizo en su momento todo lo posible, si ya ha reconocido sus faltas y entendido cuál habría sido la manera correcta de actuar, entonces ya está, amigo mío, las únicas dos cosas que nos quedan son aceptar y, luego, olvidar. A no ser que tengamos un DeLorean capaz de viajar hacia atrás en el tiempo como Marty MacFly en *Regreso al Futuro*, no tenemos ninguna oportunidad para cambiar lo ocurrido. Por otra parte, debemos recordar que en aquel evento también participó la decisión de otra persona, algo sobre lo que no podemos hacer nada. Madurar es aprender a asumir las consecuencias de nuestros actos.

Asumir significa mirar con tolerancia y serenidad aquello que no supimos hacer de mejor manera en su momento. Cuando uno asume, es decir, cuando llega al proceso final de una reflexión sobre algo que hizo, desaparece toda necesidad de volver a revivir el asunto. Cual veta agotada de la que ya no puede extraerse más mineral, a ese recuerdo ya no le quedan enseñanzas para extraer. Insistir es buscarse un sufrimiento inútil.

No es terapia, es suicidio emocional, un derroche de energía que bien podríamos estar usando para intentar ser felices a pesar de nuestras imperfecciones.

Volviendo al concepto de información, llegamos a la conclusión de que no parece muy razonable almacenar absolutamente toda la información. La mayoría de cosas que nos han pasado son tan irrelevantes que ni vale la pena almacenarlas. Eventos y hechos que no pasan de la anécdota, con tan poca incidencia en nuestro presente que difícilmente contribuirán a ningún cambio esencial en nuestro futuro. Lo mejor que tiene el ser humano es que está en construcción, el pasado puede influir en él, pero no definirlo. A cada momento tenemos la capacidad de definirnos.

El gran drama ocurre cuando uno se empecina en recordar algo que le causa dolor. Entonces hacemos que eso que no tenía influencia en nuestro instante presente, la tenga y, encima, para causarnos problemas. ¡Es de locos! ¿Qué diantres estamos haciendo? ¿Buscamos alguna clase de justificación para sentirnos desgraciados, despojados? ¿Qué utilidad tendría semejante cosa? Si hemos seguido el consejo de no instalarnos en el dolor, entonces, rápidamente decidiremos que eso no nos sirve para nada.

A todos nos han tratado mal, o hemos metido la pata hasta el fondo, o hemos lastimado o defraudado a alguien. Todos cargamos con sueños rotos y decepciones. Lo cierto es que sufrir es algo tan común que no nos otorga ninguna clase de especialidad. Además, ¿no sería patético intentar destacar entre el resto de los seres humanos por ser el más infeliz y sufriente de la galaxia? El dolor no nos hace especiales. Todos lo padecemos, sin excepción. Da igual el grado porque, para cada uno, el dolor que le es asignado resulta más que suficiente.

Lo que nos hace especiales es la capacidad para transformarlo en algo positivo. De eso se trata. Este libro trata justamente de eso, de encontrar una facultad que nos especialice en esa tarea y, a la vez, nos vuelva especiales, que consigamos reunir todos los recursos para transformarnos en verdaderos alquimistas, capaces de transmutar el plomo de la adversidad en el oro de la sabiduría, y claro, de llegar a ser más felices. No más felices porque no nos sucedan cosas malas, porque nos hayamos refugiado en una caja de cristal, sino porque logramos absorber todo lo que la vida nos echa encima, sin que por eso seamos despojados de la alegría.

¿Qué podemos hacer entonces? Si recordar es inevitable pero olvidar es una opción, ¿cómo optar por un olvido selectivo? Sinceramente, no creo que exista una técnica capaz de abarcar las necesidades de todo el mundo. De lo que estoy convencido es que lo principal es tener la voluntad de no dejarnos seducir por la nostalgia o el rencor. Como siempre, la voluntad es una cuestión de entrenamiento, de someterse, con coraje y determinación, a la tarea de cerrar la puerta a eso que viene a trastocar mi presente. El problema es que muchas veces nos hemos acostumbrado a que ese dolor del pasado haga su recorrido por nuestro aparato emocional sin oposición alguna. Cual un vecino al que, ya sea por ignorancia o negligencia, le hemos permitido que se acostumbre a entrar a cualquier hora a nuestra casa y toquetear todo lo que le dé la gana, dejándola hecha un desastre al marcharse, así nos hemos habituado a consentir que el pasado entre en nosotros, ponga patas arriba nuestra energía emocional y se marche con la promesa de volver en el momento menos oportuno.

Contemplando las dificultades prácticas, más que proponer una técnica, pienso que lo más razonable sería establecer una táctica. ¿De qué clase de táctica estaríamos hablando? De una táctica de sustitución. El viejo refrán de «un clavo saca a otro» es perfectamente aplicable en esta situación. Cuando una pena del pasado amenaza con apoderarse de mi aparato emocional, trato de establecer un punto de consciencia objetiva por unos instantes y, lo antes posible, establezco mi centro en una emoción positiva. Por ejemplo, si recuerdo una humillación, de inmediato le antepongo la sensación que me causa el afecto y el aprecio de las personas importantes en mi vida actual. Con el tiempo y la práctica, no necesitaremos buscar una emoción opuesta, simplemente regresaremos al presente, que es donde en realidad está nuestra vida. Ni el ayer ni el mañana me dan la oportunidad de vivir, sólo en el ahora es posible. Decido entonces proteger ese ahora, impidiendo cualquier clase de contaminación por caída en recuerdos inútiles.

Nuestro «ahora», nuestro instante, no puede ser salvado por nadie, salvo por nosotros mismos. De manera que nos hacemos responsables de nuestro estado interior. Al volvernos responsables indicamos a nuestra psique que tenemos capacidad de decisión. Con capacidad de decisión nos libramos de la sensación de víctima. La palabra víctima procede del griego y significa «vencido», el destinado al sacrificio. Si uno está operando conscientemente por mantener su centro, es que continúa luchando y nadie en este mundo puede considerarse una víctima mientras esté de pie en la batalla. Como ves, querido amigo, ésta es una buena forma de alejarse de la victimización, costumbre virulenta que campa a sus anchas en estas épocas.

Por supuesto, como ya mencioné, todo dependerá del carácter y la sensibilidad individual, lo que podrá generar diferentes acercamientos tácticos al olvido selectivo. Pero la línea central será más o menos la misma: sustituir el mal por el bien, la pena por el gozo, la nostalgia por la esperanza. Por favor, no digas que no es posible antes de intentarlo... unas cien veces al menos. Se puede. Se debe. Vivir un poco más feliz bien vale la pena el sacrificio de nuestras amarguras arqueológicas. Todo es cosa de nuestra decisión. Podemos seguir arrastrando el pasado como quien se aferra a los trozos inútiles de una máquina obsoleta que sólo vale para entorpecer aún más esa mesa de trabajo que llamamos presente, o elegir otra cosa.

Elegir, por ejemplo, empezar a preocuparnos por resolver lo que tenemos delante de nosotros, concentrarnos en nuestro banco de trabajo y operar de la forma más eficaz posible. Aunque muchas veces duele, lo sé mejor que nadie, necesitamos pasar página. Pasar página implica entender el carácter dinámico de la vida, que fluye constantemente y no espera a nadie. Como decía Rabindranath Tagore, «si uno se lo pasa llorando por la pérdida del sol, las lágrimas no te van a dejar ver las estrellas». La vida es, inevitablemente, un ir hacia adelante. El pasado no se puede resolver. El ajedrez es la demostración de que las piezas que quedan fuera del tablero no cuentan. Uno debe seguir adelante con las que continúan dentro de él. ¡Juega con inteligencia, guerrero!

XIX

Perdonar para continuar

Los estúpidos no perdonan ni olvidan;
los ingenuos perdonan y olvidan;
el sabio perdona, pero no olvida.
THOMAS SZASZ

El perdón no puede estar
exento de responsabilidad.
MARIO JAVIER SABÁN

Nuestra vida es como una máquina compuesta de miles de engranajes que siguen un orden complejo de conexión. A veces somos nosotros los que alteramos el ritmo, ya sea acelerando el mecanismo hasta llevarlo al borde del recalentamiento o ralentizándolo, hasta provocar una parálisis generalizada. Otras veces, es el prójimo el que inserta un elemento que destruye el movimiento armónico que se supone que debería tener. Si mantenemos esa imagen en nuestra cabeza, podríamos decir que esa máquina, que tanto mantenimiento y reparaciones exige, cuenta con un lubricante esencial: el perdón.

Pero ¿qué es perdonar? A lo largo de muchos años de docencia en el terreno espiritual, la interacción con el alumnado me ha llevado a la asombrosa conclusión de que no se comprende qué es, cómo funciona y para qué sirve el perdón. La interpretación más habitual es que el perdón tiene que ver con el que ha causado el daño. Como quien nos ha lastimado u ofendido es otra persona, es decir, alguien fuera de nuestro ser, caemos en la ilusión óptica de pensar que el perdón es algo que hacemos descender mágicamente sobre los demás. Nada más lejos de la realidad.

A no ser que tengamos alguna clase de poder judicial para conmutar condenas a infractores sociales, lo real es que no poseemos ninguna facultad para, con nuestro perdón, operar en la vida de nadie. El perdón opera siempre a nivel individual en el área interna del que perdona. Cierto que aquel que pide perdón de forma sincera experimenta alivio en la vergüenza causada por su error cuando se le perdona, pero eso es un asunto que le compete a él, no a quien acepta su arrepentimiento.

Es muy común que una persona pida perdón y, al tiempo, vuelva a caer en algo similar. ¿Cambió en algo el perdón de la persona afectada al infractor? Obviamente no. Cuando alguien comete un error, la única vía de trabajo es la *teshuvá*, la contrición, el arrepentimiento sincero y la resolución de acabar con la repetición de esa falta. Lo que es otra forma de decir que sólo el *tikún* (corrección) personal es capaz de obtener algún resultado a la hora de enderezar un comportamiento. Tanto, que un Alma comprometida con su elevación no necesita del perdón externo para rectificarse –si bien todos sentimos alivio al sentirnos perdonados, como ya mencionamos.

El alivio de sentirse perdonado proviene, en su aspecto más primitivo, de haber dejado de ser el villano en el corazón del prójimo. Digamos que esto tiene que ver con nuestro ego, con la información que proviene de los demás. En general, nadie quiere sentirse «el malo de la película». Tiene que ver, entonces, con nuestra imagen. En un estado más elevado de consciencia, el alivio de ser perdonado se vincula a conseguir que la persona a la que agraviamos ya no esté sufriendo por lo que hicimos, lo que significa que ya no carga un peso innecesario. Aquí no estamos preocupados por nosotros, sino por el otro.

Con estos ejemplos vamos dilucidando la naturaleza totalmente individual del perdón, tanto a la hora de recibirlo como de otorgarlo. Se perdona para acabar con una situación circular, es decir, que no va a ningún sitio. Al no perdonar, cada vez que recordemos el asunto, nuestras energías emocionales van a dispararse hacia donde no queremos, que es el desperdicio. Alimentar el rencor, dedicarse a largos monólogos internos llenos de reproches, quejas y malos deseos es una pérdida absoluta de tiempo, espacio interior y fuerza vital. Resulta obvio lo poco razonable que es darle tiempo y espacio en nuestro aparato psicológico a cosas que son un mero callejón sin salida cuando podríamos ocuparlos con pensamientos y sentimientos mucho más positivos. Menos obvio resulta el gasto energético, que incluso puede crearnos, Dios lo prohíba, problemas graves de salud. Esencialmente, el perdón es como la capa final del alicatado de una pared, es un finalizador, un «bueno, ya está, pasemos a otra cosa».

Se perdona con dos objetivos claros: para recuperar una relación o para darla por terminada definitivamente. La recuperación de una relación requiere saldar todas las cuentas entre ambas partes, de lo contrario será una «paz armada», una situación en la que, en algún momento y con cualquier excusa, alguien va a sacar el fusil de asalto de debajo del colchón y desatar el Armagedón. Esto suele ocurrir porque las personas ponen más interés en intentar solventar un conflicto que en tomarse la desagradable molestia de aclarar sus puntos calientes. Hacer esto requiere hablar con honestidad, lo que no suele gustarnos. La honestidad a la hora de intentar restablecer una relación implica arriesgarse a que dicho intento no funcione. No pasa nada. Los vínculos no tienen por qué repararse a cualquier precio. Hacer eso nos llena de vínculos «a medias». Personalmente, me cuesta entender porqué la gente insiste en relaciones en las que parece que mantener el lazo sea más importante que lo saludable de éste.

El perdón, como sabiamente dijo una vez mi buen amigo Mario Sabán, no puede carecer de responsabilidad. Si perdono es porque veo una intención clara en el otro de no querer repetir eso que nos llevó al desencuentro. Muchas personas usan el mecanismo de ofender, pedir perdón, volver a ofender, volver a pedir perdón y así en recursión infinita. Esa gente no es buena para nadie. ¿Por qué diantres voy a perdonar a alguien que es obvio que no está arrepentido?

Llegados a este punto, debemos explorar lo que significa «no perdonar». «No perdonar» no quiere decir condenar *ad eternum* a una persona. Debemos comprender que nuestro perdón, no da ni quita nada a nadie, sino que nos ubica en una posición clara ante una situación. Cuando no perdonamos lo que hacemos es comprender que, si cometemos el error de volver a confiar, vamos a obtener más disgustos. Como la vida es para aprender a obtener menos disgustos –no más–, quedarse en una postura en la que nos exponemos a ser lastimados no parece ser la mejor idea del mundo, ¿verdad?

Entonces, perdono para decir «muy bien, continuemos adelante». No perdono para decir «no eres sincero, no me convienes». Es más fácil perdonar para quien es consciente de su propia falibilidad humana. Quienes se creen perfectos, incapaces de equivocarse como los demás, suelen estar menos dispuestos a disculpar los fallos ajenos. Cuando perdonemos con el objeto de continuar una relación, es necesario asegurarnos de que es un documento sólido, compacto, firme. Muchas veces perdonamos a la ligera y nos quedan cabos sueltos. Así, un día cualquiera, en medio de algún desacuerdo sin importancia, soltamos todos esos reproches que se suponía que estaban resueltos. Con esto quiero decir que, del mismo modo que tenemos que ser responsables a la hora de perdonar al otro, examinando su sinceridad, también nosotros debemos responsabilizarnos y, si damos el perdón, cerramos el caso y lo archivamos, no lo mantenemos como un as en la manga. Si vamos a dejar alguna brasa de rencor en nuestro corazón, es mejor desistir y cortar de raíz.

Ahora, cuando perdonamos para dejar de lado una relación, nuestro objetivo es desanclar nuestro corazón del daño recibido y de la persona que nos recuerda ese daño. Una vez más, no tenemos ningún poder que nos permita limpiar las faltas de nadie ni podemos repartir amnistías kármicas. Sólo podemos liberarnos, entendiendo que esa persona ha tomado su decisión según sus percepciones y la calidad de su autoconsciencia. Nos acercamos así a lo que los grandes maestros nos han enseñado que es a **despersonalizar los agravios**. Sé que parece de locos e imposible. Pero en cuanto uno asciende por la línea vertical de la consciencia, obtiene una perspectiva que nos demuestra que todo aquello con lo que ofendemos, lastimamos y agredimos, con lo que nos ofenden, nos lastiman y nos agreden, es el producto de un escenario en el que nadie tiene consciencia de que es un actor y, por lo tanto, se ha creído su papel.

Podemos hacer este ejercicio. Regresemos mentalmente a nuestra infancia y veamos aquellas cosas que nos parecían catastróficas, imposibles de tolerar. Seguro que veremos con cierta ternura lo insignificantes que eran todos esos dilemas en general. No requiere una gran elaboración relativizarlos. Esto sucede de forma casi automática, gracias a nuestra experiencia con dilemas e inconvenientes en nuestra edad adulta. Algo muy similar sucede cuando elevamos nuestra consciencia, nuestro *Daat* (Conocimiento).

Suelo explicar a mis alumnos que un nivel de consciencia es como la planta de un edificio, totalmente autónoma. Allí, en esa planta, uno tiene todas las posibilidades de experiencia humana, pero relativas a ese nivel. Cuando somos niños, vivimos en la planta en la que santa Claus existe y la nevera se llena mágicamente de comida. Cuando crecemos, dicha planta se vuelve inhabitable. Podemos mirar hacia abajo, pero nuestra consciencia nos impide volver a residir en ella. Siguiendo el ejemplo, cuando vivimos en un nivel de *Daat* donde nuestra imagen es fácil de comprometer y, por lo tanto, nuestra autoestima carece de la solidez necesaria para colaborar en nuestra felicidad, los insultos, agravios, traiciones, etc. tienen un peso tremendo. Estamos convencidos de que todo es personal, todo lo que se presenta como daño es algo orquestado en nuestra contra, somos un blanco perfectamente individualizado.

En dicho nivel de *Daat* (que será un *Daat* inferior), estamos igualados a quien nos falla y a quienes les fallamos, perfectos no somos, no lo olvidemos–. ¿Qué quiere decir estar al mismo nivel? Que hablamos en el mismo idioma: lo que yo te haga, lo que tú me hagas es personal. A mi humilde modo de ver, éste es el idioma del dolor. De aquí proviene una cantidad desmesurada de sufrimiento que no necesita de grandes tragedias para hacernos daño. Justo por eso resulta tan peligroso.

A lo largo de estas páginas he intentado determinar que nuestro sufrimiento depende más de nuestra interpretación del hecho que del hecho en sí. Dicha interpretación está unida a nuestro nivel de percepción o autoconsciencia. Si somos inquilinos en la planta donde una ofensa debe ser lavada con sangre, entonces un duelo a muerte nos parecerá razonable, y no batirnos para solventar la afrenta, un martirio inaceptable.

Un criterio parecido tenían los antiguos *samuráis*, para los cuales la única forma, el único remedio posible para solventar un fallo en el honor era producirse una de las muertes más dolorosas, destripándose a sí mismos en el ritual del *sepukku*, mal llamado *hara-kiri* (cortar vientre). En el nivel donde vivía un *samurai* no existía la posibilidad de rectificación.

Lo cierto es que la muerte no implica rectificación alguna, ya que es el final de la vida. Sólo la vida puede rectificarse. Todo depende, a fin de cuentas, del valor subjetivo que damos a los conceptos. El honor puede ser visto como una copa de cristal, algo que se rompe y se acabó. Esta idea de honor nos deja como única posibilidad de reparación lanzarse a los brazos de la muerte, lo que, como dijimos antes, resulta ridículo. Pocas situaciones a lo largo de la historia parecen justificar perder la vida por un concepto ético o ideológico. Afortunadamente, es una rareza que un ser humano tenga que enfrentarse a un dilema de ese calibre.

Pero imaginemos por un momento otra clase de honor. Un honor que se puede lavar y planchar. No ser capaz de soportar la vergüenza de haber fallado en algo importante y ver como única salida el suicido, es tener más o menos la madurez emocional de un preadolescente.

Quien aspire a madurar internamente deberá aceptar que es imperfecto y, además, entender una regla de oro: crecer significa aceptar el peso de tus malas decisiones.

Si observamos detenidamente, comprenderemos que, cuánto más bajo es el nivel de *Daat,* menos rectificables o reparables consideramos los errores y desaciertos. Cuanto más a «ras del suelo» en la escala de la autoconsciencia vivimos, más absolutas nos parecen las vicisitudes de la existencia. En cambio, cuanto más elevados estamos, más relativas se vuelven estas vicisitudes.

Cuando el Alma consigue acceder a cierto nivel, ve claramente que lo que un ser humano con consciencia dormida hace a otros seres humanos –generalmente igual de dormidos– pertenece a un mecanismo, producto de ese sueño interior. De hecho, cuando esa persona toma consciencia, una profunda vergüenza le comprime el corazón. Hacemos daño porque no vemos lo que realmente hacemos ni por qué lo hacemos. En su etapa de madurez espiritual, el místico recibe la revelación de que causar mal a otro es igual o peor que causárselo a sí mismo. Cuando el espíritu habita en las plantas superiores, se da cuenta de que todos formamos parte del mismo puzle y que las diferencias entre seres no son más que apariencia. Por lo tanto, la apariencia y todo lo vinculado a su imagen reflejada en los demás, todo lo referente a la opinión ajena, al prestigio, la fama y la reputación, cae como un traje viejo e inútil a sus pies. La planta donde habita el místico no necesita de esos ropajes.

Por ello, el Alma sabia perdona, pero no olvida, porque, como ya mencioné, sabe que el perdón no borra nada de los archivos de la vida, sólo nos aparta de las plantas inferiores y sus respectivos inconvenientes.

En muchos casos, por no decir en casi todos, el perdón es algo unilateral. En los niveles primarios, el perdón se basa en comprender los mecanismos de la persona que nos ha ofendido, y en los altos, está relacionado con el entendimiento de la naturaleza humana.

Sea como sea, todos tenemos cosas que perdonar y por las que ser perdonados, de eso no cabe duda. Ahí tenemos al *Yom Kippur* o Día del Perdón: para recordarnos que no existe avance sin rectificación, que no existe rectificación sin arrepentimiento y que, definitivamente, no existe arrepentimiento sin consciencia.

Como todo lo interesante en la vida, el perdón requiere entrenamiento. El perdón, en sí, es el final de un proceso que resulta totalmente transformador. Ese proceso es casi más importante que el acto mismo de perdonar.

Te invito a que practiques todo esto. No tiene contraindicaciones ni efectos colaterales. Se trata de ser libre y feliz. Aprender sobre el perdón puede aliviar tu corazón, liberándolo de dolores innecesarios, o también liberar el corazón de quien has lastimado.

XX

El dolor está en el Camino, pero NO es el Camino

No se puede generar alegría a partir de un sentimiento de autodesprecio.
RAM DASS

Caerse está permitido, levantarse es obligatorio.
ANÓNIMO

Me siento un estúpido por haber necesitado medio siglo de vida para entender que, si asumía el dolor de renunciar a mi dolor, todo iba a doler muchísimo menos.
YOSEF VEIRA

En general, creemos que como el dolor nos duele, intuitivamente y sin necesidad de ninguna herramienta nos pondremos a salvo de él. La realidad, como casi siempre, acaba siendo más extraña y compleja de lo que creemos. Porque, si bien el dolor físico es causa de un agente externo, el dolor emocional y mental posee un alto componente interno.

Como se trata de buscar al culpable de nuestro dolor, nuestra lista de sospechosos es infinita. Pude ser un virus, un tumor, un accidente, una crisis económica, una guerra. Puede ser cualquier cosa o persona. Como nuestro escenario vital abunda en inconvenientes, pensamos que todo viene de ahí, que si algo falla es lo que nos rodea. Nosotros, pobrecitos, no hacemos más que soportar las consecuencias de esas desgracias aleatorias, como también padecer a esas personas insensibles, faltas de empatía y honestidad, que no hacen más que amargarnos la vida.

Resulta que incluso en esos dolores que surgen de la hostilidad del mundo existe un área interior, generalmente inexplorada, donde el sufrimiento que experimentamos depende, en gran medida, de nuestra decisión de permanecer en ese sufrimiento. ¿Es una locura? Examinemos un poco esto.

Lo más común es que vayamos por la vida pensando que todo lo que nos hace sufrir es culpa de alguien o de algo que no somos nosotros. Siempre nos las arreglamos para poner la causa del problema al otro lado de la cerca. De hecho, nos vale cualquier sitio mientras no sea dentro de nosotros. ¿Por qué? Porque es lo más «conveniente» desde todo punto de vista. Cuando nos armamos con ese pensamiento, nos libramos del molesto autoanálisis, mantenemos nuestra autoimagen intacta, resolvemos que, no es que yo no sepa gestionar una situación, es la situación la que no quiere ser bondadosa conmigo. De esa manera, nos instalamos cómodamente en la queja. No sería descabellado afirmar que acabamos siendo cómplices de la permanencia de ese dolor.

Debemos tener algo claro. Nadie puede dejar de sufrir si no admite que existe la opción de no sufrir. Hace muchos años, cuando en mi juventud necesité de una profunda terapia psicológica, mi psicólogo me dijo: «La gente se enfada conmigo cuando llega a la conclusión de que todo lo que ha sufrido es porque le ha dado la gana sufrirlo». Ya decían los árabes que el hombre es capaz de renunciar a riquezas y placeres, pero no a su dolor. Cuando uno piensa que el dolor es un derecho inalienable, cae en el error de convertirlo en obligatorio, o peor, en necesario. Es verdad que todo ser humano tiene derecho a sentir molestias por los contratiempos y desgracias de la vida. Pero el contratiempo y la desgracia son un hecho externo, mientras nuestra vida es un acontecimiento interno. De la digestión de lo que pasa fuera depende lo que nos sucede dentro. De modo que sí, uno tiene derecho a sentirse mal, pero no está obligado a sentirse así. Una vez superado el dolor normal de un martillazo en un dedo, uno tiene la opción de olvidarlo, de almacenarlo como una experiencia, de usarlo como un ladrillo más en el levantamiento de su estructura personal. O también puede optar por mantenerlo como una brasa, a la que soplar de vez en cuando para que siga quemándole por dentro.

Me ha llevado media vida, sufriendo como un condenado, alcanzar la revelación de que, entre el sufrimiento y el no sufrir hay una distancia tan pequeña como la de dar un paso y salirnos de una vereda que nos está lastimando los pies. Sé que suena simplista. No lo es. Es simple, sí, pero no es simplista. Ni siquiera es fácil, aunque debería. Su dificultad reside en que requiere la revisión de todas nuestras estructuras, de contemplar de frente y a los ojos a esos patrones que nos sirven de justificación para continuar en el dolor y, luego, respirar profundo y renunciar a él. Es como cuando uno se harta de un empleo y simplemente dice: «Hasta aquí llegamos, lo dejo y me importa un pimiento si tardo en encontrar otro trabajo, esto es inaceptable». Claro que, también eso exige tener una buena dosis de contacto con la Luz, para que uno logre diferenciar lo que es realmente valioso de lo que no.

Estoy plenamente convencido de que, si nos educaran de otra forma, si se promoviera el esfuerzo, el sacrificio y la disciplina, pero sin poner el dolor moral como parte del proceso, otro gallo cantaría. Tenemos muy insertada la idea de que el sufriente es el bueno de la película, el digno, el que tiene el mérito sobre los otros, esos malvados e insensibles. Me pregunto si alguien realmente desea dignificarse a base de un sufrimiento sin fin. No hablamos aquí de ser una persona despreocupada, indolente, a la que todo le da igual. Alguien así no sufre porque haya madurado emocional y mentalmente, sino porque no es consciente ni responsable de nada. Dejarse lobotomizar por la tontería no es una opción –si bien los medios de comunicación trabajan intensamente por crear ejércitos de gente idiota dispuesta a consumir.

Cuando una persona carece de autoestima, a veces opta por identificarse con su sufrimiento. El dolor ocupa el espacio que la percepción de sus características personales no ha sido capaz de llenar. Así, el martirio se convierte en su forma de vida. Con él se reconoce a sí mismo y con él se presenta a los demás. De la misma forma que un programador va introduciendo el código en la computadora hasta conseguir la automatización total de una tarea, así nosotros corremos el riesgo de que, día tras día, año tras año, vayamos aumentando líneas a nuestro código, programándonos mental y emocionalmente hasta que, por fin y para desgracia de todos, nuestro trastorno estará completado. Una vez completado ese complejo algoritmo, es mucho más difícil de desarmar y volverse a encontrar con la felicidad. La felicidad, en esta situación, ha dejado de ser una opción, debemos tenerlo muy claro para entender la gravedad del asunto.

Por ello, creo que si en un futuro la educación primaria y secundaria dejara de centrarse en la productividad laboral futura y se enfocase en la productividad social, es decir, en programar correctamente o, al menos, neutralizar los programas incorrectos a nivel de lo emocional y mental, entonces nadie necesitaría, como yo, medio siglo padeciendo lo indecible, para darse cuenta de que lo único que tenía que hacer era decirse a sí mismo que todo dolor es tan fuerte como el permiso que le damos para apoderarse de nuestras vidas.

El secreto de la cosa está en no instalarse en el dolor. «No instalarse» en el doble sentido de no establecerse, no acampar en una actitud sufriente, autocompasiva y victimista, y en el sentido de no «programar», es decir, de no introducir códigos que formarán parte de automatismos negativos. Debemos estar alerta, ya que estos automatismos son acumulativos. Igual que las arenas movedizas, más tiempo estamos en ellas, más posibilidades de perecer tenemos. Esto quiere decir que, una vez llegados a ciertos límites, es como atravesar el Rubicón: no hay marcha atrás. Medicación y terapia van a servir de poco más que para mantenernos en un círculo donde cada día será un infierno con breves interrupciones. Nadie desea eso. Tras ser testigo presencial de este evento, te aseguro que ni siquiera se lo desearías a tu peor enemigo.

Al principio he planteado que el sufrimiento no siempre es opcional. A veces la situación es demasiado para nosotros. Al fin y al cabo, somos humanos: tanto exhibimos fortalezas increíbles como debilidades incomprensibles. El asunto es que hay un momento para estar atrapado por el huracán y otro para estar fuera de él. Se hace indispensable desarrollar la percepción interna lo suficiente como para entender que el momento ha llegado. ¿El momento de qué? De decir adiós a un dolor.

En mi madurez me di cuenta de que no podía seguir siendo el niño traumatizado por ciertos eventos. Llega una etapa en la que es difícil mantener la excusa, como si uno quisiera arrastrar un cadáver durante décadas. Un cadáver tiene la mala costumbre de corromperse, oler mal, llenarse de gusanos. Así son todas esas etapas negativas a las que nos aferramos. A nadie en su sano juicio se le ocurriría cargar con un pariente muerto en las espaldas. La persona que abandona este mundo, se fue. Lo mismo con los acontecimientos pasados. Lo ido, ido está. Somos nosotros los que nos atamos a los fantasmas. Dicen los ocultistas que el deseo del deudo puede entorpecer o impedir que el Alma del muerto abandone naturalmente este mundo. Creo que esta idea es fácilmente aplicable a nuestros dolores y sufrimientos. Todo depende de nuestra actitud cuando un acontecimiento pasado se presente sin aviso en nuestra mente o corazón.

Cuando fui instructor de defensa personal, machacaba a mis alumnos con un lema: «El primer paso para no ser una víctima es dejar de actuar como tal». En la supervivencia urbana, son los pequeños factores los que marcan la diferencia entre llegar a casa sano y salvo o no llegar nunca. El éxito acaba siendo el resultado de una operación inversa a lo que todo el mundo piensa. Se cree que todo es aptitud, es decir, que la cosa va de velocidad, fuerza, bagaje técnico. La realidad es que, tanto en la autodefensa como en la espiritualidad, la fórmula ganadora es **un 10 por 100 aptitud y un 90 por 100 actitud**. La mayoría fracasa en su proyecto de ser feliz porque escoge la puerta incorrecta. Una vez elegida la puerta que no es, da igual lo que hagas del otro lado. ¿Cuál es esa puerta? Por ensayar un nombre, podríamos llamarle la «puerta de la confianza en lo accesorio».

Cada día, multitudes atraviesan ese umbral esperando encontrar sentido a la vida. Quienes sólo pretenden rascar la superficie de la existencia ingresan por ella apostando a que sus posesiones, reputación o capacidad para estimular sus sentidos les otorgará la deseada paz. Aquellos que aspiran a hurgar con algo más de profundidad en el significado de la vida lo harán confiando en que sus títulos, seminarios, información acumulada, el tamaño de su biblioteca o un maestro los dirijan mágicamente a la dicha y la iluminación.

Accesorium no ducit, sed sequitur suum principale «lo accesorio no conduce, sigue la suerte de lo principal» es una frase que suele usarse en derecho civil y que nos viene de perlas para condensar la enseñanza que muchos maestros intentaron meternos en la sesera, aunque con poco éxito, dadas las evidencias que damos cada día, haciendo exactamente lo opuesto.

Lo principal guía a todo lo demás, no al revés. Si tenemos una actitud victimista, autocomplaciente, autoindulgente, si creemos fervientemente en que todo el mundo está equivocado menos nosotros, que nuestra felicidad depende de que alguien reconozca que tenemos tal o cual virtud, entonces da igual cuánto estudiemos, cuánta nomenclatura kabalista sepamos de memoria, cuántos cursos hagamos o cuántos maestros intentemos conocer –en el caso de que se tenga la suerte de conocer uno de verdad–, todo eso actuará como un mero maquillaje. El maquillaje tapa, pero no cambia, eso está más que claro. Uno puede ponerse una faja y verse con menos barriga, pero no puede vivir con ella puesta. Muchas veces se nos suelta la faja espiritual y revelamos nuestra verdad interior.

Esto es algo que se aplica a todas las situaciones. Puede que esa faja sea ir a terapia y tomar medicación, salir de fiesta cada fin de semana o encerrarnos a meditar. Tarde o temprano, la vida demostrará la precariedad de lo accesorio. Porque lo accesorio sigue a lo principal. Para cambiar lo principal, adivina qué, ¡hay que centrarse en lo principal! Lo relevante es siempre el núcleo de lo que somos. En ese núcleo encontraremos nuestra actitud. La actitud es un medidor de nuestra capacidad de gestionar con cierta habilidad o inteligencia eso que llamamos vida. Si hay un resumen espiritual condensado de las energías que pueden expresarse en *Maljut* (El Reino), el plano físico, es justamente nuestra actitud. Porque si nos llenamos la boca con conceptos elevados, pero luego nuestra actitud no difiere mucho de quien nunca ha escuchado una palabra sobre *kabaláh* o espiritualidad, entonces es que somos una farsa.

Una vez que uno se percata de que la actitud es la expresión más directa de nuestra realidad interna, descubre que, al igual que un cable de transmisión de datos, funciona en ambas direcciones. ¿De qué nos sirve esto? Pues para poder operar eficazmente en nuestra psique. Si nuestro fuero interno se refleja en nuestra actitud, entonces, ¿nuestra actitud es capaz de incidir en nuestro fuero interno? Siguiendo el principio del cable, diré que la respuesta es un rotundo sí. Haz un experimento. Permanece firme, sacando pecho, el mentón en alto, con los puños cerrados. Entonces, en esa postura, intenta pedir disculpas. Luego encoge el cuerpo, los hombros caídos, la cabeza gacha, la mirada al suelo y, desde esa posición, trata de insultar o hablar con autoridad. No funciona, ¿verdad? Algo le dice a nuestro cerebro que en algún sitio hay un cortocircuito, que lo de adentro no se corresponde con lo de afuera. Esta realidad neurológica puede usarse espiritualmente, porque todo lo físico está sabia e inexorablemente conectado con los Mundos Superiores. Un simple cambio en nuestra estructura corporal es capaz de crear un reinicio en nuestros circuitos cerebrales. Si tenemos esto en cuenta, podemos entender que un cambio en nuestra estructura emocional, por pequeño que sea, nos ofrece una ventana, una oportunidad.

Cuando hemos tenido la mala fortuna de dejarnos atrapar por una serie de esquemas mentales, que no tienen otro objeto que perpetuar el sufrimiento, nos instalamos en un sistema circular. Somos como el burro que, atado a la noria, no va a ningún sitio. Caminar más rápido o más lento, mirar hacia arriba o hacia abajo, relajarse o tensarse no servirán de nada, porque el problema no es el burro, es el madero que lo mantiene en la misma trayectoria. Ese madero son nuestras creencias, que actúan como un programa. El burro está programado por la viga de madera para que dé vueltas todo el día. ¿Cómo neutralizar ese programa? Si es un programa, no es un designio, algo inamovible. Ergo, puede reprogramarse. Para ello, debemos insertar un elemento que rompa la uniformidad. Creamos así una «incoherencia» que podemos usar a nuestro favor.

Por ejemplo, si estamos acostumbrados a que cuando pensamos en una vieja relación, damos rienda suelta a un carrusel de emociones muy definidas –que incluso van a seguir un patrón habitual, basta con estar autoconsciente cada vez que suceda para averiguarlo–, lo mejor que podemos hacer es interrumpir de alguna forma ese mecanismo.

Como ya expliqué, la mayoría de nuestras reacciones son pura mecanicidad. Un mecanismo tiene la ventaja de que puede ser reparado o detenido. En el caso de un torrente de emociones negativas que lo único que harán será drenar nuestras ganas de vivir, lo inteligente es interrumpir. Creamos una disrupción. Este concepto se aplica, por ejemplo, al boxeo: ambos atletas se mueven rítmicamente, creando una danza de ataques y defensas que parecen aleatorias, pero que en realidad tienen un ritmo. Al cuerpo y al Cosmos les encanta el ritmo. Entonces, uno de los luchadores rompe ese ritmo, desconcierta a su rival y lo noquea. Se puede y hasta se debe, aprender a «noquear» esos procesos negativos que le amargan el día a uno y a los demás.

Lo gracioso es que uno lleva muchos años pensando que está totalmente indefenso ante ciertos desenlaces emocionales, hasta que se da cuenta de que son como un juguete a batería. Le sacas la batería y adiós. La actitud en este caso concreto, supera ampliamente a la aptitud. Afortunadamente no se requieren grandes estudios filosóficos, esotéricos ni graduación escolar o académica de ningún tipo para superar el desafío. Basta con tener una actitud donde **cuestiono la inamovilidad** de una situación. Resolvemos ponernos bravucones y desafiamos a eso que cada vez que entra en nosotros nos aplasta como un rodillo de acero de varias toneladas. Allí veremos que algo cambia. Por supuesto, el cambio no siempre será espectacular, pero no es lo que cuenta. Una fisura en una presa puede no ser grande al principio pero, con la presión adecuada, se transformará en una brecha de gran importancia que desmoronará todo el conjunto.

Así que como el plan más efectivo siempre es el más sencillo, el nuestro será aplicar presión. Aguantar, insistir, ejercer la disciplina de no ceder fácilmente a la costumbre de aceptar el papel de víctima, de persona atormentada. De esa forma dejaremos esa desastrosa estrategia de quedarnos de brazos cruzados ante nuestras crisis interiores. No hacer nada no es una estrategia en este caso. De hecho, es lo peor que podemos hacer.

Con tiempo y esfuerzo cosecharemos frutos. Lo importante es probarlo, cuestionar nuestra posición ante el dolor. Averigua por ti mismo hasta qué punto puedes o no puedes elegir. Te apuesto lo que quieras a que te vas a sorprender.

XXI

Apartado técnico

El saber no es suficiente, debemos aplicarlo.
El querer no es suficiente, debemos hacer.
BRUCE LEE

La inteligencia consiste no sólo en el conocimiento,
sino también en la destreza de aplicar
los conocimientos en la práctica.
ARISTÓTELES

Qué raro, cuanto más practico, más suerte tengo.
PETER JAMES

21.1 El valor de la práctica

Sin la práctica no existe espiritualidad. Hablar de mundos inefables elevados, disertar sobre complejas interacciones energéticas, poner en boca de Ángeles o maestros enseñanzas y asumirlas como realidades expresas es algo que capta la imaginación y absorbe la mayor parte de la actividad del estudiante de *kabaláh* promedio. Podríamos incluso decir que eso ha ocurrido, ocurre y ocurrirá con la mayoría de los maestros, profesores y comunicadores de la *kabaláh*. El punto fuerte y, a la vez, el punto flaco de la *kabaláh* es su capacidad para seducirnos excesivamente en lo intelectual. Cuando esto ocurre –la mayoría de las veces, hay que decirlo–, la tradición se convierte en un objeto plano, es decir, bidimensional. Dicha bidimensionalidad está formada por dos elementos bien definidos. Son dos dimensiones que consiguen encadenar a la *kabaláh* con la misma facilidad que encadenan a cualquier conocimiento humano: especulación y creencia.

La especulación tiene que ver, por definición, con dos aspectos. Uno, el de la reflexión en el plano meramente teórico, y dos, el de conjeturar algo sin un conocimiento completo de ello. Podría decirse que la *kabaláh* teórica es una especie de juego entre la *Jojmá* (Sabiduría) que intuye, presiente y percibe señales del Infinito, y la *Bináh* (Entendimiento), que intenta ajustar dichas piezas a un marco racional, comprensible.

He escuchado hasta el cansancio las innumerables justificaciones del desarrollo teórico de la *kabaláh* sin tener hasta ahora ninguna evidencia de que, como tal, dicho desarrollo, que podríamos llamar «académico», produzca algo más que muchísimas elucubraciones que luego, misteriosamente, acaban formando un marco de creencias. Algo que nadie parece admitir es que, si aceptamos ciertos modelos kabalistas, lo estamos haciendo desde la pura creencia.

Sería bueno recordar que al kabalista se le llama *daatán*, conocedor, lo que significa que conoce, que tiene *Daat* (Conocimiento) de lo que está hablando. Dicho de otra forma, que posee la **experiencia directa** de aquello que predica. Es fácil determinar que todo lo que no sea experiencia directa fácilmente puede entrar en la categoría de la especulación o la creencia. Como aprendiz de místico, el lector debe entender que lo intangible sólo es útil si consigue volverlo tangible. Lo inalcanzable, para ser considerado válido desde el punto de vista kabalista, debe tener una mínima posibilidad de convertirse en alcanzable. Si una idea permanece total y absolutamente fuera de lo alcanzable, de lo experimentable –aunque sólo sea en una pequeña fracción–, para el aprendiz de kabalista comprometido –sin grandes poderes o facultades extrasensoriales–, es una pérdida de tiempo. Incluso para el iniciado avanzado o experto, con sus sentidos internos y facultades místicas muy desarrolladas, abocarse a la persecución exclusivamente teórica es un acto inútil. Inútil y, además, banal.

Recorrer indefinidamente los textos siempre acaba siendo banal, ya que no es más que la recopilación de la experiencia y la actividad ajena. Se es banal cuando uno cree que la cantidad de información es igual a Iluminación. Si uno piensa en los maestros de antaño, ellos poseían el 1 o 2 por 100 de la bibliografía de la que dispone el humano corriente en este siglo. Sin embargo, fueron verdaderos maestros. Resulta obvio que los estudiantes actuales, a pesar de que tienen a su alcance todo un arsenal bibliográfico a su disposición, ni siquiera se calificarían como sus alumnos. La diferencia está en la calidad del compromiso y la profundidad de la práctica, no en el gran número de material didáctico acumulado.

Pongamos por ejemplo a un astrofísico. Resulta obvio que sabrá cosas sobre el Cosmos que la mayoría de los mortales ignoramos. Tendrá elementos más que suficientes para maravillarse de los múltiples hallazgos y misterios. Sin embargo, eso no lo convierte en un ser más elevado. Puede que el contacto con esa información le provoque cambios interiores o puede que no. Todo dependerá de lo que haga el científico con los datos que obtiene, el impacto que éstos tengan en su corazón, en su carácter. En algunos, el conocimiento activa la arrogancia, en otros, la humildad. Como siempre, el resultado final depende de la vasija donde se ponga algo. Por eso tenemos a genios en su área que son personas maravillosas y otros decididamente insoportables. Dicho de otra forma, lo que somos a nivel profesional no de manera obligatoria se refleja en lo que somos a nivel personal, y lo que somos personalmente, determinará nuestro grado de felicidad y la de quienes nos rodean.

De la misma manera, lo que «sabemos» por haber leído u oído no es trasladable de un modo automático a nuestra vida. Necesitamos de un proceso que permita elaborar los datos que hemos recabado. El conocimiento meramente intelectual no nos sacará de la bidimensionalidad en la que ya estábamos sumergidos antes de empezar a estudiar la *kabaláh*. No podemos seguir confundiendo información con formación.

Al decir «formación», evocamos el acto de que algo ha tomado forma dentro de nosotros. Si tiene forma, es que se ha vuelto algo concreto, por lo que puede utilizarse. Desde el punto de vista espiritual, lo «útil» es aquello que sea capaz de manifestarse como una mejora de nuestro funcionamiento humano. Puede ser un nuevo nivel de control emocional, una disciplina más fácil de instalar en nuestro hacer diario, una mayor capacidad perceptual interna o externa, etc. Lo que cuenta es que tenga una **manifestación**, que posea una «forma». No nos vale que nuestras virtudes sólo permanezcan en su «esencia». Lo potencial debe transformarse en movimiento; de lo contrario, el proceso está incompleto. El trabajo espiritual es, al final, una tarea que intenta completarnos en todos los niveles.

Debemos ser totalmente conscientes de que creer en algo simplemente porque alguien con prestigio lo ha dicho es una negligencia que nos deja en la misma categoría que cualquier religioso o fanático ideológico. La fe o *emunáh* es difícil por eso. La verdadera *emunáh* aparece cuando se han agotado todos los recursos racionales y empíricos. Es decir que, cuando nuestro poder deductivo y de comprobación caen exhaustos intentando desentrañar algo, en ese momento se enciende la fe, que no es una creencia. La fe es quizás uno de los elementos místicos más difíciles de explicar. Es como si una parte del Cosmos se transparentara y dejara adivinar ciertas formas que, aunque no estén claramente definidas, nos provocan una certeza inexplicable. Como ves, eso es muy diferente a «creer», así, a secas.

Por ello, el *daatán* necesita una tercera dimensión para poder ubicar las cosas no en un plano, sino en un espacio. Así, todo trabajo que hagamos desde lo tangible tendrá un impacto en lo intangible, reduciendo su intangibilidad, volviéndolo más cercano.

Dios sólo está lejos cuando no lo buscamos de verdad. La experiencia nos acerca a la Divinidad, o más bien a su manifestación, ya que, como hemos dicho, Dios en su esencia es incognoscible de forma directa. Para ello, deberíamos ser absorbidos en su naturaleza primigenia e indivisible, anulando toda posibilidad de conocimiento –para conocer algo tiene que haber un conocedor y un cognocible, algo que, si accediéramos a la total *Ejad*, Unidad, desaparecería como opción.

21.2 El *Daat* inmediato, técnica ITS

Ya he descrito en el capítulo XV la técnica ITS como herramienta para desarrollar y fortalecer nuestra autoconsciencia. En mi humilde opinión, no creo que exista nada más prioritario que desarrollar lo que yo llamo el «*Daat* inmediato», es decir, el conocimiento instantáneo de quién soy, dónde estoy y qué estoy haciendo. Si uno no tiene claro esos tres aspectos, da igual lo sofisticado de la práctica espiritual que pretenda realizar, no cumplirá con los mínimos requeridos de *Or* (Luz) para producir un resultado decente. Debe tenerse en cuenta que esta herramienta no nos asegura ni la Iluminación ni una conexión elevada, al menos, no al principio de nuestro Camino. Hay otras escuelas que asumen que sólo con estar autoconscientes durante la actividad diaria ya es suficiente para elevarse espiritualmente. No lo es.

El proceso de elevación es algo más complejo. Por algo es un *Daat* inmediato, un «Conocimiento de emergencia», podríamos decir. Si somos coherentes, veremos que se trata simplemente de cumplir con un requisito básico, que es, ni más ni menos, el de establecer el punto de inicio correcto. Si alguien va a salir de excursión y no sale del sitio adecuado, con las cosas correctas en la mochila, condena el viaje desde el punto de partida, ¿no es así?

Si no somos conscientes de las funciones básicas, si no somos capaces de establecer dónde nos encontramos físicamente, será difícil ubicarnos emocionalmente, y ya ni hablemos mental o espiritualmente. Por lo tanto, deberíamos esforzarnos por desarrollar el hábito de preguntarnos: «¿Identidad? ¿Tarea? ¿Situación?»

Hay dos formas de encarar esta técnica. Una es la inmediata, como un flash, y la otra similar a la descrita en el capítulo XV, o sea, profunda, intensa.

La primera sirve para crear la costumbre, establecer un vínculo de familiaridad con el ejercicio. También es útil cuando estamos en una actividad muy demandante que no nos permite enfocarnos demasiado, porque correríamos ciertos riesgos. No importa, aunque hagamos las preguntas de forma rápida, algo en nuestro inconsciente será activado y nos devolverá cierto nivel de *Daat*, que será inmediato y poco profundo pero aun así será mucho más profundo que habernos quedado atrapados en la total inconsciencia mecánica. Al hacernos las tres preguntas, establecemos un punto de observación, nos reubicamos en tiempo y espacio, tanto interna como externamente. Incluso si la *Or* obtenida es tenue, marcará una diferencia importante.

La segunda es más para cuando estamos tranquilos, en momentos de reposo o reflexión, cuando no corremos ningún peligro al irnos un poco hacia adentro. Allí podemos navegar a voluntad. Dicha navegación puede convertirse, mediante su uso, en una suerte de meditación. A fin de cuentas, la meditación no es más que un proceso de observación consciente de la realidad externa e interna.

El ITS puede ser el «calentamiento» de cualquier actividad, sea ésta una actividad común y corriente –empezar mi jornada laboral, prepararme para tocar un instrumento musical, iniciar mi actividad física, etc.– o una espiritual –plegaria, meditación, estudio, etc.

Poco a poco y sin darnos cuenta empezará a desarrollarse el oído y la visión internos, de forma que las cosas ya no pasarán dentro de nosotros sin que nos demos cuenta. Al «darnos cuenta», no nos toma por sorpresa. Conseguimos el comodín de la anticipación. La capacidad de anticiparnos es casi como hacer magia, es poder contemplar una fracción del futuro y ser capaces de modificarlo a nuestro favor. Así, si sé que determinado proceso me llevará, paso a paso, a obtener una emoción negativa, puedo tomar la decisión de no completarlo. En la mayoría de las situaciones, la sola interrupción de la cadena de procesamiento anulará el mecanismo o, cuando menos, lo debilitará enormemente. Sólo esto es en sí una gran ganancia para nuestra vida.

Podríamos verlo como una forma de neutralizar nuestra reactividad. No ser reactivos nos aleja de la fragilidad. Una persona reactiva es alguien indefenso, débil, ya que **no puede elegir** no responder a un estímulo, algo que ha sido una fuente de dolor para el ser humano desde que pisó este planeta. Nuestro *Daat* inmediato es un antídoto a la reactividad, y la técnica ITS, el aliado con el que contamos. Sencilla y económica, no tiene contraindicaciones. Te aconsejo encarecidamente que la adoptes para mejorar tus circunstancias.

21.3 Meditación «ruptura de vínculos negativos»

Parte importante de nuestro avance espiritual dependerá de cuán dispuestos estemos a atravesar las diferentes etapas de la vida. Si bien esto puede parecer obvio, en la práctica no resulta tan evidente, ya que tenemos una fuerte tendencia a quedar atrapados en ciertas fases de nuestro pasado. El ancla de esos fragmentos de existencia suelen ser personas o situaciones asociadas a personas. Los lazos emocionales, al contrario de lo que nos gustaría creer, no son imperecederos, más bien lo contrario. En muy raros casos sobreviven a la falta de mantenimiento, es decir, a la ausencia de alguna clase de esfuerzo por nutrir la relación.

Podríamos afirmar que no tener en cuenta este principio básico, aplicable a casi cualquier ser vivo, máquina u objeto, es la causa fundamental del deterioro de los vínculos emocionales. Resulta más notorio en el vínculo de pareja, donde se continúa insistiendo en otorgar un carácter mágico, automático, al nexo emocional –mágico en el sentido de que por sí mismo y sin ninguna acción por nuestra parte conseguirá sobrevivir al paso del tiempo.

Resulta patente entonces que nuestra vida está llena de relaciones que han quedado truncadas por algún motivo. Esto no sería un problema si supiésemos realmente decir adiós a una situación. Cuando digo «realmente» me refiero a que no sea una mera pose digna de un post de redes sociales, una mera afirmación –sólo válida de la boca para afuera–, sino un adiós real, concreto, maduro. Cualquiera puede estar de acuerdo en que decirle adiós a una relación importante es una de las cosas más duras a las que uno se ve obligado a lo largo de su vida. La vida, en sí misma, como suelo decir, es una cadena de adioses. Un adiós tras otro es nuestro andar, hasta que decimos el último y definitivo. La enseñanza que extraemos de este hecho indiscutible es que nada es permanente salvo el cambio, como dijo el filósofo. El precio de vivir en el Mundo *Beth*, en el plano manifestado, es el movimiento constante y, por tanto, la sustitución constante de los seres, elementos y situaciones que están contenidos dentro de él.

Aceptar ese perpetuo devenir puede ser demasiado para la persona común y corriente. Para el estudiante, para el que aspira a la Iluminación, para quien quiere conocer los secretos de su propio ser y del Cosmos que lo contiene, es una condición imprescindible.

Pero aunque esto sea imprescindible, no deja de ser difícil de asumir, sobre todo cuando el vínculo emocional del que necesitamos librarnos resulta ser muy valioso para nosotros. Este autor, mejor que nadie, conoce el dolor de esa situación.

Otra cosa que deberíamos considerar es que el trabajo interior es como una de escalera caracol. ¿A qué me refiero con esto? A que ascendemos en nuestro nivel de consciencia de forma espiral, no rectilínea. En cada nivel damos una vuelta a todo aquello que debemos resolver para conseguir pasar al siguiente. Resulta que el siguiente nivel es muy similar al anterior. Fundamentalmente no hay procesos nuevos en el desarrollo humano. Entonces, ¿por qué hablamos de niveles? Porque lo que cambia es la intensidad y profundidad del proceso.

De ahí que siempre debamos ser humildes. El desafío del principiante es extremadamente similar al del experto. Por poner un ejemplo acorde con esta sección de nuestro estudio, el adiós que tiene que asumir el principiante al perder el vínculo con un compañero de trabajo es, en esencia, igual al que debe trabajar el experto al verse obligado a perder el vínculo con un hijo. En ambos casos es una despedida, en ambos casos hay dolor y dificultad para aceptar el final. Los mecanismos son prácticamente idénticos, salvo por un factor: la intensidad y la profundidad. La intensidad viene dada por la naturaleza de la ruptura. No es igual un simple alejamiento a causa del deterioro de las circunstancias, que una separación llena de reproches y agravios estratégicamente situados en nuestras áreas personales más sensibles. Es evidente que no es lo mismo un tiroteo con una pistola que con un cañón antiaéreo. Son tiroteos, sí, pero la intensidad es totalmente diferente. La profundidad tiene que ver con la naturaleza de la relación que teníamos, el grado de intimidad entre las partes. A mayor compenetración, más dolor. Ya decía Einstein que sólo pueden hacernos sufrir aquellos a quienes amamos.

Teniendo esto presente, podemos ver que los ciclos de eventos, incluyendo renuncias y adioses, continuarán repitiéndose, sólo que en escalas diferentes de intensidad y profundidad. Con esto no quiero asustar a nadie, todo lo contrario. Porque, aunque los ciclos se repitan e inevitablemente, todos tengamos que pasar por ellos de una u otra forma, lo cierto es que quien ha aprendido a superar los desafíos del nivel inferior se encontrará en unas condiciones mucho más favorables para enfrentarse a los del nivel superior. Suele decirse que la veteranía es un grado. El aprendizaje y la fortaleza son acumulativos. Como consecuencia, la vida acaba doliendo muchísimo menos. Duele menos no porque dejen de sucedernos cosas, sino porque hemos aprendido a tener una perspectiva en la que las contrariedades ya no consiguen arrancarnos el Alma a tiras como antes.

La Vida es esencialmente avanzar. Aprender a soltar las rémoras del pasado nos da la oportunidad de empezar de nuevo. Es como cuando reiniciamos el ordenador o reinstalamos el sistema operativo. Con este movimiento intentamos desprendernos de lo innecesario, de eso que sería un obstáculo para una vida feliz.

Por supuesto, requiere del desarrollo de una cierta madurez emocional ser capaces de mirar frontalmente a eso que era una parte importante de nuestra vida, aceptar que ya ha cumplido su proceso y alejarse serenamente hacia el nuevo rumbo. Es una pena que no seamos educados para admitir que algo se acabó y que intentar mantenerlo vivo es como dejar conectado el respirador a un cadáver. Nuestra emoción y nuestra mente son, en sus estadios más primitivos, totalmente adhesivos. Se pegan como lapas a aquello que les causaba placer, y cuando llega el final, se aferran a lo que ya no es ni será, dando origen a un dolor mayor al de simplemente haber aceptado lo inevitable. Suelo llamarle a esto el «efecto Titanic»: del mismo modo que el capitán decide hundirse con su barco, nosotros nos hundimos tras algo que no podemos rescatar del abismo.

Como herramienta de neutralización de esas situaciones que parecen no abandonarnos nunca os propongo la meditación «ruptura de vínculos negativos». Con esta meditación no podemos pretender eliminar de cuajo el dolor de una relación conflictiva intensa y profunda. Al menos no en un primer momento. Cuanto más tiempo haya durado la relación o más profunda fuese, más tiempo tardaremos en resolver el impacto negativo que nos causa.

Lo importante aquí es que, mediante la práctica, iremos accediendo a elementos que antes no habíamos visto o considerado. Además de ir soltando lastre, quitándole así su influencia en nuestro ánimo, se pueden obtener revelaciones muy interesantes durante el estado meditativo.

21.3.1 Técnica meditativa

En esencia, toda meditación se compone de tres partes:

1) Relax.
2) Concentración.
3) Meditación.

El relax se realiza a nivel físico, emocional y mental. Así, habilitamos la posibilidad de concentrarnos en aquello que vamos a hacer con la menor cantidad de obstáculos posibles. La concentración es, básicamente, centrarnos en la intención de la práctica. Es lo que llamamos *kavanáh* o intención mística. Por último, la meditación se obtiene mediante la inmersión profunda en nuestro ser y es allí donde recibiremos la información que necesitamos.

Nos disponemos entonces a realizar la meditación. Optaremos por un lugar tranquilo, sin distracciones. Apagaremos los dispositivos que pudieran interrumpirnos. Nos sentaremos cómodamente, con las plantas de los pies bien apoyadas en el suelo.

Empezaremos por el relax. Haremos tres series de tres inhalaciones y exhalaciones profundas. Las primeras tres nos enfocaremos en nuestro cuerpo físico, imaginándonos que ingresamos Luz y soltamos todas las tensiones en forma de energía grisácea.

Al soltar dicha energía, la tratamos como residuos peligrosos, por lo que nos imaginamos que al salir de nuestro cuerpo es incinerada por un fuego purificador. Esta práctica nos asegura que no quede «flotando» a nuestro alrededor. Establecida la armonización de nuestro cuerpo físico, concretamente la energía de nuestra *nefesh*, haremos lo correspondiente con nuestro cuerpo emocional o *ruaj* (alma emocional, espíritu).

Esta vez, con cada inhalación procederemos a que entre una Luz dorada en nuestro corazón, que se expandirá al resto del cuerpo. Dicha Luz representará el Amor, no como sentimiento, sino como la energía que soporta el Universo. Nos sentimos llenos de ese Amor y, al exhalar, nos libramos del miedo, que es la energía opuesta. Cuando carecemos de amor, lo que sentimos no es odio, sino miedo. Soltamos todo aquello que pueda acongojarnos, nos desprendemos de toda inquietud emocional o aprensión. No hay nada que temer, nos sentimos amparados por la Gracia Divina.

Seguimos adelante con la última secuencia de respiraciones, y esta vez trabajaremos con nuestra mente, que es una expresión de nuestra *neshamá* o Alma propiamente dicha. Con cada inhalación nos imaginaremos una Luz verde brillante, que se concentrará en nuestra cabeza y que se diseminará por el resto del cuerpo. Esta Luz representará la confianza, o *bitajón* en hebreo. Al exhalar, alejaremos de nosotros la duda, que es fuente de inquietud, temor, inseguridad. A medida que nos llenamos de confianza, nuestra mente va reduciendo su actividad binaria, su lucha de opuestos, y empieza a dejar espacio a la percepción de lo espiritual.

Proseguiremos ahora con la concentración. Estableceremos nuestra intención en un deseo de restablecimiento de nuestro equilibrio interior y también de colaborar con el equilibrio general del que sin duda formamos parte. Relajados y serenos, vamos a invocar a la persona con la que tenemos el conflicto o lazo tóxico. Observamos nuestras reacciones internas al visualizar dicha persona y tomamos nota –para futuras meditaciones o reflexiones– sobre qué clase de impacto o reacción nos provoca.

Pasaremos a visualizar dicha persona frente a nosotros, intentando mantener un cierto grado de abstracción analítica. Contemplamos nuestras emociones, simplemente las escuchamos, pero desde un punto más objetivo, como quien observa por un microscopio el comportamiento de un organismo. Entonces, intentaremos materializar los lazos que nos unen a esta persona, desde su espalda a nuestra espalda –tradicionalmente se acepta que las energías siempre entran por nuestra espalda y se manifiestan en la parte delantera de nuestro cuerpo.

Esos lazos se verán representados de manera diferente según la sensibilidad y la naturaleza de la relación. Algunas personas ven cuerdas; otras, cables, otras, tuberías, otras, conductos de naturaleza lumínica. Eso no es lo importante, sino la sensación y percepción que nos provoca el dar aspecto y sustancia a dicho vínculo. Si es posible, intentaremos mantener un estado meditativo sin intervención intelectual racional, para profundizar y conocer elementos que con seguridad no habíamos considerado hasta ahora. Comprenderemos cosas que habían permanecido ocultas, lo que colaborará en la neutralización de los efectos dolorosos que durante tanto tiempo nos habían atormentado.

Cuando ya sintamos que tenemos la información necesaria, invocaremos a la Misericordia Divina y solicitaremos el descenso de un Ángel. Éste acudirá con una espada entre sus manos. Cogeremos la espada y, llenos de compasión y respeto, cortaremos de un solo golpe los lazos que nos mantienen atados a esa persona. Al ser cortados, los lazos se degradan hasta desaparecer. Entonces, nos despedimos de la persona en la que nos habíamos enfocado, lo hacemos con una sonrisa interna, con agradecimiento y sin rencor, intentando permanecer calmados, serenos.

Podemos, si así lo sentimos, permanecer unos instantes escuchando nuestro interior. Quizás recibamos alguna clase de mensaje en forma de imagen, frase o sensación. Cuando creamos que hemos acabado, daremos las gracias a las Fuerzas del Cielo por su asistencia, realizaremos tres grandes inhalaciones con sus correspondientes exhalaciones y poco a poco iremos recuperando la sensación corporal, moviéndonos lentamente, empezando por dedos de manos y pies, un poco el cuello, etc.

21.4 Meditación en la י (*Yud*): instalar la *emunáh* (fe) en nuestro espíritu

Ya he explicado, amado lector, mi experiencia con la letra hebrea י (*Yud* o *Yod* según el traductor). Lo que no conté es que he podido capitalizar esa experiencia dándole un formato de meditación, de modo que el evento original, que forma parte de esas experiencias que simplemente, y por razones que desconocemos, nos son concedidas, pudiera aprovecharse tantas veces como uno deseara.

Obviamente, lo que conseguiremos replicar no es la experiencia en sí. A mi modo de ver, cada experiencia es única. Esos eventos en nuestro desarrollo espiritual son el resultado de miles de factores que, en un momento determinado –y con un sentido que la mayoría de las veces escapa a nuestro conocimiento–, confluyen para que uno obtenga una enseñanza. Intentar repetir algo así es como querer duplicar un primer beso o la primera sensación que tuviste al llegar a un sitio especial. Pero lo que sí podemos extraer es la enseñanza, la esencia del mensaje recibido. Con dicha esencia seremos capaces de construir cosas igual de valiosas, pero esta vez no será un asunto de la misteriosa Voluntad Divina y su Infinita Misericordia, sino el producto de una acción, de un deseo enfocado. Dicho de otra forma, no será algo que viene del Cielo para instalarse en la tierra, sino que será un acto que desde la tierra intentará provocar la conexión con el Cielo.

Todos tenemos momentos duros en la vida, no hace falta aclaración alguna. El humano común, el devoto, el discípulo y el maestro, todos están sujetos a la dureza que nos impone el karma, es decir, la ley de acción y reacción que gobierna el Universo. Me gustaría aclarar que el karma no es, como muchos piensan, una fuerza que está ahí para sancionar a todo bicho viviente cada vez que mete la pata. El karma no es un policía dispuesto a multar o arrestar, y mucho menos un juez al que temer su veredicto. El karma no es otra cosa que un mecanismo que mantiene al mundo manifestado dentro de una coherencia. Esa coherencia es, básicamente, la Justicia Divina. Si analizamos el concepto kabalista de Justicia Divina, veremos que es la combinación exacta de *Jesed* (Bondad) y *Geburáh* (Fuerza).

¿Qué quiere decir esto? Que la Justicia de Dios resulta de una mezcla perfecta entre el rigor, es decir, aquello que debe limitarse para que uno aprenda a no seguir por un camino negativo, y la misericordia, mediante la cual el correctivo aplicado es enfocado hacia el aprendizaje y no a la destrucción del infractor.

Debemos aclarar que el karma actúa en todo. No se puede obviar ni saltear, aunque sí negociar. Si enciendo el fuego de la cocina y pongo un recipiente con agua sobre él, el agua se calentará. Eso es karma. Acción, reacción. Los principios de la termodinámica de Newton, por ejemplo, son un análisis científico del karma. La ley de la gravedad es karma, ya que si lanzas un objeto al aire sabes que, inevitablemente, caerá al suelo. Lo que sucede con el karma es que sólo es considerado cuando actúa en el plano de lo existencial o espiritual. Pero su rango de acción abarca todos los planos.

Esto debemos tenerlo en cuenta cuando nos veamos obligados a pasar por momentos duros. No estás siendo castigado o algo parecido. Estás cerrando el círculo de tus acciones pasadas. Nuestra vida, al igual que un objeto lanzado por una pendiente, desarrolla ciertas inercias. Dichas inercias, es decir, los impulsos creados en el pasado, ya sea en esta o en otras vidas, cuando operan en el mundo manifestado inevitablemente deben resolverse. Porque ésas son las reglas. Un fuego iniciado va a apagarse siguiendo determinadas condiciones, dependiendo de si se deja que arda o alguien actúa para extinguirlo. Aquí vemos que nuestro karma, que es absolutamente mecánico, permite la acción voluntaria.

Esa acción voluntaria, ese intento de apagar el fuego que iniciamos tiempo atrás, es lo que técnicamente llamamos *tikún* o corrección. Ya he hablado en mis anteriores libros sobre el karma y el *tikún,* así que no voy a extenderme. Digamos que mientras que el *karma* opera sobre todo ser viviente, haya desarrollado la autoconsciencia o no (*Daat*), el *tikún* depende expresamente de la aplicación y, por ende, del desarrollo de dicha autoconsciencia. Mientras el karma sería empujar un objeto y ser sorprendido por su caída, el *tikún* es darse cuenta y evitar que termine de caerse, poner algo en el suelo para amortiguar el impacto o, en el peor de los casos, recoger los trozos y tratar de recuperar algo del objeto inicial. Un aspecto que pocos consideran cuando piensan en el karma es que es una herramienta de la Misericordia Divina, ya que permite que se puedan restablecer los equilibrios perdidos. De lo contrario, estaríamos condenados a una inercia eterna, toda rectificación sería imposible. Carecería de sentido la vida misma, ya que no podríamos extraer de ella ninguna enseñanza o valor.

Así que todos, damas y caballeros, estamos sujetos al karma y todos podemos operar conscientemente con él mediante el *tikún*. Pero somos humanos y a veces la fuerza de la prueba es mucha para nosotros. No hay persona, por más elevada que sea, que en algún momento no se sienta abandonada por Dios en un mar de dolor y desesperación. Tranquilo, amigo mío, si eso te ha pasado, no hay necesidad de sentirse culpable. Nuestra *emunáh* pasa, de manera periódica, por ciertas evaluaciones. Dichas evaluaciones pueden hundirnos o fortalecernos. Hay que tener en cuenta que cada crisis de fe es una oportunidad para demostrarnos a nosotros mismos cuán firmes estamos en nuestras convicciones.

De esas experiencias obtendremos una serie de datos reales. Nos enfrentaremos a lo que verdaderamente somos. Porque es muy fácil alardear de espiritualidad cuando no tenemos dificultades a la vista. El soldado se ve en la batalla, no en la sala de conferencias. Así es que los problemas y tragedias nos ofrecen el escenario para ver si estamos a la altura de nuestro propio discurso. No voy a mentirte, aunque dicho así suena interesante, sigue siendo algo duro. Siempre lo es y siempre lo será. Para esos momentos, uno debe reunir fuerzas y herramientas que le den cierta ventaja táctica ante las situaciones de alto estrés. La meditación que a continuación describiré está pensada para usarse en esos momentos de inquietud, incertidumbre o tristeza.

Es como si ocasionalmente una sombra nos atenazara el corazón sumergiéndonos en un sentimiento de desamparo. Cuando estamos así, no tenemos claro que haya alguien escuchándonos en los Mundos Superiores. Tampoco somos capaces de encontrar un sentido a lo que ocurre. Es muy probable que en esas etapas oscuras sintamos miedo al futuro cercano o lejano. Tememos que nada salga bien. Incluso puede que tengamos la percepción de que nos vamos a disolver en la nada.

Si bien esto es totalmente humano, no debemos perder de vista que cualquier estado emocional, sobre todo si es negativo, cuando es alimentado de forma ininterrumpida, casi obsesiva, puede adquirir un tamaño que lo vuelva cada vez más difícil de gestionar. La opción más razonable es otorgarnos una pequeña isla de claridad en medio de la oscuridad. La meditación suele ser una herramienta muy efectiva en estos casos, ya que nos abstrae de la reacción mecánica de nuestra situación y nos ofrece la capacidad de mirar las cosas desde un punto de vista algo más objetivo. Además, es bueno notar que la neurociencia ha comprobado que meditar causa una serie de efectos fisiológicos asombrosos, desde el crecimiento del hipocampo y la amígdala cerebral, aumento de memoria, mejora de la gestión emocional, incremento del descanso durante el sueño, etc. Tenemos aquí una herramienta que no deberíamos desaprovechar. Deseo de corazón que esta meditación te asista tan bien o mejor que a mí.

21.4.1 Técnica meditación

Empezaremos con el procedimiento básico descrito en la meditación anterior. Como advertirás, la preparación es solamente eso, un calentamiento espiritual para sumirnos en una idea u objetivo concreto. Por otro lado, es bueno aferrarse de manera temporal a un sistema con el objetivo de conseguir dominar con facilidad los aspectos básicos. Eso nos ahorra complicarnos en exceso.

Luego, más adelante, es probable que deseemos ensayar nuevas formas de preparación. Sea como sea y para no repetir, usaremos la postura y la secuencia respiratoria de la meditación anterior con sus correspondientes visualizaciones, con el objeto de relajar cuerpo, emoción y pensamiento.

Una vez adquirida una calma aceptable en esas tres áreas, nos concentraremos en nuestro corazón y lo examinaremos. Prestaremos especial atención si sentimos presión, si estamos como pesados en la zona del tórax. Si es así, probablemente sea el resumen de nuestro estado emocional en el que nos vemos rodeados de dificultades o nos hallamos enfrentados a un problema que nos parece insuperable. De no tener este síntoma, si sentimos pesadez en la cabeza o no sentimos ninguna, procederemos de la misma manera. Nos visualizaremos en el centro de la habitación, rodeados de un *maguen* David (escudo o estrella de David) luminoso, que nos otorgará una sensación de calidez y protección. Cuando comencemos a sentir que profundizamos en nuestro estado de consciencia, invocaremos una letra י (*Yud*) Dicha letra hebrea descenderá o bien simplemente se materializará unos centímetros por encima de nuestra cabeza. Podemos elegir que el *maguen* desaparezca o continúe presente, dependiendo de la creatividad y la sensibilidad de cada uno. Centraremos nuestra intención en la י (*Yud*). La imaginaremos luminosa, radiante, siendo, como es, la primera letra del tetragrama y el primer impulso Divino que entró en la manifestación.

Concentrándonos en la letra, sentiremos la profunda conexión que nos es otorgada al permitirnos que el Alma conecte con su Fuente. La י (*Yud*) será aquí una manifestación infinitesimal de la naturaleza del Creador. Entonces, procederemos a visualizar que el suelo en el que estamos apoyados y el mundo que se halla debajo de él se disuelven, se desmoronan. Desaparece todo rastro de sostén físico. La lógica tridimensional nos dice que deberíamos caer hacia un abismo. Sin embargo, por extraño que parezca, nosotros nos mantenemos firmes. Eso se debe a que la י (*Yud*), la Expresión de Dios en nuestra vida, nos sostiene. Meditamos entonces en la potencia de esta realidad. Recibimos un *Daat* (Conocimiento) muy especial. Es la revelación de que **no estamos apoyados** realmente en nada. Como Almas, como seres trascendentes, nuestra verdad es que vivimos **sostenidos desde arriba**. Todo lo que nos acontece, desde lo más insignificante hasta lo más notorio, proviene de dimensiones que ni siquiera somos capaces de percibir –algunas, ni siquiera las podemos imaginar.

Experimentamos entonces la Suprema Misericordia que, tras un velo de misterio, suele permanecer oculta. En ese momento, con la silenciosa y magnánima presencia de la י (*Yud*), hacemos que ese velo desaparezca unos instantes y así revelamos una verdad maravillosa. Esta verdad es que todo lo que nos sucede está sustentado, alimentado, promovido e impulsado desde el Cielo, lo que es una suerte, porque es en el Cielo donde existe la compasión.

En el mundo terrenal la compasión es más escasa que los diamantes. Nos impregna la certeza de que todo lo que vemos en el mundo material no sólo es autorizado, sino que también sigue un designio que no siempre se nos revela. Los pensamientos de Dios no son los pensamientos del ser humano.

Así, nos vamos cargando de una emoción elevada. Nuestros sentidos internos se abren a la experiencia de esa Misericordia por cuya acción la vida, en el sentido más amplio y total de la palabra, es permitida. Nuestra tristeza o desasosiego son cambiados por una nueva actitud interna. Es una especie de fuerza que nos hace sentir que no importan los problemas o las dificultades que en este momento nos estén acuciando; los atravesaremos y lo haremos sostenidos desde lo Alto.

Aunque todo parezca desmoronarse a nuestros pies, la *Or* (Luz) con la que conectamos nos indica que eso es ilusorio. Así que en nuestro corazón surge la certeza de que continuaremos adelante, porque sólo si el Eterno decide soltarnos caeremos. «He puesto a Adonai delante de mí, porque está a mi diestra permaneceré firme», dice el *tehilim* (salmo) dieciséis. Nuestra *kavanáh* (intención mística) se instalará en la convicción de que al Eterno, a pesar de lo imposible que parezca que a una Megainteligencia Extratemporal pudiese importarle algo nuestra pequeña existencia, le importa. Descubrir esto, llegar a ese punto, es degustar la miel de la *emunáh* (fe).

Cada uno puede tomar la dirección que quiera a partir de este punto. A veces nuestra consciencia nos permite navegar un buen rato, otras no tanto. Eso no es relevante. Cuando hayamos sentido que obtuvimos suficiente información espiritual, podremos regresar a la sensación corporal, «solidificándola» poco a poco mediante respiraciones profundas. Antes de abrir de nuevo los ojos, elevamos una pequeña plegaria de agradecimiento por los dones recibidos.

XXII

La *Ejad* como camino: establecer tu liderazgo interior

El problema comienza cuando no existe liderazgo y cada kli *obra de acuerdo a su propia voluntad.*

En el estado de falta de perfección cada una de las sefirot *dijo «yo reinaré» porque cada una se consideraba «algo». De ese modo se rompieron las vasijas.*

Rav Iejel Bar Lev

Si tuviera que reducir la intención de todo este libro a un único concepto, me vería obligado a usar el principio más básico, central e importante de la *kabaláh*. Es un axioma que no sólo forma el núcleo del misticismo y la religión judía, sino que está presente con sus matices, pero en esencia inalterado, en la mayoría de las escuelas místicas desde el principio de los tiempos. Me refiero al concepto de *Ejad* (Unidad). Desde los pueblos indígenas que promulgan la unidad con la tierra hasta los iluminados de Oriente y su ideal de fusión con la Energía Primigenia del Cosmos, encontramos una idea común: la unión como ingrediente fundamental. En la *kabaláh*, a mi modo de entender, hallaremos el concepto más sofisticado de esta clase de unicidad. No sólo se trata de unir dos cosas que estaban separadas, por ejemplo, el individuo y su Creador. Atiende a un criterio metafísico más elaborado.

La influencia de las filosofías orientales ha popularizado la idea de que el trabajo espiritual trata, más que nada, de una acción enfocada a derribar los obstáculos de la autoimportancia y el egocentrismo. Entonces, una vez superados dichos escollos, ya estamos listos para unirnos a un océano de uniformidad. Ésta resulta bastante seductora, prometiéndonos cierta armonía, lo que es lógico, ya que cuando uno se siente unido a algo, desaparece el conflicto con ese algo y cuando un ser humano, por las razones o medios que le sean propicios es capaz de reducir el conflicto, mejora su existencia de forma sustancial. No hay ningún problema con esto.

Pero si deseamos profundizar, si el virus de la curiosidad eterna causante de esa enfermedad conocida como misticismo se ha apoderado de nuestra Alma, entonces seremos capaces de apreciar que esta concepción sobre la unificación es, cuando menos, mejorable.

En primer lugar, tenemos el inconveniente de que, como en casi todo lo que hace el humano promedio, no busca tanto unirse al Cosmos, a Dios o a lo que sea para formar parte de algo, sino más bien para escapar de algo. Sí, la vida se nos ha vuelto difícil con tanta velocidad, tanta satisfacción efímera, tanta superficialidad. El significado de vivir, apenas uno desarrolla un sentido crítico mínimo, se desvanece irremediablemente. A nuestro alrededor, lo que prima es una aplastante banalidad. La humanidad, lejos de superar el consumismo, se ha lanzado como un kamikaze hacia él. Millones de personas se han enrolado en la necesidad de aprobación social a través de los dispositivos electrónicos, empecinándose de forma neurótica en la búsqueda de notoriedad. Con ese panorama, el individuo con un cierto deseo de resignificación de su vida y, por lo tanto, de su sentido, encuentra mucho más fácil tratar de unirse a algo, es decir, encontrar algo fuera de sí.

Este buscar en el exterior es una condición humana típica. Desde el punto de vista espiritual formal, establecer ese criterio de búsqueda está condenado al fracaso. Lo está porque, antes de uno unirse a algo fuera, tiene que ser capaz de obtener la coherencia dentro.

Aquí entramos ya en una concepción más avanzada, típica del pensamiento kabalista. El pensamiento kabalista en su estado puro es básicamente, la imposibilidad de renunciar a hacer preguntas. Las respuestas son todas temporales. A una conclusión le seguirá, tiempo después, otra más elaborada y exacta. Las respuestas son todas provisorias. En cambio, las preguntas son eternas. ¿Quién soy? ¿De dónde vengo? ¿Qué es la vida? ¿Qué es la muerte? ¿Qué es Dios? Esas preguntas existirán hasta el fin de los tiempos.

La gran diferencia entre la idea popular sobre la unidad y la *Ejad* kabalista es que no se intenta encajar nuestro desorden en el Cosmos, que, justamente, en su origen etimológico significa «Orden». El Orden escupe al caos en la primera de cambio. El caos es siempre un puente entre dos estados ordenados. El desorden es el elemento que provoca la necesidad de un nuevo orden. Nuestro desorden interior no puede llevarse así, sin más, al centro del Orden Cósmico. Cuando las personas con grandes inestabilidades internas se lanzan a buscar la unión con Dios, lo que casi siempre pasa es que acaban en tratamiento psiquiátrico.

La unicidad, desde la perspectiva kabalista tiene elementos distintivos que podrán ayudarte a conseguir una *Ejad* de verdad. Cuando digo «de verdad», me refiero a dos cosas. La primera, que será auténtica, es decir, no será el resultado de un afán por encontrar un analgésico para tus problemas emocionales o vacíos existenciales, sino que será algo honesto en el sentido de que te sentirás unido a Dios de forma proporcional a tu progreso espiritual, sin mascaradas, sin inventos ni delirios. La segunda, que será totalmente ecológica con tu ser. ¿A qué me refiero con esto? A que no creará más desorden del que ya tienes, sino que te ayudará a resolverlo.

Otra cosa que distingue a esta *Ejad* de las demás figuras filosóficas o esotéricas es que la intersección entre la naturaleza humana y la Divina no ocurre fuera, sino dentro. El ser humano para la *kabaláh* es el único sitio del Cosmos donde pueden reunirse, de forma totalmente consciente, el mundo espiritual con el terrenal. Ésa es la dimensión de un humano para la *kabaláh*. ¿No es maravilloso? Por sí misma, esa definición de nuestra humanidad debería ser capaz de aliviar la mayoría de nuestras angustias vivenciales. Pero claro, como todo en la espiritualidad, el concepto no es suficiente, necesitamos la realidad, tomar contacto directo con el asunto.

Que yo te diga estas cosas te parecerán bien o no, pero, en definitiva, serán un cuento chino o mera prosa poética hasta que tú no lo sientas. Para sentirlo tienes que procesar esa *Ejad* y, ¿dónde va a acontecer ese proceso? Pues en el único sitio de todo el vasto Universo que cumple con las condiciones necesarias para que ocurra: dentro de ti.

Tenemos así que, en primer lugar, la *Ejad* requiere un reordenamiento, lo que llamamos *tikún* (corrección). Esta exigencia se debe a que la *Ejad* va a operar **dentro** de nosotros, es decir, la reunión no es en casa ajena, es en la casa de uno. De modo que hay que ponerse a ordenarla cuanto antes. El orden se establece cuando uno comprende que el acercamiento al Universo, al Todo, al *Tao*, a Dios, a Hashem, no es como quien se lanza a por una masa compacta y se pega a ella. Si revisamos la cosmogonía kabalista veremos que la Creación es la estratificación de la Luz Infinita (*Or Ein Sof*) en diversas capas o manifestaciones que llamamos *sefirot* (emanaciones). Por lo tanto, nuestro trabajo es más parecido al de un pastor que intenta reunir sus ovejas para formar un conjunto compacto armónico y así poder llevarlas a su destino de forma rápida y segura.

Aquí llegamos a un punto importante de este proceso. Al principio de este capítulo dije que la intención de este libro podía reducirse al concepto de *Ejad*. El concepto es sólo una parte del camino hacia la redención y la neutralización del dolor. Necesitamos una acción que ponga a trabajar la idea y la convierta en realidad. Ese trabajo es el **liderazgo interior.**

La teoría *kabalista* sobre la Creación nos habla de que las emanaciones originales (*sefirot*) en su primer descenso desde lo más sutil a lo más denso, acabaron causando una ruptura de las dimensiones existenciales que intentaban contenerlas (*kelim*, recipientes, vasijas). Nos dicen nuestros sabios que dicha ruptura fue causada porque estas *sefirot* no se integraron con el Poder Directivo y, al actuar de forma independiente, al declarar cada una «yo soy la que mando», causaron un caos que creó el *Shevirat Hakelim* o Ruptura de los Vasos, provocando el reinicio de la Energía Creadora, que luego descendería de forma más escalonada.

Esto nos enseña que, si el mundo manifestado existe, se debe a que hubo un restablecimiento de la jerarquía cósmica. Dicho de otra manera, las dimensiones existenciales o *sefirot* sólo se estabilizaron posibilitando la vida cuando cumplieron dos condiciones: una, capacidad de reconocerse y, por tanto, interactuar entre ellas de forma coherente, y dos, reconocimiento del Poder Directivo de la Emanación. Se puede decir que existe un paralelismo con nuestro *Derej* (Camino). La primera condición tiene que ver con entender las diferentes dimensiones internas, hacer que éstas se reconozcan entre sí, favoreciendo un trabajo más armonioso de sus energías, allanando el camino al equilibrio espiritual, que al final no es más que una manera más elaborada de hablar del *tikún* o corrección interior. La segunda condición se relaciona directamente con el título de este capítulo y con el mensaje general que me gustaría que todo lector se llevase en la parte más profunda de su corazón.

Hablo aquí del **liderazgo interior**. En definitiva, la búsqueda de la reducción del dolor, de intentar volverlo útil, de quitarle poder destructivo y así transmutarlo en un mero combustible para nuestro avance y conseguir ser más felices, es un problema de recuperar el liderazgo espiritual individual.

Está claro que pretender liderar sobre la espiritualidad de los demás no produce más que desastres. En cambio, aspirar a ser el rey de nuestro propio territorio interno no sólo es legítimo, sino que deberíamos considerarlo una obligación. Casi podemos decir que si nos encarnamos es para ello. Cuando no permitimos los pensamientos reactivos, cuando somos capaces de relativizar las desgracias, las pérdidas, las frustraciones, dejamos de ser, poco a poco, esclavos del entorno y sus circunstancias. En algún momento nos volvemos personas dueñas de nuestro propio ser. Mientras mantengamos esa condición de veleta que gira según el viento, a merced del capricho de los acontecimientos, dependiendo de ellos para estar bien o mal, no tendremos ninguna posibilidad real de ser felices. Estaremos igual que el resto de los humanos, a merced de la lotería del destino, esperado si sale el número bueno o el malo.

Todo esfuerzo es precedido por un deseo. Mis esfuerzos en este libro, las horas y horas volcadas en él, las experiencias dolorosas recordadas y vividas mientras lo escribí han tenido una única guía, un único hilo conductor: la humilde ilusión de poder transmitir uno de los mensajes más poderosos que tiene el misticismo judío, que por sí mismo justifica su existencia y es la de otorgar dignidad.

¿Acaso hay algo más digno que volvernos dueños de nuestros propios impulsos? Tener el espacio interior suficiente para poder maniobrar con la adversidad significa tener la oportunidad de elegir. Poder elegir significa libertad. Libertad y dignidad van de la mano. Las naciones libres son aquellas que tienen buenos liderazgos. Liderar no quiere decir ser un dictador. Cuando uno simplemente se reprime por ideales filosóficos o religiosos se vuelve un tirano de sí mismo. Si nos pasamos de rosca y dejamos que impere la anarquía, entonces nos lanzamos al abandono.

El liderazgo interior es aprender a coordinar las diferentes tendencias y fuerzas que operan dentro de nosotros. De esa forma nos situamos en una posición óptima para dejar de sufrir tanto y acercarnos a la alegría, que no dependerá tanto de lo que sucede fuera, sino que partirá de una elección personal. Llegados a esa etapa, uno está preparado para avanzar hacia la *Ejad*.

La Unidad reconoce lo unificado. El paso siguiente a haber establecido un liderazgo razonable dentro de sí es conectar con la santidad. Éste es un proceso muy delicado, muy intuitivo y sutil. Porque como dicen nuestros maestros, todos de bendita memoria, la perfección de algo sólo se consigue cuando ese algo está oculto. En cuanto tenemos acceso cognitivo a ese algo, ha perdido perfección, porque lo hemos ingresado en un sistema operativo que es, por su propia, naturaleza limitado. Dios es perfecto porque está oculto, inalcanzable. El Dios al que podemos acceder es imperfecto, porque es una interpretación que depende de nuestras limitaciones.

Al imbuirnos en un estado de *Ejad* comprendemos que en el conjunto no somos nada. Mientras nos consideramos «algo», actuamos desde el lado de la manifestación que, como sabemos, es imperfecta. Si llegamos el estado espiritual de considerarnos «nada», en ese momento dejamos espacio para el Resplandor Divino. Por supuesto, esto es algo que sólo puede comunicarse de forma metafórica. Dejar de sentirse «algo» para sentirse «nada» y así sumirse en la «*Ejad*» dependerá de la experiencia directa de cada estudiante respecto a las Energías Superiores. Intentar detallar el proceso implicaría casi un libro aparte o, por lo menos, desviarse demasiado del objetivo de éste. Aun así, tengo mis dudas de que pudiera conseguirse la descripción exacta.

Sirva como aclaración que toda fuerza espiritual debe cumplir este requisito de anularse a sí misma para conectar de forma eficiente con la Divinidad. Desde los Ángeles más elevados, pasando por las diversas manifestaciones energéticas, no se hacen excepciones.

Tengo muchas esperanzas en haberte podido guiar lo suficientemente bien como para que, al llegar a este capítulo, hayas conseguido recuperar gran parte de tu dignidad y ser, a partir de ahora mismo, un señor de tu propio territorio, dueño de la parcela que Dios te ha asignado administrar. *Hakadosh Baruj Hu* (El Santo Bendito Es) te bendiga, amado lector.

XXIII

Palabras finales

Me llena de un profundo agradecimiento que hayas llegado a leer este capítulo. Como siempre, desde que tomé la difícil decisión de escribir sobre *kabaláh*, hay una sensación que permanece en mi corazón, y es la de sentirme acompañado por el Alma que decida leer lo que humildemente consigo plasmar. Quienes me conocen, ya sea en persona o por mi actividad en redes, plataformas digitales, entrevistas, etc., saben muy bien que nunca me han gustado los pedestales ni las tarimas, que si tengo que comunicarme lo hago desde el mismo plano terrenal, si bien los planos espirituales nos diferencian.

Pero las diferencias espirituales son cosas del Santo Bendito Es, que tiene un criterio infinitamente más sabio que este simple escritor. De modo que, como de costumbre, hablo desde la horizontalidad, sintiendo que mi Alma es feliz cuando ve la posibilidad de ayudar, compartir y acompañar. El que acompaña a la vez es acompañado, y por ello, tú y yo podemos considerarnos compañeros del *Derej*. Muchas de las páginas que has recorrido son, en gran medida, partes de mi espíritu. Considero de orden predicar con el ejemplo, así que, para estar a la altura de mis palabras e ideales, he necesitado transformar mi propio sufrimiento en sabiduría. De lo contrario, ¿cómo tendría derecho a escribir un libro que guiase a los demás a transformar su sufrimiento en sabiduría?

Hay demasiada gente escribiendo sobre cosas que no han conocido en el sentido kabalístico. Las redes son un ejemplo constante de millones de personas que opinan de cosas sobre las que no están bien informadas o directamente no están informadas en absoluto. Conocer es, para todo kabalista, una operación que requiere mucho más que meros datos. Como dijo un gran maestro, en la información está *Ha Satán*. Eso significa que es algo que cualquiera puede obtener. Pero el Opositor te lleva hasta cierto punto, luego te abandona a tu suerte. Algo similar a lo que sucedió con el Árbol del Conocimiento del Bien y el Mal en el Edén.

Consciente de mi humanidad y, por lo tanto, de mi falibilidad, está más que claro que el contenido de este volumen es susceptible de ser mejorado, profundizado, incluso rebatido en el futuro por personas más sabias, o quién sabe, por una versión más sabia de mí mismo. Pero si algo está claro es que no hay ni un sólo rastro de intento de notoriedad o presunción, todo lo que aquí tienes es auténtico, tanto como el nivel de mi trabajo interior y la ayuda que mis ángeles, guías y maestros me han brindado y lo que Dios me ha permitido. Deseo, con toda la fuerza de mi corazón, que estas páginas te sirvan bien. Si te ayudan sólo una fracción de lo que me ayudaron a mí escribirlas, me daré por satisfecho. Tras más de medio siglo de vida pasando por situaciones difíciles, algunas inverosímiles, después de estar en más de una ocasión pendiente del fiel de la balanza del Juicio Divino, mi conclusión es que ojalá hubiese entendido muchas cosas que aquí han quedado grabadas ya que así no habría padecido tanto, sobre todo no habría padecido innecesariamente cuando podría haberlo evitado.

Es una sensación en cierto modo amarga que haya pasado la mitad de tu vida y ver que podrías haber sido mucho más feliz. Claro que, si somos rigurosos, si eso hubiese ocurrido, casi seguro que estas palabras nunca se habrían escrito y tú quizás no habrías recibido la información que necesitabas. El 90 por 100 de la existencia me parece un misterio. Desde el vuelo de un pájaro hasta la muerte de un amigo, intuyo una cadena que lo une todo, pero pocas veces, Dios me deja ver una parte de ella. La vida en sí se me representa como una interminable secuencia de paradojas que sólo el Poder de *Hashem* puede justificar o dar significado.

Al final, todo eso no es tan relevante como la acción inmediata sobre el prójimo que, más de una vez, es la única parte del misterio general de la vida al que podemos acceder. Estar los unos con los otros, echándonos una mano, sosteniéndonos en la oscuridad, animándonos en la adversidad, arengando a otros en plena batalla, vigilando que ningún Alma valiente se rinda, porque cuando una se rinde nos disminuye a todos. Eso es, a veces, lo más cerca del Cielo que conseguimos estar. Por lo tanto, más allá de mis consideraciones de viejo místico lleno de rarezas, lo importante es que aquí estamos. Estás tú. Estoy yo. Y Dios entre ambos.

Que la vida te sonría, quien quiera que seas, porque eres una parte de mí y yo de ti. Incluso si no nos cayéramos bien, la broma del Creador es que todos salimos del mismo Útero de Luz. Sé feliz, sufre menos y de alguna forma yo también seré feliz y sufriré menos sabiendo que mi dolor ha valido la pena.

¡*Shalom ubrajot* (paz y bendiciones)!

Paiosaco, Laracha, A Coruña,
21 de Adar I, de 5784 (3 de marzo de 2024).
YOSEF VEIRA

Índice